인구
미래
공존

인구 미래 공존

2021년 6월 9일 초판1쇄 발행
2024년 1월 10일 초판9쇄 발행

지은이 조영태

펴낸이 김은경
펴낸곳 ㈜북스톤
주소 서울특별시 성동구 성수이로7길 30, 2층
대표전화 02-6463-7000
팩스 02-6499-1706
이메일 info@book-stone.co.kr
출판등록 2015년 1월 2일 제2018-000078호

ISBN 979-11-91211-20-7 (03320)

북스톤은 세상에 오래 남는 책을 만들고자 합니다. 이에 동참을 원하는 독자 여러분의 아이디어와 원고를 기다리고 있습니다. 책으로 엮기를 원하는 기획이나 원고가 있으신 분은 연락처와 함께 이메일 info@book-stone.co.kr로 보내주세요. 돌에 새기듯, 오래 남는 지혜를 전하는 데 힘쓰겠습니다.

인 구 학 의 눈 으 로 기 획 하 는 미 래

인구 미래 공존

Population
Future
Coexistence

조영태 지음

북스톤

Create the future with the *Demographic Imagination*.

인구학이 대한민국에 전하는 공존의 지혜

2019년 3월 28일, 정오 직후부터 내 연구실에는 거의 10분마다 전화가 울렸다. 통계청에서 2019년 3월 장래인구 특별추계를 발표한 직후였다. 결과는 자못 충격적이었다. 2020년부터 대한민국 내국인 인구는 출생보다 사망이 더 많은 자연감소로 돌아서고, 외국인을 포함한 총인구는 2028년 5194만 명으로 정점을 찍고 줄어들기 시작할 것이라는 내용이었다. 워낙 '저출산/고령화'라는 용어를 오래 들어온지라 이제는 사람들도 무던하게 받아들이지 않을까 싶었는데, 그렇지도 않은 모양이었다.

"사망하는 사람이 태어나는 사람보다 많은 게 가능한가요?"

"이제 한국에 어떤 위기가 찾아오나요?"

마치 인구감소의 시작종이 울려 우리나라의 종말을 알렸다고 여기는 눈치였다.

한편으로는 전혀 다른 뉘앙스의 질문도 받았다.

"인구가 줄어든다고 해도 실제로는 별다른 영향이 없는 것 아닌가요? 저출산/고령화 경고를 15년 넘게 듣고 있는데 크게 달라진 건 없는 것 같거든요."

그러고 2021년 1월 4일, 2년 전으로 타임머신을 탄 줄 알았다. 온종일 내 연구실과 휴대폰은 기자들의 전화로 불이 날 지경이었다. 태어난 아이보다 사망한 사람의 수가 더 많아질 거라던 2019년 추계가 2020년 주민등록통계에서 실제로 나타났다고 행정안전부가 보도자료를 낸 것이다. 1월 4일 행안부 보도자료에 의하면 2020년 태어난 아이는 약 27만 5800명, 사망한 사람은 30만 7700명가량이었으니, 내국인 인구가 줄어드는 '데드크로스'를 한국전쟁 이후 처음으로 경험하는 것이었다.

이때 기자들에게 받은 질문은 2019년 3월의 질문과 유사했다. 아니, 똑같았다고 해도 과언이 아니다. 아직은 줄어든 인구가 3만 명 정도지만, 앞으로 태어날 아이의 수가 사망할 사람보다 많을 가능성은 거의 없으므로 인구감소는 매년 계속될 것이고, 그 수도 늘어날 것이다. 그런 보도자료가 나올 때마다 이런 일은 또 반복될 것 같다.

인구가 급격히 줄어들어 조만간 한국은 사라지게 될까? 아니면 인구감소는 위기 조장에 불과한 것일까? 이런 양극단의 생각이 우리 사회 전반에 퍼져 있다.

《팩트풀니스》의 저자인 고(故) 한스 로슬링(Hans Rosling)은 극단적 사고방식의 오류를 지적한다. 인구에 대한 한국인의 인식에 관한 한, 나도 로슬링 박사의 견해에 전적으로 공감한다.

졸저 《정해진 미래》를 쓴 지 5년 가까운 시간이 흘렀다. 감사하게도 많은 분이 읽어주셨고, 인구학적 관점에 눈을 떴다는 반가운 말씀을 해주셨다. 출간 이후 많은 지자체 및 기업과 함께 인구학이 우리 사회와 개인의 삶을 좀 더 윤택하게 할 방안을 고민했고, 이 생각을 언론매체를 통해 풀어내기도 했다.

《정해진 미래》를 계기로 한국사회가 인구학적 관점의 중요성에 공감하게 되었다는 점은 인구학자로서 보람이지만, 마냥 좋기만 한 것은 아니다. 그 책에서 주고 싶었던 핵심 메시지는 '정해진 미래(작아지는 대한민국)를 대비하면 더 나은 미래를 만들 수 있다'는 것이었다. 그러나 위기를 강조한 탓일까? 많은 독자들이 책을 덮으면서 '대한민국은 미래가 없구나' 하고 생각했다는 피드백을 주셨다. 그러려고 쓴 책이 아닌데 말이다. 기회를 말하고 싶었으나, 관행적인 대비에서 벗어나야 한다고 강조하다 보니 본의 아니게 위기의식을 조장하게(?) 된 듯하다.

실제로 시간이 흐르면서 책에서 경고했던 몇 가지 가능성은 현실화되고 있고, 이미 사회문제가 된 것들도 있다. 2017년에는 초등교사 임용대란이 사회 이슈가 되었고, 현행 60세인 정년을 65세로 연장하는 논의가 본격화되고 있다. 초저출산 시대를 연 2002년생이 치른 2021학년도 대학입시는 사상 처음으로 수능시험 응시자 수가 대학 입학정원보다 적었다.

가장 눈에 띄는 변화는 출생아 수다. 《정해진 미래》에서 나는 출생아 수 40만 명대를 유지하며 작아지는 대한민국의 연착륙을 준비하자는 제언을 했다. 그러나 그 말이 무색하게 출간 직후 출생아 수는 30만 명대로 떨어졌고, 5년도 지나지 않은 2020년에 20만 명대의 아이가 태어나는 시점이 찾아왔다. 이미 2016년에도 OECD 국가 가운데 가장 낮았던 우리나라의 합계출산율 1.17은 2019년에 전 세계에서 가장 낮은 0.92가 되었고, 2020년은 0.9대도 붕괴된 0.84가 되었다. 나와 우리 연구실은 코로나19로 미뤄진 결혼과 포기된 출산의 여파가 본격적으로 나타나는 2021년에는 합계출산율이 0.8에도 못 미칠 가능성이 클 것으로 예측하고 있다. 그동안 전 세계 인구학자들이 던져온 질문 중 하나가 '인구규모가 어느 정도 되는 국가에서 합계출산율이 1.0 이하로 내려갈 수 있을까?'였는데, 가능하다는 것을 우리나라가 보여주고 있다.

인류 역사를 통틀어 전염병 창궐이나 전쟁, 체제 붕괴를 겪지 않는 한 0점대의 합계출산율은 인구학에서 거의 불가능한 숫자로 여겨졌다. 그런 출산율을 기록한 우리나라는 지금 보이지 않는 전쟁을 치르고 있는 것일까? 우리는 정녕 인구소멸의 시나리오를 밟고 있는 것일까? 5년 전 《정해진 미래》에서 우려했던 위기가 더 빨리 찾아오고 있다면 우리는 이제 무엇을 해야 할까? 그것을 함께 논의해보고자 한다.

이 책에서 나는 앞으로 일어날 인구변화를 토대로 우리 사회와 개인이 나아가야 할 방향을 가급적 다양한 방면에서 제언하고자 했다. 이를 위해 최신 연구사례 및 통계자료는 물론, 근간이 되는 인구학 이론도 지면이 허락하는 한 풍부하게 수록했다. 그 작업이 나 혼자의 힘으로 가능했을 리 만무하다. 집필은 비록 내가 했지만, 책에서 논의된 내용과 예시, 그래프와 표들은 모두 서울대학교 보건대학원의 인구학연구실(SNU Population Research Lab)에서 나와 함께 학습하고 치열하게 토론하는 구성원들이 연구한 내용을 집대성한 것이다. 오늘도 연구실 불을 밝히고 있는 구성원 모두에게 감사한다.

이 책은 크게 세 파트로 나뉜다. 그리고 각 파트의 키워드(인구, 미래, 공존)가 이 책의 제목이다. '인구'와 '미래'에는 《정해진 미래》부터 강조해온 인구학적 관점과 앞으로 인구가 어떻게 변화하는지, 미래를 준비하려면 어떤 인구통계를 관찰해야 하는지가 담겨 있다. 3부인 '공존'은 그래서 우리가 어떤 방식으로 미래를 항해하면 좋을지를 인구학적 관점에서 풀어본 것이다. 여기서 내가 사용한 공존은 생태학에서 말하는 '공존'의 의미를 일부 빌려왔다.

공존은 일반적으로 '상생'이라는 단어와 유사하게 사용되고 있지만, 조금 다른 개념이다. 상생의 사전적 의미는 '여러 주체나 요소가 서로를 북돋우며 다 같이 잘 사는 것'이다. 우리가 소중히 여기는 가치이며, 지향하는 삶의 방식 중 하나다. 다만 바쁜 현재를 살고 미래를 살아갈 사람들의 처지를 생각하면, 상생은 어쩌면 나름대로 큰 용기가 있어야 한다.

공존은 삶의 방식이라기보단 생존방식에 가깝다. 제한된 공간에서 서로가 피고 지는 시기를 달리함으로써 경쟁을 피하는 지속 가능한 생존방식이 '공존'이다.

인구변동이 우리나라에 일으킬 파도는 작지 않다. 그에 따라 다양한 갈등이 촉발될 것이다. 수도권으로 인구와 자원이 몰리는 동안 그 외 지역은 점차 가라앉고 있다. 차이는 존재할 수밖에 없지만, 이것이 너무 커지면 갈등의 씨앗이 된다. 노동시장에서는 한정된 일자리를 두고 다른 세대들이 대립하고 있다. 여기에 빠른 고령화로 급격하게 사회보장 비용이 늘어나고, 이를 위해 일하는 연령대가 지고 가야 할 부담도 커질 것이다.

이런 갈등을 해결하기 위해 서로 조금씩 양보하고 상생하자고 할 수도 있다. 그런데 가만히 생각해보면 여느 생태계의 존재들과 마찬가지로 사람도 큰 틀에선 생애주기라는 것이 있다. 만약 각 생애주기에 들어온 인구집단의 크기가 얼마나 되는지 알고, 각 집단이 어떤 자원을 얼마나 필요로 하는지 가늠할 수 있다면, 누군가 희생하거나 양보하지 않더라도 자원을 써야 하는 시기를 조정함으로써 각 집단의 삶의 질을 더 높이는 게 충분히 가능할 것이다. 이것이 바로 공존이다. 불필요한 경쟁을 가급적 피해보자는 것이다.

마침 인구학의 강점 가운데 하나가 인구집단들의 크기가 언제 어떻게 바뀌는지 거의 정확하게 예측할 수 있다는 것이다. 이것을 알고 각자의 활동분야 및 지식에 녹인다면, 우리는 공존으로 삶의 질을 극대화하며, 여유가 생긴 삶에서 비로소 상생을 실현할 수도 있다고 생각했다. 책의 제목에 공존을 포함한 이유다.

본격적으로 시작하기 전에, 독자 여러분께 한 가지만 당부하고자 한다. 데드크로스, 인구절벽 등의 살벌한 표현에 지레 겁먹어 우리에게 시간이 있다는 걸 잊지는 말자는 것이다. 그냥 하는 속 빈 덕담이 아니라 실제로 우리에게는 시간이 있다. 데드크로스가 시작되었으니, 인구가 줄어든다는 말은 오해가 아닌 것이 확실하다. 다만 한국사회 전반에서 '인구절벽'을 체감하기에는 아직 이르다. 우리나라 경제활동의 주축인 25~59세 인구가 2500만 명 이하로 떨어지고 전체 인구의 절반 이하가 되는 2030년 이후에야 인구절벽이 체감되기 시작할 것이다. 이 말을 뒤집으면, 앞으로 10년가량은 인구변동이 미치는 영향이 걱정하는 만큼 크지 않다는 뜻이 된다. 인구감소의 시간표는 이미 정해져 있으니 앞으로 인구감소가 언제, 누구에게 얼마큼의 영향을 주게 될지 정밀하게 예측하고 미리 대응방안을 마련해 추진한다면, 2020년대는 우리에게 기회가 될 수 있다.

단, 조급함도 안이함도 금물이다. 조급함은 실효성보다 부작용이 큰 대책만 양산할 뿐이다. 단기적 시야로 인구대책을 쏟아내며 숱한 시행착오를 거듭했던 지난날을 반면교사 삼아야 한다. '어떻게든 되겠지' 하는 안이함 또한 제2의 교사 임용대란, 지역의 대학 붕괴 등의 사회적 혼란을 낳을 뿐이다. 저출산/고령화 이슈가 15년 넘게 한국사회를 떠돌았지만 별다른 대응을 하지 못한 채 우리는 데드크로스를 맞았다. 마지막 기회로 주어진 2020년대를 또다시 아무것도 하지 않은 채 흘려보낼 수는 없다.

개인은 지금 하는 일이 2030년 이후의 달라진 사회에서도 여전히 지속 가능한지를 따져보고, 다른 일도 할 수 있는 역량을 지금부터 준비해야 한다. 기업은 인구가 2030년 이후의 시장을 양적, 질적으로 어떻게 바꿔놓을지 정밀하게 예측해서 다각화든, 해외 진출이든, 다운사이징이든 필요한 대응책을 마련해두어야 한다. 국가는 말할 것도 없다.

다소 부족할지라도 저마다 인구학적 관점을 기반으로 상상력을 발휘한다면, 개연성 높은 미래를 함께 만들어갈 수 있을 것이다. 인구변화가 급물살을 타기 시작했지만, 그래도 우리에게는 생각보다 충분한 시간이 있다. 그 시간을 흘려보내지 않고 개인과 집단, 크고 작은 기업, 그리고 중앙 및 지방정부에서 미래를 예측하고 준비하는 데 이 책이 유용하게 활용되기를 바란다.

조영태

CONTENTS

프롤로그 | 인구학이 대한민국에 전하는 공존의 지혜 · 6

PART 1. Population : 인구

만인은 평등하지만, 인구감소의 영향은 평등하지 않다

1] 세계적인 저출산 속 한국의 초저출산 · 19
2] 30년 전에 정해진 미래, 30년 후의 정해진 미래 · 25
3] 만인은 평등하지만, 인구감소의 영향은 평등하지 않다 · 37
4] 학생 수가 줄어도 대학 가기 어려운 이유 · 49
5] 200조가 들어간 저출산 대책, 왜 효과가 없을까? · 57
6] 인간 본성에서 찾아본 초저출산의 원인 · 75
7] 10년의 마지막 완충지대 · 102
8] 다양성에서 해법을 찾자 · 109

PART 2. Future : 미래

인구학의 눈으로 기획하는 미래

1] 변수가 되어버린 우리나라 인구 · 119
2] 미지(未知)의 미래를 기지(旣知)의 세계로 바꾸는 인구학적 관점 · 125

3] 인구로 미래를 대비하는 전략 : 완화, 적응, 기획 · 129
4] 미래의 가구변동에 주목하라 · 144
5] 가구 세그먼트의 다양성에 기회가 있다 · 149
6] 한국에 맞는 세대구분이 필요하다 · 160
7] 2020년대에는 어떤 가구가 대세일까? · 184

PART 3. Coexistence : 공존

인구의 균형과 지속가능성을 위하여

1] 우리에겐 아직 기회의 창이 열려 있다 · 201
2] 청년 취업을 가로막는 인구압박도 사라질 수 있다 · 216
3] 중장년 인구의 노후는 무엇으로 보장되는가? · 227
4] 생산인구 부족의 해법 :
정년 연장에서 이민까지 그리고 과학기술의 개입 · 248
5] 인구학적 상상력으로 미래를 기획하자 · 272

부록 | 역사 속의 인구 논쟁 · 287
주(註) · 301

인구가 줄면 경제가 타격을 받게 되니 재앙이다.

아니다. 그동안 일어난 수많은 일들은

사람이 너무 많아서 생긴 것이니 인구감소는 축복이다.

여러분은 어느 의견에 고개를 끄덕끄덕하고 계시는가?

'양쪽 다 일리 있다'는 말이 혜안처럼 보이지만,

미래의 방향성을 고려해달라는 요청을 받는

인구학자에겐 영 찜찜한 답이다.

조금은 인구학자다운 답을 하자면,

현재 우리나라의 초저출산은 우려할 만한 상황이라 본다.

가장 큰 이유는 변화의 속도가 너무 빨라

적응할 여유가 없다는 것이다.

그다음은 인구감소의 영향이 모든 사람에게

공평하지 않다는 것이다.

그리고 이 두 현상의 기저에는

수도권으로의 인구집중이 있다.

PART 1.

Population

[인구]

만인은 평등하지만, 인구감소의 영향은 평등하지 않다

1 세계적인 저출산 속 한국의 초저출산

앞에서 운을 떼기도 했지만, 우리나라 인구변화 중 사회적으로 가장 관심이 많은 현상은 '저출산'●, 아니 초저출산이다.

●일단 개념 정의부터 하고 넘어가는 것이 좋겠다. 최근 '저출산'을 '저출생'으로 바꾸자는 사회적 움직임이 일고 있다. 이는 '출산'이란 용어가 여성의 아이 낳는 역할만을 지나치게 강조하여 여성의 사회적 지위를 낮추는 데 영향을 미쳐왔다는 문제의식의 발로이며, 많은 여성이 '저출산'이란 용어에 불편한 감정을 느끼는 것이 사실이다. 한편으로는 그동안 우리나라의 인구정책이 가족계획 일변도였기에 발생한 반작용이라 할 수도 있는데, 가족계획 정책이 무척 다양한데도 우리나라는 줄곧 '출산'에만 초점을 맞춰 반발을 샀다. 이에 2018년 여성가족부는 저출산고령사회위원회에 '저출산'이라는 용어를 '저출생'으로 바꾸어 사용하도록 권고하였으며, 그 요청을 받아들여 정부의 공식문서에서도 '저출생'으로 표기하기 시작했다. 그러나 인구학

요즈음 여기저기에 '초'(超) 자가 많이 붙는다. 무언가 기대나 예상을 뛰어넘을 때 우리는 초월한다는 뜻으로 '초'를 덧붙인다. 그런데 인구학에서는 요즘의 유행과 관계없이 초저출산이라는 용어를 오래전부터 사용해왔다. 합계출산율이 인구대체수준●●인 2.1 아래로 내려가면 저출산(low fertility)이고, 1.3 이하로 3년 이상 지속되면 초저출산(lowest-low fertility)이라 한다.

초저출산을 저출산과 구분하는 이유는 초저출산 현상이 발생하면 출산율이 다시 올라가기가 몹시 어렵기 때문이다. 이탈리아의 인구학자 빌러리(Francesco Billari)와 코흘러(Hans-Peter Kohler)는 초저출산, 즉 합계출산율이 1.3 이하로 3년 이상 지속되면 출산율이 반등하지 못하고 굉장히 오랫동안 갇혀 있게 된다고 했다.[1] 오스트리아 왕립 인구연구소장을 지낸 세계적인 인구학자 볼프강 러츠(Wolfgang Lutz)는 한번 걸리면 빠져나올 수 없다는 뜻에서 '초저출산의 덫'이라고도 표현했다.[2]

의 학문적 의미에서 보면 '출생'(birth)은 말 그대로 아이가 태어나는 것을 의미하는 반면, '출산'(fertility)은 아이가 생겨나고 엄마의 배 속에서 자라나 세상에 태어나는 일련의 과정을 모두 포함하는 용어다. 즉 여성의 산전 및 산후 건강까지 포함하는 개념이 바로 '출산'으로, 학술적 의미로는 출생보다 오히려 출산이 더욱 여성의 권익을 고려한다 할 수 있다. 이 책은 인구학을 기반으로 하므로 '출산'(fertility)이라는 용어를 사용하고자 한다. '출산'을 학술적인 본뜻에 충실하게 사용하였음은 물론이다.

●●자녀세대의 인구 크기가 부모세대와 같은 수준을 '인구대체수준'이라 한다. 일반적으로 남녀가 만나 자녀를 낳으므로 부모세대 2명 슬하에 자녀세대 2명이 태어나면 인구의 크기가 세대 간에 동일하게 유지된다. 2.0이 아니라 2.1인 이유는 태어난 모든 이가 생존해 다시 자녀를 낳는 것은 아니기 때문이다.

흔히 일본이 초저출산의 덫에서 탈출한 예라고들 하는데, 일본의 합계출산율은 2005년 1.26에서 2019년 1.36까지 올랐지만 실제 태어난 아이의 수는 외려 줄어 같은 기간 출생아 수는 106만 명에서 86만 5000명이 되었다. 가임기 여성 인구가 줄어든 바람에 합계출산율이 올라가도 실제 태어나는 아이는 적었던 것이다. 즉 일종의 착시효과일 뿐 일본도 완벽하게 덫에서 벗어난 상태는 아니다. 멀리 갈 것도 없이 저출산 문제가 본격적으로 대두된 2002년 이후 20년 가까이 초저출산이 지속되고 있는 우리나라가 지금 딱 덫에 걸린 꼴이다.

3년 만에 무너진 출생아 30만 명

그런데 학술적인 의미 말고 요즘 유행하는 의미로도 우리나라의 출산 상황은 초저출산이라는 표현이 딱 들어맞는다. 태어나는 아이의 수가 급격히 줄어서이기도 하지만, 그에 따른 사회적 충격이 예상을 뛰어넘고 있기 때문이다.

우리에게 너무나 익숙한 '58년 개띠'가 100만 명 넘게 태어난 뒤 1974년생까지 해마다 95만여 명이 태어났다. 베이비부머다. 조남주 작가의 책 제목으로 유명한 '82년생 김지영' 세대는 85만 명, 91년생은 약 71만 명이 태어났다. '새로운 세기'라는 사회적 기대감 속에 태어난 즈믄둥이 2000년생은 64만 명, '월드컵 베이비'라 불리던 2003년생은 49만 5000명가량 태어났다. 그 뒤 2016년까지 40만 명대로 유지되던 출생아 수가 2017년, 36만 명가량이 되었다.

급기야 2020년 출생아 수는 27만 2000명으로 30만 명대가 무너졌다. '코로나 때문인가?'라고 생각할 수 있지만 그렇지 않다. 임신기간을 감안하면 2020년에 시작된 코로나19의 영향은 2021년부터 본격적으로 나타날 것이다. 초저출산이라 해도 2002~16년까지 15년간은 40만 명대 출생아 수가 유지되었는데, 30만 명대는 3년 만에 무너진 것이다. 2016년에 발표한 나의 전작《정해진 미래》에서 사회가 천천히 다운사이징할 수 있도록 출생아 40만 명 유지를 그렇게 염원했는데 말이다! 1991년생 71만 명과 2020년생 27만 명을 비교하면, 한 세대 만에 출생아 수가 61%나 줄어든 셈이다. 한 세대 간 인구 차이가 이렇게 나는 경우는 전 세계에 우리나라가 유일하다.

물론 저출산 자체는 우리나라만 겪는 현상이 아니다. 스페인, 이탈리아, 그리스와 같은 남유럽 국가들은 1990년대에 이미 합계출산율 1.3 이하를 기록했다. 러시아와 폴란드, 헝가리 등 동유럽 국가들도 공산주의 체제가 붕괴한 1990년대 후반 이후 2000년대 초반에 합계출산율 1.0~1.3 시기를 경험했다. 아시아에서는 일본, 대만, 싱가포르가 초저출산으로 고민 중이다. 인구 증가율이 엄청날 것 같은 방글라데시도 2016년에 이미 대체출산율인 2.1을 기록했다. 지금 이 순간에도 지구 어딘가에서 4초마다 한 명의 아이가 태어나고 세계인구는 꾸준히 증가하고 있지만, 인구가 폭발적으로 증가하는 시점은 지났다.● UN은 2100년 즈음 세계인구가 109억 명 정도에서 정점을 찍고 감소할 거라 전망했다.[3] 그런데 현재 전 세계적으로 나타나고 있는 저출산 현상을 반영하면, 세계인구는 UN의 예상과 달리 2060년대에 약 97억 명에서 정점을 찍고 2100년에 88억 명으로 줄어들 것이라는 연구도 최근 발표되었다.[4]

세계인구 전반이 이처럼 수렴하는 국면에 들어섰는데 우리나라만 이 흐름에 역행해 증가세로 돌아서길 기대하기는 어렵다. 다만 우리나라는 초저출산 기간이 점점 길어지고 있고, 무엇보다 그 속도가 너무 빠르다는 것이 문제다.

이런 현상이 쉽게 극복될 것 같지는 않다. '초저출산의 덫' 때문이기도 하지만, 개인 스스로도 자녀를 원하지 않는 경향이 확산되고 있기 때문이다. 통상적으로 많은 사회가 자녀 2명을 이상적이라 본다. 앞서 말했듯이 인구대체수준의 합계출산율은

● 오른쪽 QR코드를 스캔하면 실시간 세계인구를 시계처럼 볼 수 있다.

대략 2.1이어서 출산율이 높은 사회에서는 합계출산율을 2까지 떨어뜨리려 노력하고, 우리나라 같은 나라는 어떻게든 2까지 높이려고 한다. 실제로 우리나라 통계청 조사에서 원하는 자녀 수를 물으면 아이를 많이 낳을 때에도 2명, 적게 낳을 때에도 2명이 나왔다. 그러나 지금 우리나라 젊은 세대에게 희망하는 자녀 수를 물어보면 과연 2명이라고 할까? 그렇지 않을 것이 분명하다. 《2020년 한국의 사회지표》에 따르면 20대는 52.5%가, 30대는 41.0%가 결혼 후 자녀가 필요 없다고 응답했다. 이 또한 세계에서 유례없는 현상이다. 우리 스스로 아이를 원하지 않는다는 뜻이다.

2

30년 전에 정해진 미래, 30년 후의 정해진 미래

인구학에서 출산을 다룰 때에는 생의학적 요소와 사회적인 요소를 모두 본다. 생의학적 측면은 일견 단순하다. 아이를 낳을 수 있느냐 없느냐만 따지므로, 이 범주로 보면 남성은 아예 논의에서 제외돼 여성만 고려되고, 그중에서도 가임기인 15~49세 여성으로 대상이 좁혀진다.

학계에 보고된 다산(多産) 기록은 18세기 캐나다 로키산맥에서 가톨릭 공동체 생활을 했던 후터라이트(Hutterites) 종파로, 평균 14명의 아이를 낳았다고 한다. 그러나 절대다수의 사회에서는 다양한 이유, 예컨대 건강이나 양육 등의 이유로 출산을 미루거나, 몇 명 이상 낳지 않거나, 터울을 두는 등의 방식으로 훨씬 적게 낳는다. 그 '다양한 이유'를 살피기 위해 사회적 요소를 본다. 단순히 인구변화상을 넘어 이 변화에 어떤 특성이 있는지, 어떤 현상이 일어나는지를 두루 살핀다. 여기에는 역사적 과정, 사회구조, 인간의 삶이 모두 들어 있다. 그런 면에서 인구학은 인구통계를 다루는 학문을 넘어 사회를 이야기하는 학문이다.

그리고 이는 자연스럽게 미래와도 연결된다. 사회에는 현재도 있지만, 과거와 미래도 있으니 말이다. 과거에 어떤 일들이 있었기에 현재의 모습이 되었는지 분석하고, 현재 벌어지는 일들이 미래에 어떤 영향을 미칠지 예측할 때 인구학적 관점이 큰 통찰을 줄 수 있다. 약 30년이라는 세대 간 터울(현재 우리나라는 32년 내외지만 과거에는 25년보다도 짧았다) 동안에는 출생, 이동, 사망에 의해 달라지는 인구보다는 태어나서 사망하지 않고 같은 지역에서 살아가는 인구가 훨씬 많기에, 현재를 살아가는 인구로도 비교적 정확한 예측이 가능하다.

이 원리를 기반으로 우리나라 인구의 과거와 현재, 미래를 한번 정리해보자. 미래에 몇 명이 태어날지 어떻게 아느냐고? 여기에는 앞서 말한 생의학적 요소, 즉 가임기 여성의 규모는 물론 출산을 결심하거나 미루게 하는 사회적 요소가 두루 작용한다. 여기서는 우선 전자만을 고려해보자. '오늘의 출생아 수는 대략

30년 후의 출생아 수를 결정한다'는 원리하에 따져보면 되겠다.

1970년대 초반생들은 거의 100만 명 가깝게 태어났고, 1975년생부터 80만 명대로 접어들었다. 이들의 절반이 여성(약 40만 명)이고 그들이 성인이 되어 아이를 2명씩 낳는다면 30년 후인 2005년 즈음에도 출생아 수는 80만 명대가 된다. 하여 많은 나라의 출산정책 목표는 이처럼 인구대체수준인 합계출산율 2.1을 유지하는 것이다. 부모세대와 자녀세대가 비슷한 수로 유지되게끔 말이다.

우리나라도 1960년대부터 합계출산율 2.1을 목표로 강력한 가족계획을 추진했다. 이상적인 자녀 수도 나라가 정했고, 임신에 대한 지식도 일방적으로 주입했다. 그런데 어찌된 일인지 1983년에 이미 합계출산율이 2명으로 떨어졌는데도 가족계획을 중단하지 않다가 1996년에 1.6까지 떨어진 다음에야 그만두었다.

실제로 〈도표 1-1〉을 보면 출생아 수 감소 폭이 최근의 추이보다 더 극심한 구간이 과거에 존재했다는 것을 알 수 있다. 2년 동안 출생아가 10만 명 넘게 급감한 적도 있다. 오늘날의 저출산이 최근 몇 년 사이에 갑자기 나타난 현상은 아닌 셈이다. '하나씩만 낳아도 삼천리는 초만원'이라는 표어를 제시할 때부터 2002년 초저출산 시대의 시작을 예감했어야 했는지도 모른다.

〈도표 1-1〉 출생아 수 추이(1970~2020)

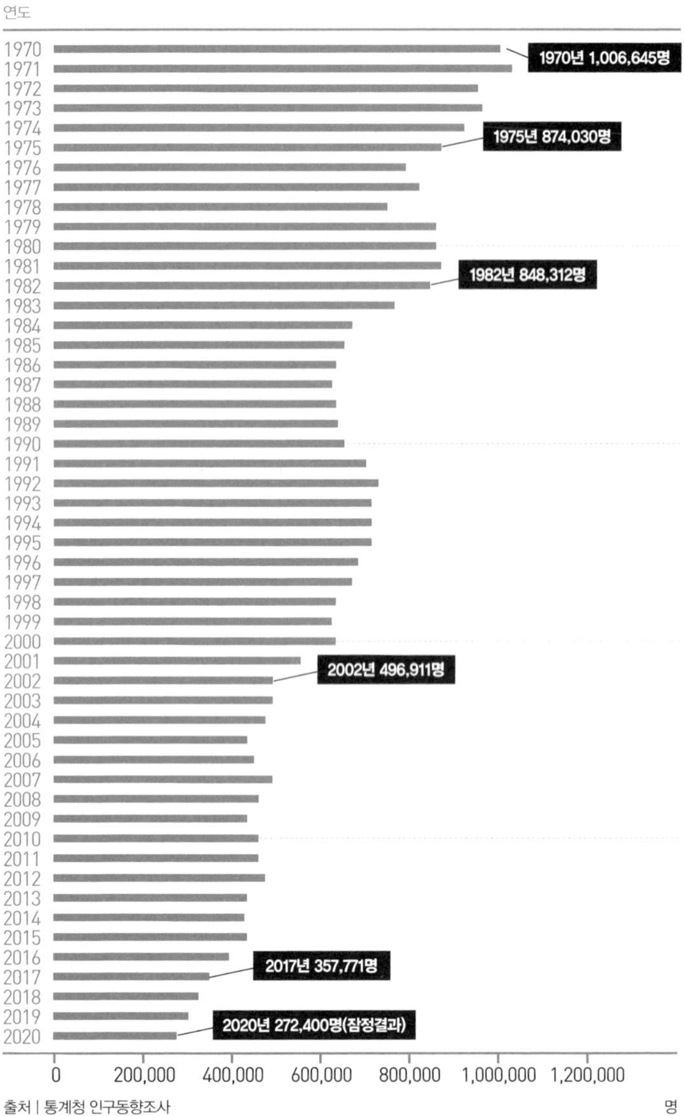

출처 | 통계청 인구동향조사

표어처럼 약 87만 명이 태어난 1975년생이 아이를 한 명씩만 낳는다면, 28년 후인 2002년 즈음 출생아 40만 명대는 정해져 있던 것이다. 그리고 결과론적으로 보면 1997년부터 2001년까지 우리나라는 IMF라는 커다란 경제위기를 겪으며 정말로 아이를 거의 한 명 정도 낳는 국가가 되었다.

출생아 30만 명대가 3년 만에 무너진 이유도 함께 살펴보자. 여기부터는 앞서 말한 생의학적 측면, 즉 여성 인구의 비밀이 더 강력하게 작용한다. 더 정확히 말하면 출생 시 성비(性比)가 관여한다.

다음 페이지의 〈도표 1-2〉는 여아 출생아 수 및 성비를 보여준다. 막대그래프로 표시된 여아 출생아 수부터 보자. 뜯어보지 않더라도 갑자기 막대가 줄어든 곳이 눈에 들어온다. 1984~90년이다. 1980년대 초반까지 40만 명대에 있던 여아 출생아가 갑자기 줄어 1984~90년에 30만 명 언저리가 되었다. 몇 년 만에 10만 명이나 줄다니 놀랍지 않은가? 더욱이 이 10만 명이 남아 여아를 합한 수가 아니라 여아만의 감소 폭이라는 사실은 놀랄 일이 아니라 경악할 일이다. 안 그래도 뿌리 깊었던 남아선호사상에 산아제한 정책이 맞물린 결과다.

앞에서 인구가 안정적으로 유지되는 합계출산율이 대략 2.1이라 했는데, 이는 출생성비가 정상일 때만 작동한다. 자연스러운 출생성비는 여아 100명에 남아 104~107명이다. 이렇게 태

〈도표 1-2〉 여아 출생아 수 및 성비 추이(1970~2019)

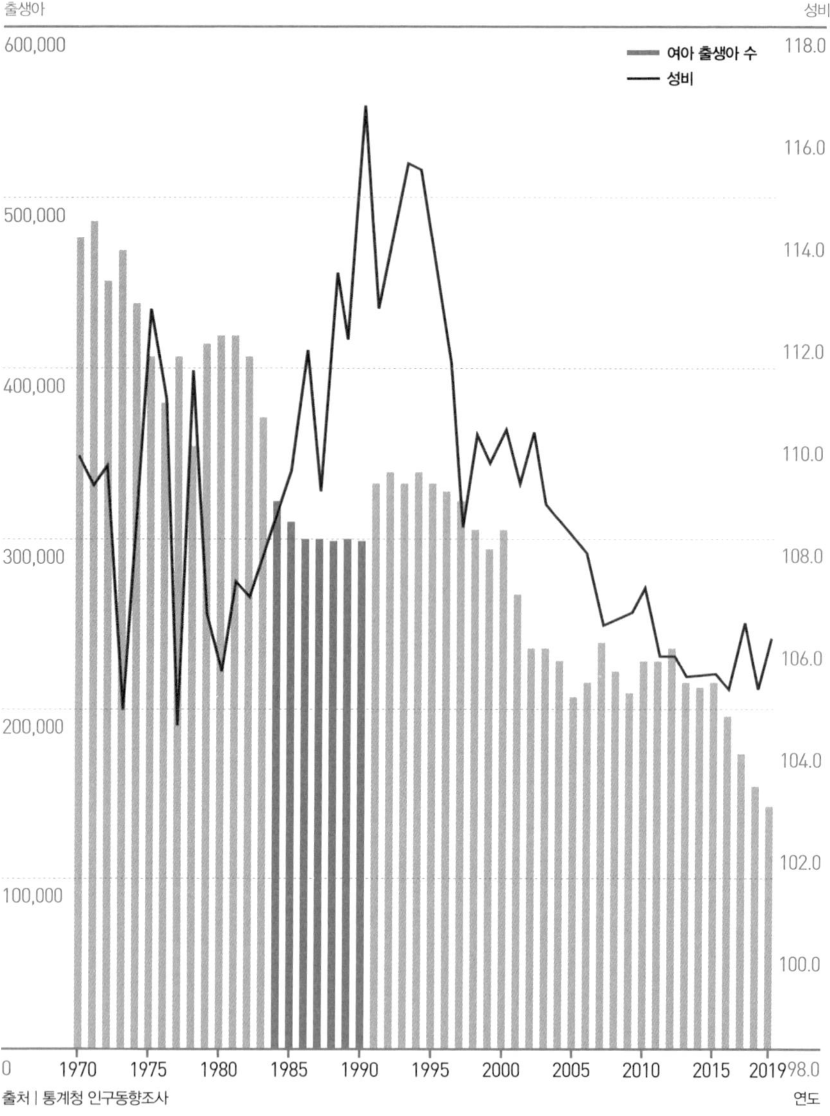

출처 | 통계청 인구동향조사

어나야 20세 즈음 남녀의 수가 같아진다. 즉 2.1 중 1은 여아여야 한다는 뜻이다. 그런데 우리나라 성비는 1970년에 여아 100명 대비 남아 109명으로 왜곡되기 시작하더니 1990년 116명으로 정점을 찍었다. 이것도 평균이 그렇다는 것이지, 둘째아이에서는 117명, 셋째아이 이상에서는 200명까지 성비가 벌어졌다.

성비가 이렇게 왜곡되면 합계출산율이 2.1이어도 결코 인구가 안정적으로 유지될 수 없다. 여아가 적기 때문이다. 1994년 약 72만여 명이 태어났는데, 남아는 약 38만 6000명인 반면 여아는 약 33만 5000명에 불과했다. 남아의 약 86% 수준으로만 여아가 태어난 것이다.

극심한 성비 불균형 시기에 태어난 여아들이 30년이 지난 지금, 29~34세에 접어들었다. 최근 합계출산율은 1.0 이하로, 30여 년 전 30만 명대로 태어난 여성들이 한 명만 낳거나 낳지 않고 있으니 2018년부터 30만 명대의 아이들이 태어나고 있는 것이다. 앞서 오늘의 출생아 수는 대략 30년 후의 출생아 수를 결정한다고 했는데 오늘날의 출생아 수는 결국 30년 전의 출생아 수, 특히 여아 출생아 수에 의해 이미 결정되었던 것이다. 과거 부모세대 그리고 당시 사회가 했던 선택의 여파를 오늘날 우리 사회가 온몸으로 겪는 것이다.

만약 합계출산율이 2.0 아래로 내려갔던 30년 전에 산아제한 정책을 재고했더라면, 그리고 남아선호사상이 없었더라면 어땠을까? 아무리 지금처럼 출산율이 낮아져도 우리나라의 한 해 출생아 수는 그래도 40만 명대는 유지되었을 것이다. 오늘날의 초저출산 현상은 인구학적 관점이 부족했던 과거 인구정책의 결과라 할 것이다.

그나마 다행인 것은 남아선호사상이 심한 아시아 국가들 가운데 유일하게 우리나라가 성비 불균형을 해소하는 데 성공했다는 것이다. 2017년 이후 셋째아이 성비도 정상인 것을 보니, 학계에선 막내딸을 바라는 부모들도 있겠다는 짐작을 하고 있다.

오늘의 출생아로 정해진 30년 후 미래

그렇다면 오늘의 인구가 만들어낼 30년 후 대한민국의 인구 현상은 어떨까?

일단 인구가 감소할 것임은 분명하다. 이미 2020년부터 국내 거주 내국인 인구는 줄어들기 시작했다. 〈도표 1-3〉은 서울대학교 인구학연구실에서 국내 거주 내국인을 기준으로 2100년까지 인구추계를 한 시뮬레이션 결과다. 연구실은 매월 혹은 매분기 통계청에서 발표하는 인구동향조사 결과를 보며 시뮬레이션을 업데이트하고 있다. 이번 분석에는 코로나19의 영향으로 혼인과 출산율에 여파가 있을 것을 고려했고, 점점 늘어나고

〈도표 1-3〉 2100년 대한민국 인구피라미드●

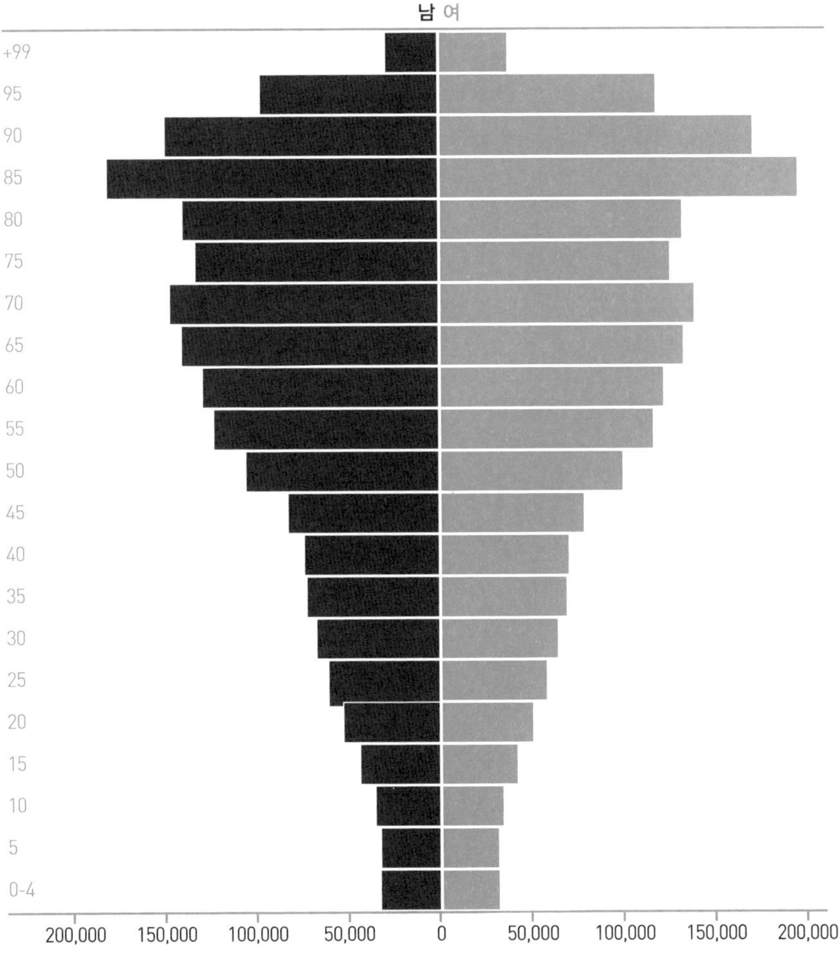

남 여

+99
95
90
85
80
75
70
65
60
55
50
45
40
35
30
25
20
15
10
5
0-4

200,000 150,000 100,000 50,000 0 50,000 100,000 150,000 200,000

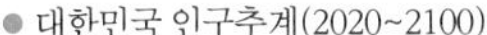

● 대한민국 인구추계(2020~2100)

있는 35세 이상의 출산율도 염두에 두었다. 그리고 가치관의 변화로 자녀를 원하지 않는 사람들의 비율도 매 연령마다 존재한다는 점을 고려했다. 사망률의 경우 아래 세대일수록, 현재 통계청에서 예측하고 있는 것보다 조금은 더 오래 살 것으로 예측했다.

사실 그동안은 지금의 예측보다 더 오래 살 것이라는 가정을 넣어본 적이 없었다. 그런데 한국의 의료 시스템과 사람들의 건강 행태의 변화를 보면 지금 우리의 전망보다는 조금 더 오래 살 것이 현실적이어서 이 가정을 넣어보았다. 기존의 사망률 예상대로라면 우리나라의 2100년 인구는 1800만 명에도 미치지 못할 것으로 추계되었다. 그런데 고령 사망이 감소하는 추세가 점점 현실화되면, 2020년 태어난 아이는 2100년 80세가 되었을 때 그래도(?) 2000만 명에 근접한 인구 피라미드를 만나게 될 개연성이 매우 크다. 1800만 명과 2000만 명을 생각하니 그래도 좀 다행스럽다는 생각이 든다. 하지만 200만 명의 차이는 초고령층에서 나타난다. 이것이 정말로 다행스러운 일인지는 생각해볼 일이다.

어떤가? 막연히 2100년이라고 이야기할 때보다, 우리 아이들이 살아 마주하게 될 모습이라 하니 체감도가 다르지 않은가?

그래도 2100년은 너무 멀게 느껴진다면 조금 더 실감 나는 수치를 적용해보자. 앞으로 30년쯤 뒤인 2050년경부터 우리나라 인구는 매년 40만~57만 명씩 줄어들기 시작한다. 2년마다 약 100만 명씩 줄어든다는 것이다. 참고로 현재 울산광역시 인구가 약 112만 명이다.

이런 일이 정말로 일어날까? 믿기 어렵겠지만 그렇다. 지금 생존해 있는 나를 포함한 베이비붐 세대가 그때쯤 되면 하나둘 사망하기 시작할 테니 말이다. 죽음을 거부할 수 있는 사람은 아무도 없다. 베이비붐 1세대가 현재 60세 안팎이고, 30년쯤 뒤에는 차례차례 90세를 맞이한다. 이런 이들이 각 연령마다 현재 80만 명이 넘는다. 90세 이전에 사망하는 사람들도 있으니 2050년경부터는 얼추 잡아 70만 명 정도가 매년 사망할 것이다.

30년 뒤에 태어날 아이의 수는 최근 태어난 여아의 수로 결정된다. 2019년에 대략 30만 명이 태어났고 2020년에는 약 27만 2000명이 태어났다.● 태어날 아이 중 절반이 여아이니, 이들이 성인이 되어 지금처럼 자녀 한 명씩 낳는다면 2050년에는 많아야 15만 명 정도가 태어날 것이다. 약 70만 명이 사망하는 동안 많아야 15만 명 정도가 태어나니 2050년부터 정말로 매년 평균 55만 명 정도, 2년마다 100만 명 정도가 줄어들 수밖에 없다. 아

● 이 수치는 통계청이 발표한 잠정 결과로, 앞서 프롤로그에서 2020년에 27만 5800명이 태어났다고 한 행안부 보도자료와 차이가 난다. 행안부 통계는 주민등록인구 기준이라 2020년에 등록한 인구를 기준으로 하는 반면, 통계청은 그중에서도 2019년에 태어난 아이는 제외했기에 나타난 차이다. 즉 출생신고가 늦은 아이들을 제외하고 오로지 2020년에 태어난 아이들만 카운트한 것이 통계청 결과다.

주 만약의 가정이지만, 지금 태어나는 아이들이 훗날 부모가 되어 두 명을 낳는다면, 2050년에는 약 30만 명이 태어나고, 매년 평균 40만 명 정도가 줄어들게 된다.

이처럼 오늘의 인구는 한 세대 전의 인구변동에 의해 이미 정해졌다. 30년 뒤의 인구 역시 정해진 미래다.

3

만인은 평등하지만, 인구감소의 영향은 평등하지 않다

지난 70년간 우리나라 인구는 경제와 함께 몸집을 키워왔다. 그런데 생산과 소비의 기본 단위인 인구가 앞으로 줄어들 일만 남았다니 경제도 함께 악화될 것 같은 불안감이 생긴다. 노후도 걱정이다. 사회보장 제도는 기본적으로 부양해야 할 인구를 감안해 설계된다. 예컨대 연금제도는 일하는 동안 기여분을 내고, 퇴직한 뒤에는 일하는 사람들이 내는 기여분의 일부를 나의 연금으로 받는, 즉 후속세대가 윗세대를 담보하는 구조다. 그런데 한 세대 만에 기여해줄 사람이 절반을 넘어 61% 정도 감소하면 연금제도의 지속가능성이 의심된다. 이렇게 보면 20년째 이어지는 초저출산 상황을 걱정하는 것이 당연해 보인다.

하지만 한편으론 '인구가 줄면 더 좋은 것 아닌가?' 하고 반문하는 이들도 적지 않다. 출퇴근 시간 지하철은 지옥철이 된 지 오래고, 도로에 사람도 차도 많아 지친다. 2020년 코로나19 환경에서야 사람들이 좀 적어 보였지만 백화점이든 한강 공원이든 놀이동산이든, 어딜 가나 사람들이 그득그득하다. 학교에서 교사 한 명이 담당할 학생 수가 줄어들면 교육의 질이 더 좋아질 것 같고, 대학입시 경쟁률도 낮아져 사교육을 받지 않아도 될 것 같다. 다양한 환경 문제도 결국 사람이 너무 많아서 생긴 것 아닐까? 지금 지구 곳곳이 기후변화로 몸살이고 지나치게 많은 인구가 기후변화의 원인이니, 우리나라라도 인구가 좀 줄어들어 오히려 다행이라는 것이다. 인구가 줄어든다니 이제 삶의 질이 좋아질 일만 남았다는 생각도 든다.

이 두 가지 의견 중에 그래도 초저출산을 문제로 인지하는 사람이 조금은 더 많은 듯하다. 인구학을 한다고 해서 그런가? 최소한 내 주변의 여론(?)은 그렇다. 그런데 한편으로는 인구가 줄어서 어떡하냐고 야단스레 걱정하는 것보다는 좀 줄어드는 편이 낫다고 말하는 게 왠지 더 의연하고 '쿨'해 보이기도 한다. 여러분은 어느 쪽 의견에 공감하는가?

어떤 의견이 더 타당한지 생각해보기 전에, 내가 얼마 전 일본에서 경험한 일을 소개하고자 한다.

2019년 1월, 나는 일본에 가서 2명의 경제학자를 인터뷰했다. 1990년대 초반부터 30년째 이어지는 일본의 저성장에 인구고령화가 얼마나 영향을 미쳤는지 의견을 듣고, 우리나라 상황을 이해하는 데 도움을 얻기 위함이었다.

한 명은 오랫동안 일본 재무성에서 공직생활을 하다 퇴직한 후 돗쿄대학(獨協大学) 경제학과 교수로 자리를 옮긴 분으로, 나이가 일흔에 가까웠다. 다른 한 명은 40대 중반의 젊은 교수였는데, 경제학 분야에서는 국제적으로도 유명한 히토쓰바시대학(一橋大学)에서 경제제도와 정책을 연구하는 분이었다. 이 두 경제학자를 인터뷰해야겠다고 생각한 이유는 일본의 저성장에 대한 의견이 서로 달랐기 때문이었다. 한 명은 인구고령화가 일본 저성장의 주된 원인 중 하나라는 연구를 주로 발표했고, 다른 한 명은 저성장과 고령화의 관계를 입증하기 어렵고 일본의 저성장은 선진국이 공통적으로 경험하는 현상이라는 연구를 발표해 왔다.

두 경제학자의 주장 모두 일리가 있고, 누가 맞고 틀렸다고 보기 어려웠다. 다만 인터뷰를 해보니 왜 그들의 주장이 그렇게 다른지는 알 수 있었다. 저성장의 원인을 고령화에서 찾았던 노(老) 경제학자는 과거 일본 경제가 엄청난 속도로 발전하던 시기를 직접 경험한 분이다. 당시 일본의 인구는 젊었고, 계속 증가하고 있었다. 일본의 성장을 본인의 한창 나이에, 그것도 재무성 공직자로 경험한 경제학자에게 저출산 및 인구고령화와 동시에 찾아온 저성장은 무관하게 받아들여지지 않았다.

반면 40대 중반의 경제학자가 박사학위를 받고 교수가 되었을 때에는 이미 일본이 선진국이 되어 2%대의 저성장 단계에 진입한 뒤였다. 저성장에 인구고령화의 영향이 전혀 없다고는 할 수 없지만, 직접적 원인으로 보기는 어렵다고 생각할 개연성이 충분하다. 본인이 경험한 것이 저성장 국면의 일본인데, 그렇다고 해서 일본이 선진국에서 탈락한 것도 아니고 삶의 질이 이전에 비해 나빠진 것도 아니었기 때문이다.

다시 우리나라로 돌아오자. 똑같은 저출산 현상에 대해 한쪽은 큰일이라고, 다른 한쪽은 오히려 잘된 일이라고 의견이 갈리는 이유가 두 일본 경제학자의 경우와 유사하지 않을까?

저출산으로 인구가 줄어들면 생산도 소비도 줄어 시장의 규모 자체가 작아질 것이라 걱정하는 사람들은 연배가 좀 있는 경우가 대부분이다. 우리나라의 경제와 사회발전을 직접 눈으로 보고 피부로 느껴온 사람들이다. 그 과정에 인구는 항상 증가했기 때문에 초저출산으로 인구절벽이 생긴다니 성장과 발전이 당장 중단될 것 같은 불안감이 든다. 또 우리보다 초저출산과 인구고령화를 먼저 겪은 일본의 저성장은 그 불안이 현실이 될 것이라는 절망감마저 자아낸다.

반대로 인구감소를 긍정적으로 보는 쪽은 상대적으로 연령이 낮다. 이들이 대학에 진학하고 사회에 진출할 때 우리나라는 이미 선진국이었기 때문에, 인구의 크기와 경제 간의 상관관계를 윗세대만큼 밀접하게 인식하기 쉽지 않다. 오히려 엄청난 '스펙'을 쌓아놨는데 원하는 곳에 취업하기도 힘들고 어딜 가나 경쟁이 치열하다. 그 이유를 사람이 많아서라고 생각하게 된다. 출산율이 낮아지고 인구가 줄면 경쟁도 완화되고 여유가 생겨 삶의 질이 좋아질 거라는 기대가 생겨 인구감소를 반기게 된다.

인구증가와 함께 성장의 시대를 누려온 세대, 인구 수는 경쟁의 지표와 마찬가지므로 감소해도 괜찮다는 세대. 여러분은 어느 의견에 고개를 끄덕끄덕하고 계시는가? '양쪽 다 일리 있다'는 말이 혜안처럼 보이지만, 미래의 방향성을 고려해달라는 요청을 받는 인구학자에겐 영 찜찜한 답이다. 조금은 인구학자다운 답을 하자면, 나는 현재 우리나라의 초저출산을 우려할 만한 상황이라 본다. 가장 큰 이유는 변화의 속도가 너무 빨라 적응할 여유가 없다는 것이다. 그다음은 인구감소의 영향이 모든 사람에게 공평하지 않다는 것이다. 그리고 이 두 현상의 기저에는 수도권으로의 인구집중이 있다.

첫 번째 이유부터 살펴보자. 초저출산에 따른 우리나라의 인구변화 속도는 정말 빠르다. 그런데 말로만 하면 잘 와닿지 않아 연구실에서 논의해보았다. 세계보건기구(WHO) 홈페이지에 들어가면 세계 주요 국가의 60세 이상 인구가 전체 인구의 10%에서 20%로 증가하는 데 걸린 기간을 나타낸 도표가 있다. 여기에 한국을 추가해보았다. 보통 고령화지수는 65세 이상 인구로 표현하지만 도표를 통일하기 위해 우리나라 인구도 60세 이상 인구비중의 변화로 산출했다.

〈도표 1-4〉 60세 이상 인구비중 증가속도 비교

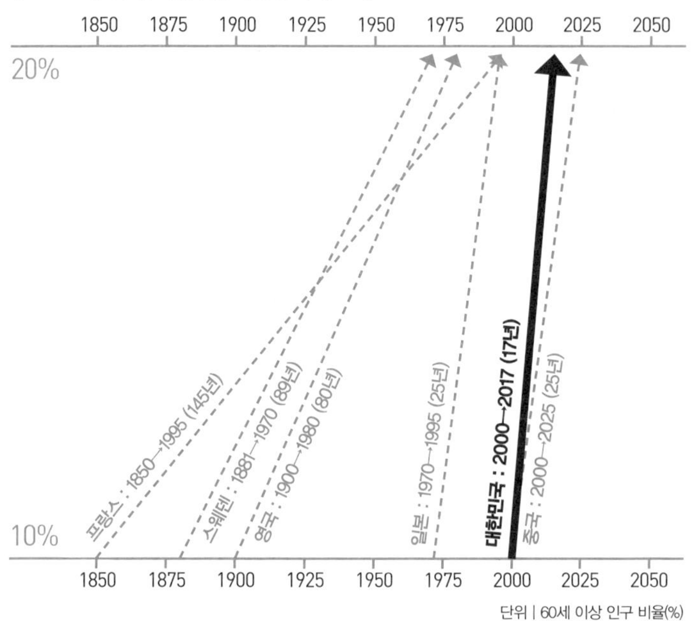

고령인구 비중의 변화는 생산가능인구의 비중도 짐작하게 해주는 지표다. 고령인구가 증가하는 첫 번째 이유는 물론 기대수명이 높아졌기 때문이지만, 고령인구 비중이 늘어나는 속도는 초저출산과 무관하지 않다.

프랑스와 영국은 우리나라보다 저출산도 고령화도 먼저 겪은 나라다. 두 국가 모두 고령국가에 도달하였으나, 프랑스는 145년 그리고 영국은 80년이라는 기간 동안 서서히 변화했다. 반면 우리나라는 2000년에 10%에, 그리고 2017년에 20%에 도달했다. 20년도 채 걸리지 않았으며, 일본보다도 약 8년이 빠르다. 현재 우리 사회를 유지하는 사회구조와 제도는 과거에 설계되어 차분히 변화해왔다. 그런데 급격한 인구변동은 우리 사회가 적응할 시간을 충분히 주지 않는다.

널찍널찍 쾌적함을 싫어할 사람은 없다. 활용할 자원도 충분하고 사람도 많지 않으면 당연히 삶의 질이 높아진다. 하지만 아이가 적게 태어나 인구가 감소한다고 우리나라가 당장 그렇게 바뀔까? 그것도 내가 살아 있는 동안에? 불가능하다는 것을 누구나 다 안다. 반대로 태어나는 아이가 빠르게 줄어 발생하는 악영향은 한층 현실적인 데다 당장 나타난다. 2017년 학령인구가 줄어 발생한 초등교사 임용대란은 이미 소개했다. 여기서 눈여겨볼 것이 바로 '대란'(大亂)이란 용어다. 그야말로 큰 혼란이란 말인데, 미처 대비하지 못한 일이 갑자기 발생해 그 중심에 있던 사람들의 삶에 심대한 타격을 주는 것이다. 삶의 질이 악화되는 것은 물론이다.

누군가는 이렇게 이야기할 수 있겠다. 초등교사 임용대란은 태어난 아이들을 통해 예측 가능했던 일이니 대비했어야 하지 않았나? 맞다. 그런데 초등교사 임용 숫자는 그저 '교사 고용'만의 문제가 아니라 전국 교대에 있는 사람들의 일자리 문제까지 사슬처럼 연결된다. 많은 사람이 합의안을 도출하며 조심스레 풀어나가야만 했던 문제다. 즉 시간이 오래 걸리는 문제였다. 시나브로 아이들이 줄어갔으면, 천천히 적응해가며 대란까지는 일어나지 않았을지도 모른다.

저출산으로 촉발된 이 '대란'은 곧 대학으로 옮겨가고, 청년을 주된 대상으로 하는 상권도 영향을 받게 된다. 너무 암울한 예측인가? 이렇게 기술한 것들은 앞으로 발생할 일의 일부분에 불과하다. 출생아 수가 줄고 인구가 감소하여 삶의 질이 좋아질 일은 아마도 내 생애에 일어날 것 같지 않지만, 여러 가지 혼란과 혼동은 당장 발생한다. 어떤가? 초저출산은 여전히 축복이고 새로운 기회인가? 아니면 위기이고, 대비해야 하는 문제인가?

다음은 인구감소의 사회적 여파가 모든 이에게 평등하지 않다는 이야기를 하고 싶다. 초저출산으로 인한 인구감소는 나라 전체에 동시다발적으로 영향을 주기보다는 특정 연령, 특정 지역,

특정 산업, 특정 재화에 차별적으로 영향을 준다.

예를 들어보자. 태어나는 아이의 수가 갑자기 줄어드는 바람에 신생아 관련 산업과 그 산업에 종사하는 사람들은 풍전등화의 위기에 놓여 있다. 줄어든 수가 곧 회복된다면 타격도 금방 끝나겠지만 20년째 계속 줄어들기만 하니 신생아 관련 산업은 고사 직전까지 가게 된다. 그런데 신생아 시장은 우리나라 전체 산업에서 보면 그리 큰 시장이 아니다. 그래서 이 산업에 종사하는 사람들의 현실적인 어려움을 다른 사람들이 공감하기가 쉽지 않다.

이것 자체로도 인구감소의 고통을 차별적으로 받는 것인데, 영향은 여기서 끝나지 않는다. 신생아 관련 산업은 어떻게든 살아남으려 노력할 텐데, 그때 생각할 수 있는 대안이 고급화와 사업 다각화다. 한마디로 제품 하나를 팔아도 부가가치를 높이거나, 신생아 관련 사업을 축소 또는 포기하고 다른 사업으로 전환하는 것이다. 이렇게 하면 기업은 어떻게든 살아남을 수 있을 것이다. 그러나 그 피해는 신생아와 그 부모가 고스란히 입게 된다. 이제 신생아 관련 용품은 구하기도 쉽지 않을뿐더러 죄다 비싸지게 된다. 그런데 이러한 피해를 신생아 가족이 없는 대다수 국민들은 알 턱이 없다.

또 다른 예다. 초저출산 세대가 대학에 진학하면서 2021학년도 신입생 정원을 채우지 못한 대학이 수두룩했다. 등록금에 의

존하는 대학의 입장에서는 이만저만 큰일이 아니다. 그런데 이렇게 신입생이 줄어 어려워진 대학은 주로 지역에 있는 대학일까? 아니면 수도권에 있는 대학일까? 당연히 지역에 있는 대학이다. 수도권, 특히 서울에 있는 대학들에게 신입생 부족은 '다른 나라 이야기'다. 학령인구 감소의 고통을 모든 대학과 대학 구성원이 동일하게 느끼는 것이 아니다. 고통의 강도, 깊이는 지역별로 차별적이다.

사회에는 초저출산에 따른 인구변동이나 감소를 문제로 인식하는 사람들과 그렇게 느끼지 않는 사람들이 동시에 존재하는데, 전자보다 후자가 더 많으면 초저출산의 충격을 완화하기 위한 대책을 만들어내려 할 때 사회적 합의점을 도출하기가 어려워진다. 그럴수록 초저출산과 인구감소로 어려움을 겪게 될 사람들과 그렇지 않은 사람들의 삶의 질 격차는 커질 수밖에 없다. 이 말은 곧 초저출산에 따른 사회적 양극화가 새롭게 발생하거나, 기존의 양극화가 심화될 수 있다는 뜻이다.

진행되는 현상을 남들과 다르게 해석하고 새로운 가능성을 제시하는 것은 확실히 '쿨'해 보인다. 하지만 현재 진행되고 있는 우리나라의 초저출산 현상과 빠른 고령화는 가만 놔둬도 되며 오히려 삶의 질을 더 높일 거라는 의견은 결코 '쿨'할 수 없다.

잠깐 앞에 소개한 일본 경제학자 인터뷰로 돌아가 보자. 당시 인터뷰를 마치며 두 경제학자에게 과거 말고 앞으로의 일본 경제 전망을 부탁했다. 인구고령화를 저성장의 원인으로 보았던 원로교수는 경제 전망을 매우 어둡게 내놨다. 기대수명이 계속 늘어나고 있어 인구고령화가 심화될 것은 돌이킬 수 없는 흐름이고, 노동시장에서 빠져나가는 고령자 인구보다 새롭게 노동시장에 들어와야 할 청년 인구가 매우 적으니 고령자에 대한 사회적 부양부담이 급격히 커질 것이라는 설명이었다. 충분히 예상되는 답이었다.

흥미로웠던 것은 일본 경제침체와 고령화의 상관관계에 의문을 제기했던 40대 경제학자의 답이었다. 그 또한 앞으로 일본 경제가 나아질 가능성보다는 침체될 가능성이 크다고 했는데, 그 이유로 급격한 인구구조의 역삼각형화를 들었다. 의외의 대답에 나는 재차 물었다. 지금까지는 일본 경제에 인구가 기여한 부분이 작다고 했는데, 왜 지금부터는 커지냐고.

그의 대답은 이랬다. 인구가 경제와 전혀 관계 없는 것이 아닌데, 지금까지는 그래도 일본의 인구 크기와 연령구조가 경제를 좌우할 만큼 크게 변화하지는 않았다. 하지만 고령인구가 전체 인구의 4분의 1을 넘어가고 한 해 태어나는 아이가 100만 명도 되지 않는데(2019년 약 86만 4000명이 태어났는데, 이들의 부모세대인 1980년대 말, 1990년대 초반생은 약 120만 명이 태어났다), 심지어 변화의 속도가 더 빨라지고 있다고 했다. 현재의 고령자를 위한 사회보장제도는 수년 내로 정상적인 작동이 불가능해지고 국가 부채는 감당할 수 없을 만큼 커질 테니 경기침체 가능성이 크다는 것이었다. 한마디로 지금까지는 인구 이외의 요소가 경제에 더 중요했다면, 인구고령화와 저출산이 가속화되는 지금부터는 인구 요소의 중요성이 커질 것이라는 답이었다.

어느 정도까지는 인구가 경제나 사회 전반에 미치는 영향력이 크지 않다고 느낄 수도 있지만, 임계점을 넘어서면 대응이 어렵고 사회 구성원의 삶의 질에 악영향을 준다는 데에는 이처럼 학자들 간에도 이견이 없었다. 그 임계점이 어디인지를 찾는 것이 중요한데, 아무래도 우리나라는 그 임계점에 다다른 것이 분명하다. 이쯤이면 '인구가 줄면 축복이 아닌가?' 라는 질문에 대한 답은 명확하지 않은가?

4

학생 수가 줄어도 대학 가기 어려운 이유

몇 년 전, 시민들을 대상으로 다가올 미래에 대한 특강을 했을 때 일이다. 초저출산 현상이 2002년부터 계속되면서 우리 사회가 머지않아 지금까지 보지 못했던 축소의 경험을 할 것이라고 열변을 토했다. 강연 후 질의응답 시간이 되자 중학생 정도로 보이는 청소년이 손을 들었다. "학생 수가 줄면 대학 가기가 쉬워지나요?"

이 질문을 그동안 수도 없이 받았다.

"인구로 보면 대입은 언제쯤 쉬워지나요?"

"저희 아이 대학 갈 때쯤에는 경쟁률이 낮아지는 건가요?"

사실 쉬워진다는 말이 주관적이긴 하다. 개인마다 목표하는 바가 다르니 '쉬워진다'고 단언하기는 어렵겠다. 여기서는 쉬워진다는 말을 '경쟁률 감소' 정도로 생각해서 이야기해보자. 나는 전작《정해진 미래》에서 앞으로 대학 가기가 훨씬 쉬워질 것으로 전망했다. 저출산 세대인 2002년생이 응시하는 2021학년도 대학입시부터 대학에 가고자 하는 사람이 대학의 입학정원보다 적어진다는 게 근거였다.

결론부터 말하자면, 전국적으로 보면 대입 경쟁률은 낮아졌다. 2021학년도 대학수학능력시험(수능)에 지원한 사람이 49만 명이었고, 실제 1교시에 응시한 사람은 42만 6000명이었다. 2020학년도 수능에는 약 54만 6000명이 지원했고 48만 명이 응시했다. 앞으로 수험생은 N수생을 고려해도 더 줄어들 것이다.

그렇다면 앞으로 정말 대학 가기가 쉬워지고, 지금 하는 입시를 위한 사교육은 괜한 자원 낭비일까? 내가 지도하는 서울대학교 인구학연구실 내에서도 많은 의견이 오갔다. 과거 학력고사 세대부터 수능제도 이후 대학 진학률이 80%에 달했던 세대에 이르기까지 저마다 의견을 제시하며 갑론을박을 펼쳤다. 학부 전공도 각자 달라서 그런지 다양한 경험을 토대로 한 논의가 오갔다.

물론 이 질문에 대한 정확한 답은 현재 수험생 및 예비 수험생들이 알고 있을 것이다. 이미 대입을 거친 세대가 내려줄 답은 아니다. 그럼에도 의견을 내보자면, 안타깝게도 현재로서는 입학 경쟁률이 낮아져서 대학 가기가 쉬워질 거라던《정해진 미래》의 전망은 틀렸다고 봐야 할 듯하다. 우리나라의 입시 열기는 단순히 입학정원과 수험생 규모만을 비교해서 판단할 수 없기 때문이다. 여기에는 다분히 심리적인 요인이 작용한다.

대입 경쟁에 대해 토론하며 연구실에서 중요하게 다룬 키워드가 있다. 바로 '인서울'이다.

사족인데, 이런 논의를 연구실에서 한창 할 때 우리 집 첫째 아이가 고등학생이었다. 첫째는 본인 인생에 소위 명문대 졸업장이 그리 중요하지 않을 것으로 생각하며 자랐기에 사교(社交, friendship)를 위한 사교육을 하는(친구 따라 학원 가는) 편이었다. 심지어 4년제 대학 졸업장조차 본인 인생에 필요한가에 대해 의문이 있고, 친구 중에는 이미 전문대 진학을 결심한 아이들도 있다고 했다. 하여 연구실에서 '인서울'로의 집중도가 더욱 높아질 것이고 그에 따라 수험생들이 느끼는 실질적 경쟁률도 더 높아질 수 있다는 이야기가 나왔을 때 나는 '요새는 부모들도 많이 바뀌어서 그렇지 않을 것이다'고 주장했다.

그도 그럴 것이 강연장에서도 자주 나오는 질문 중 하나가 "학생이 줄어서 대학 가기가 쉬워지니, 대학의 가치는 하락할 가능성이 크고 그렇다면 이제 자녀 사교육에 올인할 필요가 없는 것 아닐까요? 교수님은 자녀교육을 어떻게 하세요?"였다.

그럴 때면 '아, 이제 부모들이 수험 공부가 전부는 아니라고 여기는구나!' 하는 생각으로 첫째아이 이야기를 하며 솔직하게 답했다.

"첫째딸이 느리지만 꾸준한 아이라서 빠르게 습득해야 하는 수험 공부는 천천히 조금씩 하고, 본인이 흥미 있어 하는 베트남어나 영상 편집에 열중하고 있습니다. 나름의 올인이지요!" 이렇게 말하면 다들 함박웃음을 지어주셨더랬다.

그런데 연구실에서 열띤 토론을 한 후, 강연장에서 이야기의 무게중심을 조금 바꾸어보았다.

"네, 학생이 줄어드니 전국을 놓고 보면 대입 경쟁률은 낮아질 겁니다. 그렇다면 여러분은 어떤 선택을 하시겠습니까?"

그러자 이런 대답들이 돌아왔다.

"서울에 있는 대학으로 편입 준비?"

"그래서 경쟁률은 언제가 최저예요? 그때 수능 한 번 더 보라고 해야겠는데요?"

"아이가 공부에 자신감이 없었는데, 인서울 할 수도 있으니 포기하지 말라고 해야겠네요."

그러면 나는 이렇게 대답한다.

"만일 '인서울'이 목표라면, 그리고 공교육이 좋아지지 않는다면 앞으로 입시를 위한 사교육에 더 힘을 쓰셔야 하겠습니다.

아마 전국 대부분의 학부모 생각이 비슷할 거예요. 지방대학은 점점 정원을 못 채워 이제는 입시 사교육을 해가며 공부하지 않아도 들어갈 수 있지만, 수험생과 학부모들의 마음은 그럴수록 더욱더 '인서울'을 향할 겁니다. 아무리 학생이 줄어도 '인서울' 대학도 경쟁할 필요가 없을 만큼 줄어들지는 않아요."

'인서울'의 경쟁률은 실제로 어떻게 될까? 마침 둘째아이가 고등학교에 진학했다. 이 아이는 언니와는 완벽하게 반대의 가치관을 가지고 자라났다. 부모가 같아도 친구들의 영향에 따라 다른가 보다. 둘째는 가끔 내게 조기 수험 공부를 시키지 않았다고, 왜 그랬냐고 타박한다(얼마 전, 《정해진 미래》를 읽고 본인이 어렸을 때 조기 입시 교육 대신 서예 사교육을 받게 된 이유가 아빠의 판단에 의한 것임을 알게 되었다).

미안한 마음에 2005년생인 아이를 위해 〈도표 1-5〉를 만들어 보았다. 하필 2005년생은 초저출산이 시작된 2002년 이후 낙폭이 가장 컸던 출생 코호트다. 도표는 과거, 현재 그리고 미래의 대학입시 관련 통계를 보여준다. 과거의 자료는 모두 해당 학년도의 교육통계연보를 참조했다.

2012년 당시 18세 학생은 1994년생으로 약 72만 명이 태어났다. 그중 63만 2000명이 고3이 되었고, 2012년 대입 수능 응시자는 N수생을 포함해 약 62만 1000명이었다. 이들이 응시한 4

년제 대학의 입학정원은 일반대학과 교육대학을 합쳐서 34만 5000명, 전문대까지 포함하면 54만 5000명이었다. 실질적인 경쟁률은 4년제 대학만 치면 1.80대 1, 전문대까지 모두 합치면 1.14대 1이었다. 대학이 2000년 이후 양적 성장을 거듭해 입학정원도 많았던 시절이었다.

그런데 여기에 만약 모든 수능 응시자가 '인서울 4년제 대학을 가고자 했다면'이라는 가정을 넣어보았다. 그에 따른 경쟁률은 8.56대 1, 인서울 전문대까지 포함하면 6.98대 1이 된다. 서울을 포함한 수도권 대학 전체로 봐도 4년제 대학의 경쟁률은 5.17대 1, 전문대까지 포함해도 3.07대 1이었다. 원서를 한 개만 쓴다는 가정하의 경쟁률이다. 1994년생들이 밤을 새워가며 공부해야 했던 사정이 저절로 이해되었다.

〈도표 1-5〉 대학진학 관련 환경의 변화

				전국	
				다음년도 입학정원	
연도(학번)	18세 인구	고3 학생수	수능 응시자 수	일반대학 및 교육대학	전문대 포함
2012(13학번)	714	632	621	345	545
2019(20학번)	558	502	485	316	479
2021(22학번)	473	426	411		
2023(24학번)	427	385	372		
2030(31학번)	477	430	415		

그 후 학령인구가 급감했고 앞으로 더 줄어들 것인데, 그렇다면 상황은 나아질까? 앞으로 대학 입학정원이 어떻게 변할지 장담할 수는 없으나, 등록금 수입이 중요한 대학이 쉽사리 정원을 줄이려 하지 않을 테니 2019년(20학번)의 입학정원이 그대로 유지된다고 가정하고 경쟁률을 추정해보았다.

만일 전국의 모든 수험생이 인서울 대학에 가기 위해 경쟁한다면, 고3들이 넘어야 할 2021년 인서울 대학의 경쟁률은 5.70 대 1이다. 2012년의 8.56대 1에 비해 크게 낮아진 것은 맞지만 5.70대 1도 결코 낮은 경쟁률이 아니다. 게다가 지역의 대학 입학 경쟁률이 낮아지면 낮아질수록 학생들은 인서울 대학으로 몰리게 될 테니, 실제 경쟁률은 2012년이나 2021년이나 큰 차이가 없을 것이다.

2020학년도 입학정원 유지시 (2012~20 : 통계청 및 교육통계연보 실측치, 2020~ 예측치 / 단위 : 천 명)

전국		서울			
경쟁률		다음년도 입학정원		경쟁률	
일반대학 및 교육대학	전문대 포함	일반대학 및 교육대학	전문대 포함	일반대학 및 교육대학	전문대 포함
1.80	1.14	73	89	8.56	6.98
1.54	1.01	72	87	6.72	5.56
1.18	0.86			5.70	4.72
1.07	0.78			5.15	4.26
1.20	0.87			5.76	4.76

그럼 학령인구가 줄어드는 앞으로의 상황은 크게 바뀌나? 도표에서 보듯이 서울에 있는 4년제 대학의 입학 경쟁률은 2030년까지 5대 1 아래로 내려가지 않는다. 전문대까지 모두 합쳐도 2021년 4.72대 1, 2030년 4.76대 1로 큰 차이가 없다. 서울권이라 할 수 있는 인천과 경기도 소재 대학까지 모두 합쳐서 생각해도 2021년 4년제 대학은 3대 1 이상, 전문대까지 모두 포함하면 2대 1 정도의 경쟁률이 나온다.

입시를 위해 사교육을 해야 하는지 묻는 학부모의 질문에 내가 '인서울'의 필요성을 먼저 판단하시라 말했던 이유다. 인서울 대학 졸업장이 아이의 미래에 없어서는 안 될 필요조건이라 확신한다면 입시를 위한 사교육에 올인하는 것이 현명한 판단이다. 반면 인서울에 연연하지 않는다면 입시 사교육에 돈을 쓸 이유가 전혀 없다. 졸업장이 어느 대학에서 발행되었는지보다 자녀의 잠재력이 더 중요하다고 믿는다면 잠재력을 발굴하고 키우는 데 집중하면 된다.

사교육 걱정 없는 때는 언제쯤이나 올까? 아니, 그런 날이 오기는 할까? (당연히 공교육의 수준이 높아지고 특히 지역의 공교육이 대학 가는 데 훨씬 유리한 조건을 만들어줄 수 있다면 사교육 의존도는 낮아질 것이다. 그러나 이것은 비현실적인 당위론에 불과하다. 이렇게 된 현실이 가장 안타깝다.) 인서울 대학에 대한 집단적인 '로망'이 사라지지 않는 한 아무리 학령인구가 줄어도 가능할 것 같지 않다.

5

200조가 들어간 저출산 대책, 왜 효과가 없을까?

2006년 저출산고령사회기본계획 이후 정부는 저출산 문제해결을 위해 다양한 대책을 제시했다. 그동안 투여된 정부 예산만 200조 원이 넘는다고 한다.

'이렇게나 많이 썼다고? 도대체 어디에?' 하고 깜짝 놀랄 독자들이 많을 것이다. 그도 그럴 게 그렇게 많은 정책이 있었는지도 모르겠고, 피부에 와닿는 효과도 별로 없었기 때문이다. 아이가 잉태되는 순간부터 태어나서 자라 청소년이 될 때까지 들어간 돈을 쭉 모아놓은 게 200조 원인데, 여기에는 양육 부담을 덜

어주는 주거, 고용 등의 예산도 모두 포함돼 있다. 이를 뭉뚱그려 '인구정책 예산'이라 했지만 정작 돌봄시설이나 보육료 등 아이를 키우는 데 직접 투입되는 예산은 별로 늘지 않아 피부로 체감하지 못한 것이다. 게다가 수십 년간 정부가 해온 인구정책이 가족계획 말고는 별달리 없어서 과거로부터 물려받고 계승할 만한 게 없는 것도 사실이다. 물론 보육과 육아 환경이 과거에 비해 좋아진 것은 맞지만 여전히 많은 이들에게 보육과 육아는 어렵게만 느껴진다. 경제적인 부담도 크다.

그렇다 보니 정부가 매년 초저출산 관련 정책을 내놓아도 그 효과를 기대하는 국민은 별로 없는 듯하다. 2020년 12월, 저출산 관련 업무를 총괄하는 저출산고령사회위원회는 2022년부터 임신 시 100만 원, 출산 시 출산축하금을 국가가 200만 원씩 지급하겠다는 등의 새로운 저출산 대책을 발표했는데, 대책이 나오자마자 언론의 따가운 비판을 감내해야 했다.

이쯤 되면 궁금증이 생긴다. 아무리 대책의 실효성이 떨어진다 해도 200조 원이나 예산을 들였는데, 왜 저출산 문제는 해결될 기미가 보이지 않는 걸까? 이에 대해 많은 이유가 거론되곤 한다. 보육이나 육아 이외에도 청년 일자리가 없어서다, 사교육비가 너무 많이 들어서다, 집값이 너무 비싸서다, 출산과 양육의 책임을 여성에게만 전가해서 그렇다 등 다양한 원인이 등장했다.

인구학에서는 합계출산율에 미치는 영향을 근접 요인(proxy

factor)과 원거리 요인(distal factor)으로 나누어 보는 방법론이 있다. 근접 요인의 측면에서 보면 우리나라의 합계출산율이 계속 낮아지는 첫 번째 이유는 만혼(晩婚)과 비혼이다. 통계자료를 보면 1995년에 첫 아이를 낳은 아버지의 평균연령은 29.15세였는데, 2016년에는 남성의 초혼연령이 32.8세가 되었다. 2019년에는 초혼연령이 더 높아져서 여성 30.6세, 남성 33.4세가 되었다. 서울 거주자는 더 높아서 2019년 서울 여성은 31.6세, 서울 남성은 33.7세다. 우리나라는 여전히 결혼하지 않으면 아이를 낳기 어려운 사회이므로 초혼연령이 높아지면 아무래도 아이도 늦게 낳게 된다. 생물학적으로 아이를 낳을 수 있는 연령대는 정해져 있으므로, 만혼 추세가 계속되면 자녀를 출산할 수 있는 기간이 줄어들게 되어 출산율이 높아질 확률은 크지 않다.

여기에 우리나라의 인구구조 특징이 결합된다. 우리나라는 가임기 여성의 수가 연령이 낮을수록 적은 인구구조다. 가임기 여성들의 연령별 인구가 크게 다르면 초산연령이 합계출산율에 미치는 영향이 매우 크다. 평생 한 명의 아이를 낳더라도 20대에 낳느냐 40대에 낳느냐에 따라 합계출산율이 크게 달라진다. 만약 15~49세 여성의 연령분포가 고르다면 언제 낳는지는 중요하지 않다. 그러나 우리나라처럼 연령구조가 역삼각형인 사회에서는 조금이라도 젊을 때 아이를 낳으면 합계출산율이 확 올라가고, 반대로 늦게 낳기 시작하면 합계출산율은 뚝 떨어진다.

이런 조건이라면, 늦어진 혼인과 출산 시기를 다시 앞당기려는 정책이 필요할까? 아니면 이미 늦어진 혼인과 출산에 맞추어진 정책이 필요할까? 사실 10여 년 전까지만 해도 나는 혼인과 출산 시기를 앞당기려는 정책이 태어난 아이들의 보육과 양육을 지원하는 정책보다 더 중요하다고 동의하는 편이었다. 2010년 평균 초혼연령은 남녀 각각 31.8세와 28.7세였다. 결혼을 원하는데 취업이나 주택 문제로 결혼이 늦춰질 때였으니 그 문제를 좀 도와주면 청년들도 실질적인 혜택을 받을 수 있고 혼인연령이 더 늦어지는 것을 막을 수도 있었다. 그런데 당시의 저출산 정책은 보육과 양육 지원에 초점이 맞춰져 있었다.

그럼 지금이라도 늦어진 혼인과 출산 시기를 앞당기려는 정책을 더욱더 강화해야 하는 것 아닐까? 이제는 이에 절반의 동의만 보낸다. 10년이 지나면서 혼인연령은 더 높아졌고(2020년 남성 33.2세, 여성 30.8세) 여성의 첫째 자녀 출산연령도 32세를 훌쩍 넘어섰다. 이 정도 되면 혼인 및 출산 시기를 앞당기려는 정책이 의도대로 작동할 리 만무하다. 아직 취업전선에 있는 청년들에게는 의미 있는 정책이겠지만, 취업을 준비하느라 이미 오랜 시간을 써온 청년들이 더 많기에 그만큼의 효과를 기대하기는 어렵다.

게다가 이미 이렇게 늦어진 혼인연령과 출산연령은, 지금 청년들이 경제적으로든 정서적으로든 준비가 되려면 과거에 비해 훨씬 더 많은 시간이 필요하다는 것을 의미한다. 실제로 아이를 원하지 않아서가 아니라, 부모가 되기 위해 준비하는 기간이 길어지다 보니 못 낳게 된 청년들도 많다. 여기에서 의미하는 준비는 취업이나 주거문제도 있지만, 더 중요한 것은 삶 전체를 포괄하는 전반적인 라이프스타일이다. 10년 전 혼인과 출산을 미루던 X세대와 지금 청년들인 밀레니얼 세대는 삶의 방식 자체가 다르다. 이 때문에 혼인과 출산 시기를 무조건 앞당기려는 정책은 오늘날 현실감이 무척이나 떨어지는 정책이 되고 말았다.

현실적인 방안은 현재 청년들의 전반적인 삶의 구조를 이해하고 이미 (과거에 비해) 늦어진 혼인과 출산연령을 받아들이며, 생물학적 연령이 높더라도 건강하게 자녀를 낳을 수 있는 환경을 조성하고 관련된 정책을 강화하는 것이다. 시간이 지나면 세대도 바뀌고 인구의 특성도 바뀌는 만큼 인구정책도 시대와 상황에 따라 달라져야 한다.

그런데 여기서 우리가 하나 자세히 살펴보아야 할 부분이 있다. 바로 본인 삶에서 결혼을 고려하지 않는 사람들의 증가다. 한 해의 출생아 수는 1~2년 전 혼인건수와 관계가 있는데, 2015년만 해도 30만 건이 넘던 우리나라의 혼인건수는 2017년과 2018년 전년 대비 약 6% 줄었고, 2019년에는 또다시 7.2%가 줄어 약 24만 건이 되었다. 코로나 팬데믹으로 사람들이 모이는 것조차 어려워진 2020년에는 혼인건수가 약 21만 4000건에 그쳤다. 전년 대비 10.7%나 줄어든 수치다. 코로나의 여파가 해를 넘어 계속되면서 혼인건수는 더 줄고 있다. 2020년 1~2월의 혼인건수는 약 3만 9000건이었는데, 2021년 같은 기간의 혼인건수는 3만 1000여 건이다. 한 해 만에 거의 20%가 줄어든 것이다. 이대로라면 2021년 혼인건수는 20만 건도 채 되지 않을 가능성이 높다. 2022년까지 코로나가 종식된다면, 미뤘던 결혼식이 치러지면서 혼인건수에 약간의 반등은 있을 수 있다. 하지만 인구의 차별적 영향력만큼이나 코로나19의 영향도 모두에게 공평한 것이 아니라서, 혼인건수는 개개인의 전반적인 경제상황에 영향을 받을 수 있다. 코로나만 사라지면 혼인건수가 고스란히 반등할 거라 예상하기 어려운 이유다.

그런데 혼인적령기라는 말도 많이 사라졌다면 결국 언젠가는 결혼을 할 테니 지금 줄어드는 게 딱히 이야기할 만한 거리는 아니지 않을까?

2010년 인구센서스 당시 서울시 35~39세 인구 중 남성의 32%, 여성의 20%가 결혼하지 않은 상태였다. 당시 내가 속한 연령대가 바로 여기다. 이들이 40~44세가 된 2015년 인구센서스 결과에 따르면 남성의 26%, 여성의 18%가 여전히 비혼이었다. 남녀 각각 6%p, 2%p밖에 줄어들지 않았다. 《정해진 미래》에서 나는 이 수치를 남성 20%, 여성 15%로 예측했는데, 내 예측보다 더 많은 이들이 비혼을 유지하고 있었다.

인구학에서 중요시하는 개념 가운데 '생애미혼율'이 있다. 만 49세까지 한 번도 결혼하지 않은 사람의 비율을 말한다. 여러분 주변에 그런 사람이 있는가? 아마 없지는 않을 것이다. 2010년 기준 우리나라 남성의 5.8%, 여성의 2.7%가 만 49세까지 결혼하지 않은 것으로 나타났다. 2015년에는 이 비율이 남녀 각각 11%와 5%가 되었다. 남녀 모두 2배가량 늘어난 수치다. 2020년 생애미혼율은 얼마나 될까? 2020년 인구센서스 통계가 집계되는 2021년 가을에는 답을 알 수 있다. 그래도 미리 유추해보면 남성은 대략 15%, 여성은 10% 정도 되지 않을까? 참고로 일본의 2015년 생애미혼율은 남성 23.4%, 여성 14.1%나 되었다. 알다시피 일본도 우리처럼 '때가 되면 결혼하는 문화'가 통용되던 곳인데 말이다.

〈도표 1-6〉은 서울대학교 인구학연구실이 30~49세 비혼인구를 추정한 것이다. 2010년과 2015년은 통계청의 인구센서스 결과이고 2020~40년은 추계한 내용이다. 최근 들어 혼인연령이 계속 높아지는 추세가 뚜렷하므로 이를 반영했다. 남성의 경우 2010년 30대 초반 비혼인구는 약 94만 명이었다. 2025년, 이 인구는 약 121만 명까지 증가할 것으로 예상된다. 이 연령대에 들어오는 인구는 2010년보다 적지만 워낙 비혼자의 비중이 높아지다 보니 생겨난 결과다. 그 이후 비혼 경향은 더 강해질 수 있

〈도표 1-6〉 30~49세 비혼인구 추계(2010~2040)

연도		2010	2015	2020	2025	2030	2035	2040
남성	45~49세	15	30	40	45	49	52	69
	40~44세	30	48	52	54	55	71	71
	35~39세	55	63	66	65	79	76	61
	30~34세	94	103	104	121	109	83	85
여성	45~49세	6.7	13	23	28	33	37	52
	40~44세	13	23	31	34	36	49	54
	35~39세	26	36	40	40	50	53	46
	30~34세	53	66	67	77	75	60	64

단위 : 만 명

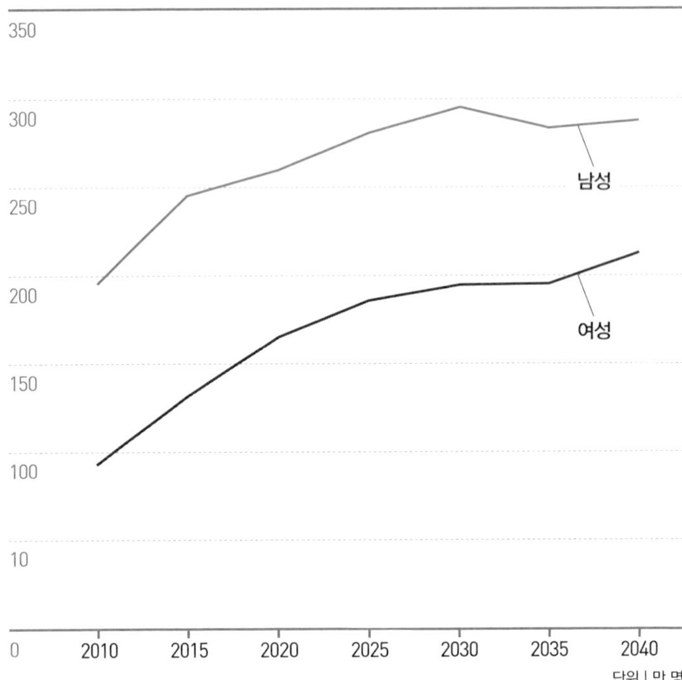

지만, 해당 인구 크기가 작아지기 때문에 비혼인구 자체는 줄어들 전망이다.

한편 40대 이상의 비혼인구는 2010년에서 2015년까지 크게 증가했고, 그 추세가 계속될 것이 분명하다. 2010년 약 15만 명에 불과했던 45~49세 비혼 남성은 2020년 40만 명을 돌파하고 2030년에는 50만 명에 다가설 것으로 보인다.

여성도 다르지 않다. 비혼인구의 구성비가 계속 증가한 일본도 그랬지만 같은 연령대에서 여성의 비혼 비율은 남성에 비해 다소 낮다. 같은 연령이라면 남성보다는 여성이 결혼했을 가능성이 더 크다는 뜻이다. 앞으로도 이러한 남녀 차이가 사라질 것 같지는 않지만 그래도 싱글의 삶을 선택할 여성의 비율은 계속 늘어날 것이 분명하다. 우리나라의 2010년 40~44세 비혼인구를 보면 남성은 30만 명, 여성은 13만 명이었다. 약 2.3배 차이다. 그러나 이 차이는 2030년에는 1.5배로 줄고, 2040년에는 1.3배까지 줄어들 것으로 예상된다. 여성들의 자발적 비혼 선택 경향이 남성들보다 더 강해질 거라는 뜻이다. 이처럼 결혼연령이 올라가고, 아예 결혼하지 않는 사람이 많아지면 출산율도 당연히 영향을 받게 된다.

그런데 여성들의 비혼 선택 경향이 남성들보다 왜 더 강해지는 것일까? 우리나라에서는 이에 대해 여성학에서 심도 있게 다루는데, 이와 관련성이 높은 인구학 연구들을 살펴보자. 여성들의 비혼 선택 확률이 높아지는 것은 요즘 우리 사회의 화두인 여성의 삶의 질 및 처우 개선, 성평등 이슈와 관련이 있다고 한다. 여기서 이야기하는 여성들의 처우 개선은 사회적 영역에만 국한된 것이 아니다. 세계인구학회(IUSSP) 회장을 역임한 호주국립대 사회학과 피터 맥도널드(Peter McDonald) 교수는 유럽 국가들의 출산율 추이를 분석한 결과 여성과 남성의 성평등에 두 가지 맥락이 있음을 밝혀냈다.[5] 하나는 여성의 '사회적 지위'이고, 다른 하나는 '가정에서의 지위'다.

그의 연구에 따르면 여성의 사회적 지위가 높을수록 출산율은 내려가는 추세를 보이지만, 가정에서의 지위가 높으면 출산율 하락이 정지하고 오히려 높아지는 경향이 나타난다. 결국 여성의 가정 내 지위가 중요한데, 사회적 지위는 제도적 장치를 만들어 올릴 수 있지만 가정 내 지위는 그러기가 쉽지 않다.

한 사회의 성평등 수준을 나타내는 여러 가지 지표가 있을 테지만 여성의 교육수준과 사회 진출을 예로 든다면, 여성의 교육수준이 높고 사회활동을 많이 할수록 출산율이 떨어진다는 것은 비교적 알려진 사실이다. 우리나라의 교육수준은 1990년대와 2000년대를 지나면서 크게 높아졌다. 특히 여성의 교육수준 향상이 괄목할 만하다. 여성의 교육수준이 높아짐에 따라 우리 사회에 두 가지 현상이 나타났다. 하나는 출산을 기피하게 되었다는 것이다. 고학력 여성의 사회참여가 활발해진 반면, 워킹

맘의 현실은 여전히 녹록지 않기에 여성의 출산 의지가 꺾일 수밖에 없다는 것은 많은 연구를 통해 알려진 바다. 앞서 40~44세 남녀 비혼인구의 차이는 여성의 비혼 선택 증가로 2010년 약 2.3배에서 2040년에는 1.3배로 줄어들 것이라 언급했는데, 같은 맥락이다.

그런데 맥도널드 교수의 연구 제안으로 보면, 떨어지는 출산율을 막아줄 수 있는 것이 바로 가정 내 성평등 수준이다. 여성의 사회참여가 활발해진 만큼 가정에서 남성의 가사노동과 자녀돌봄도 함께 활발해져야 하고 출산 이후 여성의 경력단절이 사라져야 한다는 것이다. 요즘 세대는 가사분담이 일반화되어 간다고 한다. 하지만 지속적인 초저출산 현상이 나타나는 것으로 보아, 현실에서 그것이 생각만큼 쉽지는 않은 것 같다. 이러한 현실은 여성, 특히 경제적 능력이 충분한 여성에게 비혼을 선택하게 하는 원인들 가운데 하나로 지목되고 있다.

기준이 달라졌다

요즘은 연인이 있어도 경제적 여건이 갖춰지지 않으면 결혼을 미루는 경우가 많다고 한다. 이처럼 젊은 세대가 목표로 하는 삶의 기대치가 만혼, 비혼 그리고 자녀 출산을 연기하거나 포기하는 현상의 또 다른 원인이 되고 있다.

미국 남캘리포니아 대학 경제학과의 이스털린(Richard Easterlin) 교수가 제시한 '코호트 가설'(Relative Cohort Size Hypothesis)이란 게 있다. 사람들은 지금의 삶과 과거 청소년기의 삶을 비교해, 지금의 삶이 더 나으면 결혼을 하고 그렇지 않으면 결혼을 미루는 경향이 있다고 한다. 우상향이어야 하는 건 주식 차트만이 아니었던 것이다.

이 가설에 따라 생각해보자. 1990년대 중반까지만 해도 우리나라는 개발도상국이었고 잘살아보겠다는 일념하에 24시간 허리띠를 졸라맸다. 정부도 개인도 마찬가지였다. 당시 20대 청년들은 그야말로 맨땅에서 시작해 직장도 얻고 결혼도 하고 아이도 낳았다. 나이 들면서 소득도 높아지고 회사에서 직급도 올라갔다. 당연히 경제적 여건도 좋아졌다. 차를 예로 들어 설명해보면, 결혼 직후에는 차가 없거나, 있어도 엑셀 정도였다가 차츰 엘란트라(지금은 아반떼), 쏘나타, 그랜저 등 더 크고 좋은 차로 바꾸었다. 무(無)에서 시작해 꾸준히 성장하는 우상향의 삶을 살았다.

그들의 자녀가 지금의 청년세대다. 이들이 사회에 눈뜨기 시작한 청소년기에 부모님이 해주었던 경제적, 물질적 지원 수준은 결코 낮지 않았다. 경제적으로 풍족하지는 않더라도 자식을 위해서라면 지원을 아끼지 않았다. 우리나라에서 '부모'라는 것은 그러하다. 그 지원을 차로 생각해보면 쏘나타나 그랜저쯤은 되지 않았을까?

그렇게 성장한 청년들이 보기에, 결혼해서 내 자녀에게 지원할 최소한의 조건은 그보다 낮아서는 결코 안 된다. 나도 어릴 때 쏘나타나 그랜저를 탔으니, 내가 결혼해서 꾸려갈 삶 또한 적어도 쏘나타나 그랜저는 되기를 희망한다. 한번 올라간 눈높이가 낮아지기는 쉽지 않다. 결혼하고 아이를 낳고 싶어도 그 조건이 충족될 때까지 미루게 되는 이유다. 여기에 과거와 비교할 수도 없게 올라간 주거비용과 취업난이 겹쳤다. '보통의 삶'을 영위하기 위한 비용 자체가 커진 것이다.

기성세대 중 가끔 '나 때는 단칸방에서 시작해서 애 둘 낳아 잘만 키웠는데, 요즘 청년들은 그런 근성이 없어'라고 하시는 분들이 있다. 틀린 말씀이다. 요즘 청년들은 그런 근성이 없는 게 아니라, 아이를 낳아 키우는 조건에 대한 판단 기준 자체가 다르다.

물론 청년들 모두가 결혼과 출산을 꺼리는 것은 아니다. 형편이 어렵든 여유롭든, 가정을 꾸리고 아이 낳기를 원하는 사람은 여전히 적지 않다. 그런데 이들의 바람을 이번에는 열악한 양육환경과 높은 사교육비가 가로막는다. (원하는 대학에 가기는 예나 지금이나 어렵다는 걸 알았으니, '사교육을 덜 시키면 되지 않느냐'는 남의 속 긁는 말은 하지 않기로 하자.)

게다가 여기에는 역설적인 사실이 하나 더 숨어 있다. 으레 부모의 학력이 높을수록 자녀교육에 대한 관심과 투자도 높아질 것은 미루어 짐작할 수 있다. 그리고 우리나라 부모들의 학력은 지금도 계속 높아지는 중이다. 1990년대 후반에 태어난 아이들 어머니의 대부분, 아버지의 49%는 고졸이었다. 반면 초저출산 세대의 시작인 2002~05년생의 아버지는 약 52%가, 어머니는 약 44%가 대학을 졸업했다. 2019년생의 경우 이 비율이 아버지는 약 76%, 어머니는 약 78%까지 올라간다. 게다가 이들의 경우 거의 한 명의 아이를 낳아 키우니 그 어느 부모들보다 교육투자에 더 열심일 것은 충분히 짐작할 수 있다. 육아나 교육에 대한 정보가 넘쳐나고, 적게 낳는 만큼 누구나 자녀에게 '완벽한 부모'가 되려고 할 텐데, 이 열망이 오히려 아이를 낳는 데 망설임을 가져온다.

이 '완벽한 부모' 신드롬은 고려대 심리학과의 허지원 교수가 우리나라의 초저출산 현상을 심리학적으로 설명하며 내놓은 개념[6]으로, 준비가 덜 되었거나 뭘 준비해야 할지 모르는 상태에서는 자녀를 출산하지 않는다는 것이 골자다. 경제적이든 심리적이든 혹은 정서적이든 완벽하게 준비되지 않으면 부모 되기를 연기하거나 포기하는 것으로, 특히 현재 밀레니얼 세대의 성향을 잘 설명한다. 잘 키우고 싶은 열망이 너무 커서 오히려 아이를 낳지 못하는 역설적 상황이 벌어진 것이다. 어쩌면 두려움과

이타성이 결합된 복합적인 현상인지도 모르겠다.

완벽해야 하기에 남녀 모두 준비되어야 하고, 부모님들이 내게 해준 정성만큼은 나도 아이에게 해야 한다. 여기에 자녀 또래의 아이들이 부모로부터 받는 물질적 자원과 정서적 지원도 비교의 대상이 된다. 이런 경향이 최근 들어 더 커지고 있다.

얼마 전 내가 대학원생들을 대상으로 강의하는 '인구학의 이해' 수업에서 이 현상에 대해 학생들과 토론을 진행했다. 학생들 중에는 이미 결혼하여 영유아 자녀를 둔 사람, 대학을 갓 졸업하고 대학원에 온 사람, 그리고 20대 중후반이 되어 결혼을 고민할 나이가 된 사람들이 있었다. 본인의 현재 상황과 관계없이 그들은 이구동성으로 '완벽한 부모'는 잠깐 나타났다 사라지는 신드롬이 아니라 그냥 현실이라고 말했다. 출산은 말할 것도 없고 결혼 단계부터 '확실함'을 신중하게 고려하고, 확신이 서지 않으면 결혼도 출산도 쉽지 않다는 말이었다.

그 말을 듣고 나는 이런 질문을 했다. "그럼 유럽이나 미국처럼 결혼하지 않고도 자유롭게 아이를 가질 수 있으면 그 완벽함은 어떻게 될까요?"

그 말에 한 학생이 대답했다. '결혼 여부가 아니라 준비 여부가 더 중요하다. 준비되지 않은 상태에선 결혼과 관계없이 출산은 어렵다. 최근 어떤 학자가 결혼해야 아이를 낳을 수 있는 한국식 문화가 사라져야 청년들이 출산에 나설 것이라 말하는 것을 들었는데, 핵심을 잘못 짚었다. 핵심은 결혼이 아니라 준비 여부다.' 혹여 혼자서 아이를 낳고 키울 수 있는 제도가 마련된다 해도 준비되지 않은 상태에선 청년들이 그 선택을 하지 않을 것이다.

'코호트 가설'과 '완벽한 부모'라는 개념을 함께 생각해보면, 요즘 청년세대의 출산 기피와 고민이 한층 깊게 다가온다. 맨주먹으로 경제성장을 일구며 자식에겐 아낌없이 주었던 부모 슬하에 자라난 지금의 청년세대는 전례없는 대학 진학률을 보여주었으나, 그사이 일정한 성장궤도에 도달한 우리나라는 '보통의 삶'에 큰 비용을 지불해야만 하는 국가가 되었다. 수업시간에 이 내용에 대해 학생들과 토론을 하면 '나는 저 나이에 저런 고민까지 했던가?'라는 생각이 들 정도로 부모 되는 것에 대한 생각과 고민의 깊이가 다르다.

이처럼 가정과 사회의 기존 관행 및 경제적 문제가 중첩돼 결혼과 출산을 막고 있다. 이외에도 양육과 보육환경 문제, 일자리 문제, 높은 주거비용 문제 등 다양한 원인들이 우리나라의 초저출산 현상을 만들어내는 데 영향을 미쳤다. 하나같이 머리를 맞대 해결해야 할 중요한 사안들이다.

그런데 동시에 함께 생각해볼 지점이 하나 있다. 초저출산의 원인이 이러하다면, 이들 문제를 하나하나 해결하면 초저출산이 완화될까? 혹은 과연 어느 정도까지 해결해야 초저출산이 완화될 수 있을까? 이를테면 이런 질문들이다.

- 초저출산 현상이 완화되려면 양육과 보육환경이 얼마나 더 좋아져야 할까?
- 사회적 이슈인 양성평등이 실현되면 다른 요인과 관계없이 초저출산은 완화될 수 있을까?
- 높은 주거비용이 결혼과 출산을 가로막는다고 했는데, 수도권 이외 지역의 청년들도 높은 주거비용 때문에 결혼과 출산을 꺼리고 있는 것일까?

선뜻 답을 하기 어렵다. 그 이유는, 이러한 요소들은 모두 우리나라 초저출산의 충분조건이지 근본적인 원인 혹은 필요조건은 아니기 때문이다. 더욱이 혼인 기피 현상, 집값 상승 등 사회구조적 요인만으로는 '왜 이처럼 급속하게' 우리나라 출생아 수가 무너졌는지를 설명하기 어렵다.

그럼 그 필요조건은 무엇일까? 앞에 열거한 요소들이 각각 개별적으로 발생하여 초저출산이 나타나게 한 것은 아닐 것이다. 그러면 각 요소들을 연결하는 어떠한 기저 원인이 있는 것은 아닐까? 복잡하게 뒤엉킨 실타래를 풀어나가려면 좀 더 근원적인 원인을 찾아야 하지 않을까?

즉 우리에겐 몇 가지 질문이 더 필요하다.

- 앞에 나열한 사회문제엔 공통의 기저 요인이 있는 것은 아닐까?
- 전 세계 많은 국가들 가운데 왜 우리나라만 초저출산이 오랜 기간 나타나고, 빠르게 0점대 출산율을 보였을까?

왜 어떤 사회는 출산 수준이 높고 어떤 사회는 낮은지 알기 위해서는 각 사회가 갖고 있는 서로 다른 구조적인 원인을 살피는 것이 일반적이다. 하지만 인구학은 보다 근본적인 물음에 관심을 두고 있다. 혹시 출산 수준을 결정하는 통시적이며 탈공간적인 조건은 없을까? 어느 사회는 출산장려금을 많이 주고, 어느 사회는 남녀가 가정에서 서로 평등한 관계에 있다는 것처럼 사회마다 차이 나기 마련인 조건들 말고, 모든 사회를 관통하며 출산 수준을 결정하는 그런 조건 말이다. 이제부터 그것을 한번 탐구해보고 우리나라의 초저출산 현상에 적용해보자.

6

인간 본성에서 찾아본 초저출산의 원인

우리는 수험생이 줄어드는데도 심리적 경쟁률은 떨어지지 않을 아이러니한 가능성에 주목했다. 서울에 있는 대학에 수험생들이 몰려 경쟁은 예나 지금이나 여전한데, 그 와중에 경쟁에서 배제된 지역의 대학은 몰락의 위기에 처했다.

한편에서는 '그동안 대학이 너무 많았던 것 아니냐, 경쟁에서 탈락하는 것은 자연스러운 현상이다'라는 말도 들린다. 그런데 지역 대학의 몰락은 '지방'이어서 더 심각하다. 지역에서 대학이란, 경제를 지탱하는 큰 산업축이기 때문이다. 대학이 축소되거나 문을 닫으면 그렇지 않아도 어려워진 지역경제를 더욱 악화시킬 수 있다. 그렇게 되면 지역에 살고자 했던 청년들마저 다른 선택지를 찾아 떠나는 일이 생긴다.

천정부지로 솟고 있는 서울의 집값도 마찬가지다. 전국적으로 경제활동인구의 수는 줄어들기 시작했는데 사람은 물론이고 투자 자본까지 수도권으로 더 몰리고 있다. 특히 다주택에 대한 규제가 강화되면서 한 채를 가지려면 소위 '똘똘한 한 채'를 갖고자 할 텐데, 당연히 그 똘똘한 한 채는 서울의 강남 3구를 비롯해 사람들의 관심이 쏠리는 지역에 있는 아파트다. 물론 최근 아파트 가격이 전국적으로 올랐지만 그것은 수요와 공급의 법칙보다는 정부 정책에 따른 심리 효과가 부른 결과다. 앞으로 수도권의 많은 가구들이 분화되기 시작하고, 청년 인구의 수도권 집중이 계속되면 수도권의 실질적인 주택 수요는 늘어나게 될 것이고, 청년이 떠나고 있는 지역의 수요는 줄어들게 된다. 그럴수록 투자 심리는 더욱더 수도권, 그중에서도 서울로 집중될 가능성이 높다.

나는 전작《정해진 미래》에서 초저출산 세대가 군대에 입대할 나이가 되면 군대는 누가 채울지도 걱정했었다. 병력으로 징집될 인구가 줄어들기에 2027년경부터 군은 사회와 20~25세 남성 인구를 두고 경쟁할 수밖에 없다고 예고했다. 이 예고 때문인지는 모르겠으나, 국방부는 '국방개혁2.0'을 통해 병력을 모집

하고 운용하는 제도 자체를 개선하겠다는 방안을 내놓았다. 개혁안에는 병력 수를 줄이는 계획도 물론 포함돼 있다.

어찌됐든 입대할 인구가 줄어드는 것은 명백한 사실이므로 이제는 원하는 때에 입대할 수 있으리라는 예상을 어렵지 않게 할 수 있다. 그런데 얼마 전 학생으로부터 놀라운 이야기를 들었다. 군대에 입대하려면 한참을 대기해야 한다는 것이었다. 잘 이해되지 않았다. 병력이 부족할 텐데 대기라니? 이유는 간단했다. 요즘은 원하는 지역을 택해서 입대를 지원할 수 있는데, 지원자의 대부분이 서울이나 수도권 부대를 원한다는 것이다. 아무리 입대할 인구가 줄어도 서울이나 경기 지역 부대가 수용 가능한 병력보다는 많다. 군입대에서도 대학이나 부동산과 마찬가지로 수도권 집중 현상이 나타나고 있고, 그것이 이런 아이러니한 상황을 만들어낸 것이다.

저출산의 원인을 이야기하다 갑자기 수도권 집중 현상을 언급하는 이유가 있다. 최근 서울대 인구학연구실은 자유전공학부의 장대익 교수가 지도하는 서울대 인간본성/생철학 연구실과 공동으로 우리나라의 초저출산 현상을 연구했다. 이 공동연구팀은 사람들이 수도권, 특히 서울로만 집중되는 현상이 대학 입시와 군입대를 어렵게 하고 부동산 시장에서 서울과 지역 간 격차를 불러오는 것은 물론 초저출산 현상을 더 심각하게 만든다는 사실에 주목했다.

수도권 집중의 이면에는 인구학뿐 아니라 생존, 경쟁, 심리적 밀도 등 진화 및 과학철학, 생태학, 심리학, 역사에서 다루는 다양한 키워드가 녹아 있다. 그리고 이는 우리나라가 왜 오랫동안 초저출산의 덫에 갇혀 있는지, 그리고 왜 빠르게 0점대의 합계출산율로 향하게 되었는지에 대한 근본 원인을 설명하는 데 도움이 된다.

이를 위해 조금 본질적이고 어려운 이야기를 해야 할 것 같다. 맬서스로 시작해 다윈으로 그리고 현대 사회로까지 이어지는 이야기다.

밀도가 높으면 생존 욕구가 자극된다

"인구는 기하급수로 증가하고 식량은 산술급수로 증가해 인구증가는 곧 거대한 재앙을 불러올 것이다."

이것이 우리가 학창시절 사회 교과서에서 본 맬서스 이론이다. 한 줄로 요약해야 한다면 이 문장이 핵심이긴 하지만, 사실 맬서스의 《인구론》은 원제가 'An Essay on the Principle of Population'이다. 말 그대로 출산과 사망 수준을 통해 인구가 증가하거나 감소하는 '인구의 원리'를 설명한 것이다.

맬서스는 왜 갑자기 인구의 증감원리를 탐구하려고 했을까?

이는 산업혁명 후 인구가 전례 없이 증가하고 더욱더 가속화될 것으로 예견되던 당시 사회상황과 연관성이 깊다. 맬서스는 자원이 한정되어 있기에 인구의 폭발적인 증가는 빈곤층을 양산하고, 이것이 미래 사회의 지속가능성을 떨어뜨린다고 보았다. 즉 '어떻게 하면 인구를 조절할 수 있을 것인가?'가 그에게는 '어떻게 하면 사회에서 빈곤층을 만들어내지 않을 수 있을까?'와 동일한 말이었다.

지금 보기엔 '인구를 조절한다니?' 혹은 '자원이 한정되어 있다니?' 등 받아들이기 어려운 논리와 한계점이 많지만, 맬서스가 다양한 철학자들의 담론과 국가 사례를 통해 탐구한 인구증감의 메커니즘 자체는 한번 엿볼 만하다. (이 책의 부록에서 맬서스의 인구 증가감소 메커니즘에 대한 자세한 이야기와 그를 둘러싼 논쟁을 다루었으니 관심 있는 독자들은 일독해주시길 권한다.)

《인구론》의 많은 이야기 중 우리가 주목해야 할 점은 바로 이것이다. 맬서스가 보기에 인구는 역사 속에서 항상 '조절'되어 왔는데, 그에 따르면 자원과의 균형을 유지하기 위해서다. 그리고 인간의 가장 기본적인 욕구 두 가지를 꼽으라면 본인의 생존(survival) 욕구와 후속세대 재생산(reproduction) 욕구다. 이 중 《인구론》에서 인구증가 요인의 주요 축으로 다룬 것은 출산, 즉 재생산 욕구인데, 문제는 자원(식량)이 한정돼 있다는 것이다. 인간은 언제나 한정된 자원을 놓고 서로 경쟁하며 역사를 써왔다. 경쟁이 필요 없을 만큼 식량이 풍족한 사회에서는 재생산에 전혀 문제가 없지만, 계속 경쟁해야 하는 상황에서는 재생산보다 본인의 생존이 우선시되었다.

훗날 이 부분은 다윈이《종의 기원》을 집필하는 데 많은 영감을 주었다. 다윈 또한 우리가 학창시절 과학 교과서를 통해 익히 접했던 인물로, 적자생존(survival of the fittest)과 종은 진화한다는 개념을 제시한 것으로 잘 알려져 있다. 그는 그 유명한 비글호 탐사를 마치고 영국으로 돌아온 뒤《종의 기원》을 쓰기 전에 지질학, 종교, 변이(transmutation), 형이상학 등 다양한 분야의 글을 읽었고, 1838년 드디어 맬서스의《인구론》6판을 읽고 자연의 법칙에 대해 큰 영감을 얻었다. 다윈은《종의 기원》서문에서 맬서스의 원리를 모든 동식물계에 적용했다고 밝히기도 했다.

사람을 비롯한 모든 생명체는 일정한 영역에서 살아가는데, 그 영역 안에 있는 자원의 총량에 비해 자원을 나눠 가져야 하는 개체 수가 너무 많으면 이를 조절해왔다. 그 과정에는 무수한 경쟁과 투쟁이 있었을 테고, 그 결과 생존하는 종과 사라지는 종이 결정되었다. 맬서스가 기술한 역사 속의 '인구조절' 개념이 지구 만물에 적용되는 순간이다.

이처럼 맬서스와 다윈 이론 사이의 공통점은 필연적일 수밖에 없었는데, 간략히 정리해보면 다음과 같다.

① 자원은 한정돼 있다.

② 공간의 밀도가 개체당 쓸 수 있는 자원의 양을 결정한다.

③ 공간은 한정돼 있는데 개체 수가 급증하면 조절이 일어난다.

④ 종들은 살아남기 위해 서로 경쟁한다.

⑤ 이때 본인의 생존 본능이 후손 재생산 본능에 우선한다.

물론 사람에게 경쟁은 자원을 더 늘리는 생산 동력이 되기도 한다. 그러나 경쟁이 너무 격해지면 재생산 본능마저 억누르고 생존 본능이 더 크게 발현되는 것은 거대한 자연의 법칙이다. 일반적으로 동물 혹은 식물은 한정된 자원을 놓고 같은 종끼리만 경쟁하는 것은 아니므로 경쟁 과정에서 살아남는 종이 있고 사라지는 종이 생겨난다. 살아남는 종도 경쟁에 유리하도록 변이를 하는데 그것이 진화다. 반면 이렇다 할 천적이 없어 동종(同種)끼리 주로 경쟁하는 인간은 출산을 할 것인지 말 것인지를 결정함으로써 경쟁 정도를 스스로 조절할 수 있다는 것이다.

청년세대를 옥죄는 물리적 밀도, 심리적 밀도

맬서스와 다윈은 모두 영국인이지만 활동했던 시기가 달라 서로 만난 적은 없다. 맬서스는 18세기 중반부터 19세기 초반에 활동했고, 다윈은 19세기 초중반부터 활동했다. 이들이 만약 만난다면 어떤 대화를 나눌까? 그것도 합계출산율이 1.0 아래로 떨어진 21세기 한국에서 만난다면? 상상력을 발휘해보자.

두 사람의 이론을 바탕으로 하면 맬서스는 우선 한국이 지금 절대적 자원 부족을 겪고 있느냐고 물어볼 것 같다. 출산율이 이렇게 낮은 것은 인구밀도가 말도 안 되게 높아졌거나, 전쟁이나 기근 등으로 자원이 극도로 줄어들었다는 의미이기 때문이다.

한편 다윈은 한국인들이 적응하는 중이라 여기지 않을까? 낮은 출산율은 젊은 세대가 스스로 결정한 결과인데, 자기 생존에 너무 바빠 출산은 엄두도 못 내는 상황이라 생각할지 모른다. 경쟁을 완화하는 적응 과정이라는 맥락에서 다윈에게 한국의 초저출산 현상은 생태적으로 자연스러워 보일지도 모른다. 즉 경쟁이 완화되거나 나와 내 자녀가 누릴 수 있는 자원이 충분하다고 인지하면 인간은 본성에 따라 아이를 낳아 키우고 싶어 한다는 게 두 사람의 논리다.

그런데 둘의 의견에서 우리가 주목하는 점은 바로 '동종'이라는 개념이었다. 그리고 동종은 기본적으로 바라는 자원의 범위가 거의 같다. 사람은 이미 '동종'이지만, 여기서는 범위를 확 좁혀 그중에서도 원하는 바가 비슷한 사람들을 '동종'이라고 지칭해보자.

비슷한 바가 많으면 공감을 잘하고 화합이 잘될 수도 있겠다. 그런데 맬서스나 다윈의 가정처럼 자원이 한정되어 있고, 바라는 자원의 범위가 거의 똑같은 사람들이 같은 공간에 모여 있고 밖으로는 나갈 수 없다면? 당연히 치열한 경쟁의 서막이 올라가고, 경쟁에 내몰린 인간은 자녀를 낳아 기르는 것보단 생존에 모든 것을 걸 것이다.

이게 그저 그럴듯한 궤변 아닌가 할 수 있지만, 밀도 즉 일정 공간에 인구가 모여 있는 정도와 출산 정도의 상관관계가 실제로 있음을 뒷받침하는 경험적 연구들이 존재한다. 오스트리아의 인구학자 볼프강 러츠는 2006년 세계 145개국을 대상으로 한 연구[7]를 통해 출산의 주요 변수들(영아사망, 1인당 GDP, 여성 노동참여, 여성 문맹률, 도시인구 비율 등)을 고려한 뒤에도 인구밀도가 합계출산율과 밀접한 관련성을 가진다는 사실을 밝혀냈다. 〈도표 1-7〉에서 가로축은 인구밀도이고 세로축은 5년 뒤 합계출산율인데, 1970년대와 2000년 모두 동일하게 인구밀도가 높은 나라들의 합계출산율이 낮았음을 알 수 있다. 최근 서울대학교 인구학 연구실 및 인간본성/생철학 연구실의 공동연구팀은 2010년대 데이터로 이 그림을 업데이트해 보았는데, 동일한 모습이 그대로 관찰되었다.

러츠의 연구는 2000년대에 이루어졌으나, 본래 인구밀도와 합계출산율과의 관계는 1960~70년대 유럽의 인구변천 현상을

〈도표 1-7〉 세계 145개국 인구밀도와 합계출산율의 상관관계 비교(1975년)

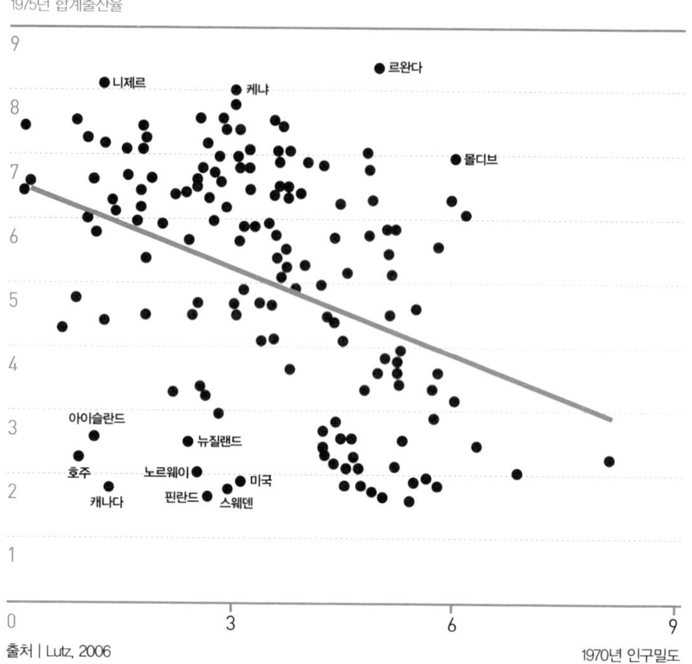

출처 | Lutz, 2006

연구하던 무렵 활발히 진행되었다. 다만 20세기 중후반 이후에는 인구밀도와 같은 생태적 요인보다는 사회구조적이고 제도적인 요소의 중요성이 출산 관련 연구에서 더욱 부각되었다.

러츠는 자신의 연구에서 심리-문화적인 요인도 중요하지만, 진화/생태-심리학적인 관점에서도 연구가 진행될 필요가 있다고 강조했다. 인구밀도가 심리적인 요인에도 영향을 미칠 것을 가정한 것인데, 이를 진화심리학에서 일부 증명한 바 있다.

〈도표 1-7〉 세계 145개국 인구밀도와 합계출산율의 상관관계 비교(2000년)

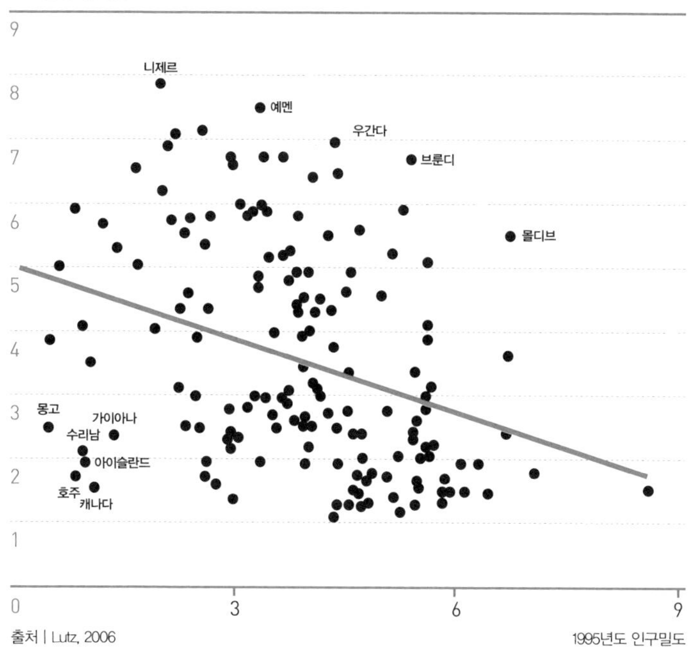

출처 | Lutz, 2006

2017년 올리버 승(Oliver Sng)의 연구[8]가 그것으로, 심리 실험과 데이터 분석을 통해 증명한 연구다. 아주 간단히만 언급하면, 인구밀도가 높을수록 미래지향적인 성향이 짙으며, 그럴수록 출산을 하지 않으려는 경향이 강하다는 것이었다. 사실 미래지향적인 사람일수록 인구밀도가 높은 지역을 선호할 수도 있을 텐데, 이를 고려해도 같은 결론이었다.

그러면 우리나라에서도 인구밀도가 출산율에 미치는 영향

〈도표 1-8〉 시도 단위별 합계출산율과 인구밀도의 상관관계

합계출산율

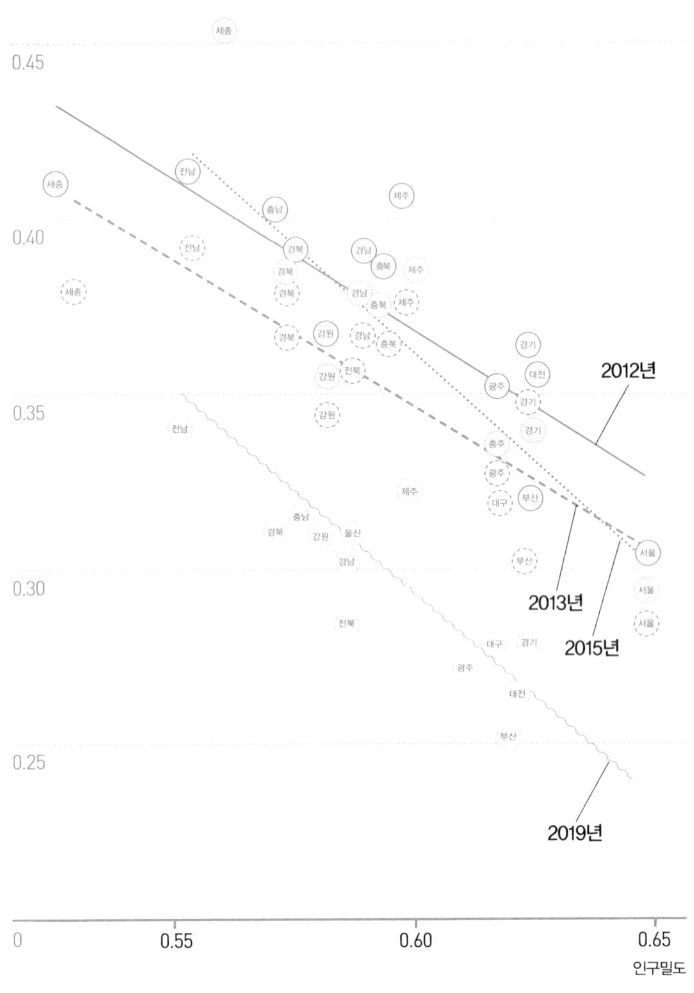

〈도표 1-9〉 시군구 단위별 합계출산율과 인구밀도의 상관관계

합계출산율

이 클까? 서울대학교 인구학연구실의 고우림 박사가 이에 관한 연구를 진행했다.[9] 연구는 이미 합계출산율이 초저출산 수준으로 내려간 뒤인 2005년부터, 연구 당시 가장 최근 데이터였던 2018년까지 14년간의 데이터를 가지고 진행되었다. 다만 우리나라는 국토에 산지가 많으므로 이를 고려했다. 예상대로 우리나라에서도 경제, 사회, 복지, 주거, 고용, 사교육 등 다양한 변수들을 고려해도 인구밀도가 합계출산율에 미치는 영향력이 뚜렷하다는 것을 발견했다.

〈도표 1-8〉은 연구를 업데이트하던 중, 2019년을 포함해 그려본 것이다. 책의 지면상 세종시가 생겨난 2012년 이후로 4개 년도만 뽑아서 그렸다. 세로축은 합계출산율, 가로축은 인구밀도다(각 축은 통계처리를 위해 로그형식을 취했다). 한눈에 드러나듯이 합계출산율과 인구밀도 사이에 뚜렷한 음의 상관관계가 보인다. 인구밀도가 높을수록 출산율이 낮은 경향이 있다는 것인데, 시도 단위보다 더 작은 기초지자체인 시군구 단위로 살펴보아도 똑같은 결과를 확인할 수 있다(〈도표 1-9〉 참조).[10]

아까 이 연구에서는 녹지/산지를 제외한 인구밀도를 고려했다고 했는데, 통계청에서는 이에 해당하는 1인당 주거/공업/상업 지역 면적 통계를 제공하고 있다. 이를 우리에게 익숙한 넓이 단위인 평수로 환산해보면 〈도표 1-10〉과 같다. 서울에 거주하는 사람은 평균 11.1평에 홀로 설 수 있지만 전라남도에 거주하

〈도표 1-10〉 1인당 주거/공업/상업 지역 면적 통계

지역	1인당 주거/공업/상업 지역 면적	평 환산(2012~2019 평균)
전남	264.77	80.09
세종	257.54	77.91
경북	177.49	53.69
충남	175.15	52.98
강원	154.74	46.81
전북	137.43	41.57
경남	133.33	40.33
울산	132.63	40.12
충북	126.52	38.27
제주	107.40	32.49
광주	77.76	23.52
대구	72.57	21.95
인천	71.57	21.65
부산	65.96	19.95
경기	63.03	19.07
대전	62.47	18.9
서울	36.77	11.12

출처 : 통계청

는 사람은 80.1평대에, 세종시에 거주하는 사람은 77.9평이라는 공간자원을 한 사람이 가지고 있는 것이다.

그런데 인구밀도란 성장을 위해서는 어느 정도 필요한 것 아닌가? 인구밀도가 높은 것을 부정적으로만 해석하기는 무리가 있다. 그래서 우리는 한발 나아가 인구밀도와 더불어 인구편중

〈도표 1-11〉 저출산 55개국의 인구편중도에 따른 합계출산율과 인구밀도의 상관관계

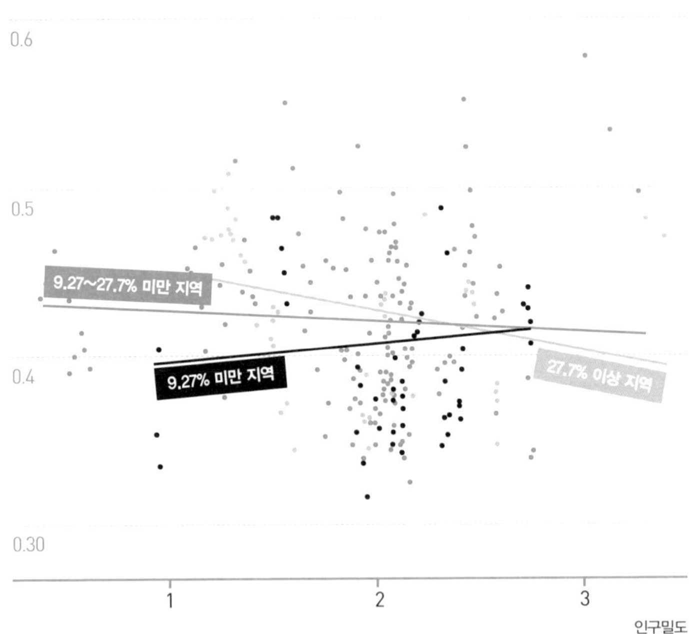

도라는 개념을 고려해보았다. 인구편중도는 각 나라에서 가장 큰 도시(지역)라고 할 수 있는 곳에 전체 인구의 몇 퍼센트가 있는지로 산출했다. 2018년 기준 합계출산율 2.0 미만인 55개국의 5개년 데이터와 그중에서도 초저출산에 근접했거나, 이미 겪었던 21개국에 대해선 데이터를 다시 모아보았다.

〈도표 1-12〉 초저출산 근접/경험 21개국의 인구편중도에 따른 합계출산율과 인구밀도의 상관관계

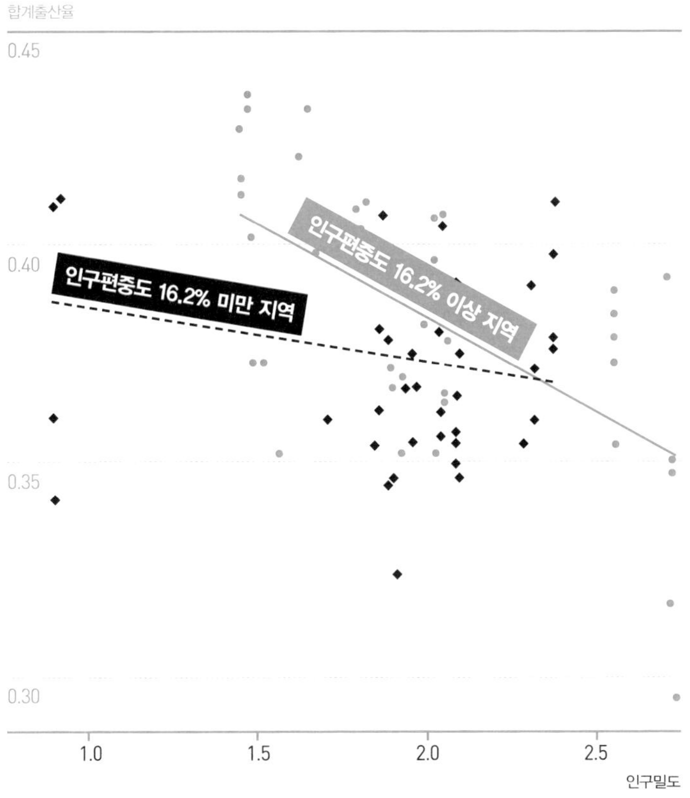

앞서 말했듯이 대개 인구밀도가 높을수록 합계출산율이 떨어진다고 했다. 그런데 합계출산율 2.0 이하인 저출산 국가라도 편중도가 9.27% 미만이면 인구밀도가 높아도 합계출산율이 전혀 감소하지 않았다(〈도표 1-11〉 참조). 반면 편중도가 27% 이상이 되면 인구밀도가 합계출산율에 미치는 영향이 매우 커진다. 초

저출산을 한 번이라도 겪었거나 근접했던 국가들만 뽑아서 해보니 편중도가 16.2% 이상이 되면 인구밀도가 합계출산율에 미치는 영향은 더욱 증폭되었다(〈도표 1-12〉 참조).[11] 바로 우리나라가 그렇다.

젊은 사람이 도시로 몰리는 건 어디에나 있는 일 아니냐고 반문할 수도 있다. 맞다. 하지만 왜 우리나라만 합계출산율이 0.84가 될 만큼 심각한 저출산을 경험할까? 미국 같은 나라는 여전히 합계출산율이 낮지 않은데 말이다. 유럽의 국가 중에서도 우리나라만큼 오랫동안 초저출산을 겪은 국가는 없다.

이는 청년들이 선택할 수 있는 도시가 얼마나 있는지로 설명할 수 있다. 우리나라처럼 0점대의 합계출산율을 보여준 지역이 몇 있었다. 홍콩, 마카오, 싱가포르 등인데, 이들의 특징은 바로 도시 혹은 도시국가라는 것이다. 우리나라가 도시국가는 아니지만, 청년들이 갈 곳(도시)이 나라에 한 곳밖에 없다는 점에서는 그들과 다를 바 없다. 미국의 청년들이 도시로 향한다고 해서 모두 뉴욕을 동경하는 것은 아니다. 모두 LA로 가는 것도 아니다. 미국 곳곳에 청년들이 선호하는 도시가 산재해 있다. 그런데 우리나라는 제2의 도시라 불리는 부산에서조차 청년들이 서울로 오고 있다.

청년들을 수용할 수 있는 다른 도시들이 없어진다면, 서울은 앞으로도 젊은 인구를 빨아들이는 블랙홀이 될 것이다. 안 그래도 인구밀도가 높은 국가인데, 거기에서도 서울 땅에서만 생존을 위해 경쟁하는 한 한국의 초저출산 현상이 반등할 가능성은 크지 않다.

이처럼 초저출산의 기저 원인에는 '인구밀도'와 '인구편중'이 있었다(〈도표 1-13〉 참조). 생태/진화론적으로 볼 때 한국의 초저출산은 밀도 높은 사회에 대한 한국 청년들의 적응이다. 생물학적으로 변모를 한 것은 아니기에 '진화'라 칭하는 것은 무리겠지만, 사회적 유전자라는 말을 통용할 수 있다면 '사회적 유전자의 진화'라 할 수 있다.

〈도표 1-13〉 한국 초저출산 현상의 생태학적 접근

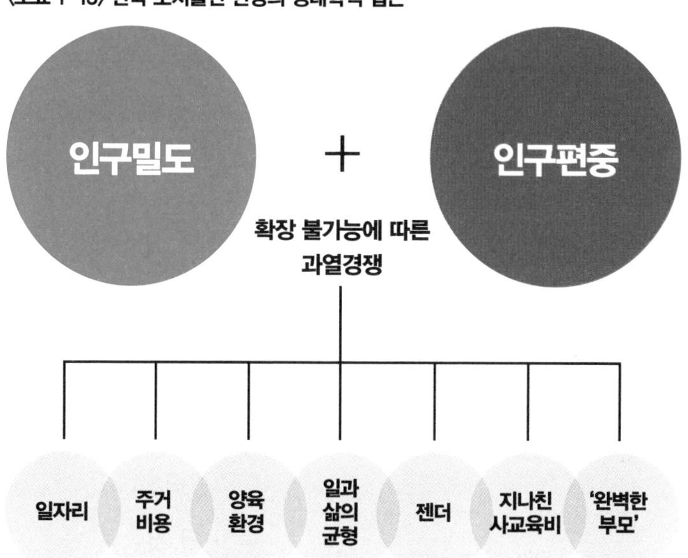

이제 이런 질문을 하실 독자들이 있을 것 같다. 우리나라 전체 혹은 서울의 출산율이 낮은 것은 이해되었다. 그런데 왜 그 외 지역들도 모두 합계출산율이 1.0 수준으로 낮은 것일까? 청년들이 지방을 떠났으니 밀도도 높지 않을 텐데?

우리는 여기서 인구편중이 만들어낸 '심리적 지향점'을 생각해보았다. 앞에서도 말했듯이 지금껏 주장한 것은 인구밀도가 결코 나쁘다는 것이 아니다. 어느 정도의 밀도는 도시를 발전시키는 원동력이다. 그리고 인구란 중력과도 같아서, 인구가 인구를 불러모으는 힘이 있다.

서울과 우리나라가 그렇게 발전해왔다. 본래 사람이 많이 살았기도 했지만, 수도이고 경제의 중심이니 자원의 절대다수가 서울에 집중되었다. 그리고 이러한 집적을 통해 눈부신 발전을 빠르게 이뤘다. 청년들의 삶의 질에 영향을 주는 일자리, 문화와 여가시설 및 공간, 많은 친구를 만나고 사귈 기회, 교육시설 등 거의 모든 것이 서울에 집중되었다.

수도권인 인천과 경기도의 경우 서울과 비교하면 적지만, 그래도 많은 사람이 사는 만큼 청년을 위한 자원이 적지 않다. 게다가 서울로의 물리적 접근성이 좋으니, 필요할 때마다 가서 이용할 수도 있다. 요즘 서울의 인구가 줄어든다고 하는데 그사이에 경기도 인구가 늘었고, '서울 열린 데이터 광장' 자료에 따르면 2021년 4월 7일 기준 서울 생활인구도 여전히 내국인만 약 1055

만, 외국인까지 포함하면 1100만에 이른다.

그런데 인구편중은 서울 및 수도권에 비해 터무니없이 차이 나는 지역의 인프라를 더욱 극명하게 보여준다. 그리고 이것이 지역에 남은 청년들에게 심리적인 불안감을 준다. 물론 우리나라 곳곳에는 지역의 결이 숨쉬는 보배 같은 곳들도 많다. 하지만 지역에서 매일매일을 살아가는 청년들에게는 결국 양질의 일자리와 아이를 키울 수 있는 보육 인프라가 필요하다. 청년들이 모여 함께 만들어가는 문화의 장(場)도 필요하다. 여기서 말하는 문화의 장은 거창한 시설을 이야기하는 게 아니다. 청년들이 모여 있음으로써 자연스럽게 형성되는, 먹고 놀고 즐길 수 있는 공간을 말하는 것이다. 이런 것들이 활성화되어야만 또 다른 청년을 불러오고, 그 안에서 지역의 고유문화도 재해석될 수 있다.

처음에는 편향된 자원투자로 이 편중이 시작되었을지 몰라도, 그 후로는 인구가 인구를 끌어당겨 자원의 효과를 몇 배로 만들어냈다. 어릴 때부터 함께 자란 친구들이 하나둘 서울로 가면 남아 있는 청년의 마음 한켠은 불안하다. 마치 나만 뒤처지는 듯한 마음이 들 수도 있다. 내 주변에 나와 같은 청년들이 어느 정도 있다면 굳이 서울이나 수도권을 지향하며 살 필요가 없다. 그러나 반대일 경우 지향점을 향한 동경이 커져간다. 그것이 심리적 밀도의 수준을 높이게 된다. 인구편중이 증폭시킨 서울과 지역 간의 자원의 차이는, 청년들의 심리적 지향점을 하나로 만들었다. 서울이다.

연구실에서도 수업시간에도 이 주제로 다양한 논의를 해보았다. 과학기술 발전의 속도가 매우 빠르니, 물리적 이동 없이 일할 수 있는 세상이 곧 올 것이다. 그렇게 되면 주거, 교육 및 생활근린 지역과 업무지역은 서로 구분될 것이며 청년들이 느끼는 밀도는 낮아지지 않을까? 이처럼 과학기술에 미래를 걸어보는 의견도 있었다.

혹은 과학기술 이야기가 당장은 와닿지 않으니, 많은 지역에서 하는 '살아보기 프로젝트'와 같은 프로그램이 활성화되어 지역에 대한 청년들의 심리적 거리감을 줄이는 노력을 계속해야 한다는 등 정책적인 기대를 거는 학생들도 있었다.

비관적이지만 현실 순응적인 의견도 만만치 않았다. 최근 태어나는 아이 중 50% 이상이 수도권 출신이고, 수도권에서 이미 사는 사람들에게 비수도권으로 가라거나 비수도권 사람들에게 수도권으로 오지 마시라 할 수 있는 것이 아니니, 인구학에서 말하는 적응 전략을 적극 사용하는 것이었다(적응 전략에 대해서는 2부에서 자세히 다루었다). 비수도권은 작아지는 것에 대비하고, 길게는 자연환경에 돌려줄 방안도 마련해야 한다는 것이었다. 인구편중 해소에 대한 대안은 서로 다른 의견이 많았지만, 초저출산에 대한 생태학적 접근은 대체로 공감했다.

어떤 분산을 추진할 것인가

'인구밀도'와 '인구편중'은 초저출산 현상에 대한 정책적 해법을 찾고자 하는 우리에게 매우 중요한 시사점을 제공한다. 전국적인 밀도를 낮추기보단, 서울 혹은 수도권의 편중을 낮춰야 한다.

이 책에서는 우리나라 초저출산 현상의 원인으로서 수도권 집중이 완화돼야 한다고 말하고 있지만, 사실 지역인구 감소와 그에 따른 지역경제 침체는 초저출산과 관계없이도 반드시 극복되어야 할 사회문제로 인식되어왔다. 그리고 여러 시도에서도 다양한 지역발전 방안을 구상한 바 있다.

그중에서도 가장 큰 규모로 시도된 것이 과거 노무현 정부가 추진했던 혁신도시와 세종시다. 혁신도시는 서울에 집중되어 있던 공기업과 국책연구기관을 지방으로 이전하기 위해 마련되었고 실제로 2015년 즈음 이전이 완료되었다. 세종시는 수도를 아예 국토의 중앙으로 옮기는 천도(遷都)의 목적으로 추진되었지만 여러 우여곡절 끝에 정부조직 중 행정부만 옮겨가는 것으로 계획이 변경돼 지금에 이르렀다.

이미 15년 전에 나왔던 혁신도시와 세종시 계획 자체는 인구학적으로 볼 때 인구와 자원의 수도권 집중을 막고 궁극적으로는 초저출산 현상도 미연에 방지할 수 있었던 좋은 계획이었다고 할 수 있다. 그런데 혁신도시와 세종시가 완성된 지 5년이 넘은 현재 시점에서 평가한다면 수도권 인구집중 완화효과는 거의 없다고 할 정도로 인구학적 측면에서 후한 점수를 주기 어렵다. 공기업과 국책연구기관에 근무하는 사람들을 비롯해 일부 인구가 옮겨갔지만, 서울에 살던 청년들이 이주해간 사례는 거의 없기 때문이다. 왜 그럴까?

두 가지 이유를 짚고 싶다. 첫째, 혁신도시를 추진하는 과정에서 지역 간 안배를 고려하다 보니 전국에 10개나 되는 혁신도시가 건설됐다. 둘째, 그렇게 제한된 자원을 쪼개다 보니 각각의 혁신도시는 몇 개의 공기업이나 국책연구기관만 이전시켰을 뿐 사람들을 끌어당기는 도시의 기능이나 규모를 갖추지 못했다.

얼마 전 건축학자인 홍익대학교 유현준 교수와 혁신도시에 대해 이야기할 자리가 있었다. 인구분산 기능을 전혀 하지 못한 혁신도시의 실패를 유현준 교수는 건축학의 관점에서 이렇게 설명했다. 혁신도시들은 지역을 기반으로 하고 있는데, 해당 지역의 특성이 두드러지기보단 서울의 모습과 너무 닮게 만든 것이 실패요인이라고 했다. 혁신도시는 규모나 기능 면에서 결코 서울이 될 수 없는데, 서울처럼 조성했으니 당연히 서울과 더 비교된다는 것이다.

연구원들과 주기적으로 혁신도시들을 가보았기에 무슨 말인지 바로 이해되었다. 고층건물과 상가복합 지역, 아파트 단지 그리고 서울에서 이전해간 공기업, 이것이 혁신도시 중심부의 조합이다. 마치 서울의 블록 하나를 옮겨놓은 느낌이다.

서울과 비교되지 않게 했어야 한다는 유현준 교수의 통찰은 다양성이라는 키워드를 인구의 해법으로 생각하는 나에게 큰 감명이었다. 과거 일에 대한 가정이 무슨 소용이 있겠냐만, 유현준 교수의 통찰과 앞서 내가 한 지적대로 혁신도시가 건설되었다면? 아마도 우리나라의 인구는 지금과 사뭇 달랐을 것이다.

혁신도시의 실패 사례는 청년들의 물리적이고 심리적인 수도권 집중을 어떻게 극복할 수 있는지와 관련해 중요한 인사이트를 제공한다. 분산이 살 길이라면, 과연 '어떤 분산'을 추진할 것인지 진지한 모색이 필요하다.

예를 들면 정말 인구를 균등하게 분산되도록 할 것이냐, 아니면 인구가 인구를 모으는 힘이 생기도록 일정 규모를 생각하며 분산할 것이냐다. 서울 및 수도권의 자원을 쪼개어서 지방으로 보낼 것이냐 혹은 지역에서 자원들을 뭉쳐서 수도권과는 다른 대안을 청년들에게 만들어줄 것이냐 하는 것은 정책 시행 측면에선 서로 다른 접근이다.

실제로 '분산' 정책과는 조금 다른 결로 시도 단위의 지역개발 대책이 마련되고 있다. 그중에는 개별 시도의 역량만으로는 수도권에 대응할 수 없다고 판단해 몇 개의 시도가 연합체를 꾸리는 계획도 있다. 예를 들어 지금까지 용어는 있지만 행정적 기능은 없었던 '부울경'(부산, 울산, 경남) 세 지역을 통으로 개발하는 '메가시티' 프로젝트를 마련하겠다는 발표가 있었다. 그러자 대구와 경북 또한 행정구역을 통합하겠다고 선언했고, 충청권에서는 충남, 충북, 세종, 대전이 하나의 생활권과 경제권을 만들겠다고, 또 광주와 전남도 행정통합을 꾀하겠다고 발표했다. 아직은 기획단계이므로 앞으로 행정통합이나 메가시티 프로젝트가 어떻게 진행될지는 두고 볼 일이다. 어쩌면 분산 정책보다는 효과가 클 수도 있다.

모든 지역이 함께 발전하면 좋겠지만 비현실적이다. 사실 국토가 매우 크고 자원이 풍부하며, 투자할 예산이 충분하다면 무슨 문제겠는가. 그렇지 않기 때문에 지금까지 수도권에 자원이 집중되어 성장해온 것 아닌가? 게다가 맬서스도 《인구론》에서 밝혔듯 어느 정도의 경쟁은 필요하기에 모든 사람이 국토에 골고루 흩어져 있는 것은 바람직하지도 않다. 넘쳐나는 분산은 오히려 역효과가 있을 수 있다는 것을 잊지 말아야 한다.

그렇다면 현실적으로 가장 필요한 일은 현재와 미래에 활용할 수 있는 자원의 양을 고려해 서울에 대응할 만한 지역의 도시는 어떤 형태로 몇 곳이 어디에 세워져야 하는지 연구하는 것이다. 또한 지금의 청년, 그리고 미래의 청년들이 살기 원하는 도시는 어떤 모습인지에 대한 경험적 연구도 필요하다.

특히 혁신도시 때처럼 상대적으로 낙후되고 열악한 곳에 완전히 새로운 도시를 세울 것인지, 아니면 이미 대도시로 형성된 광역시에 기능과 자원을 추가할 것인지는 반드시 연구되어야 할 주제다. 그렇지 않고 지역 안배가 중요하다며 정치적인 판단을 우선하면 인구분산은커녕 거주하는 사람들의 삶의 질도 별달리 향상시키지 못하고, 주변 지역만 쇠락시켰던 혁신도시의 전례를 그대로 답습하게 될 것이다.

그렇게 되면 수도권의 인구집중은 계속될 것이고, 극심한 물리적 밀도 때문에 수도권 청년들의 경쟁은 더 치열해질 것이다. 수도권을 선택하지 않았던 지역 청년들의 마음도 '나도 서울로 가야 하는 것 아닐까' 하는 불안감으로 채워질 수 있다. 이런 상황이 지속되는 한 초저출산 현상의 극복은 요원해질 것이다.

7

10년의 마지막 완충지대

앞서 우리나라 인구감소의 심각성을 말하며 '차별적 영향력'을 강조했다. 누구에게는 아직 오지 않은 인구감소의 여파가 누군가에게는 이 순간에도 혹독하게 몰아치고 있다. 특히 어린이집에 종사하는 분이나 유아용품을 생산하는 기업은 초저출산 문제가 당장의 생존과 직결된다. 그래서 강연을 갈 때마다 "출생아가 앞으로 얼마나 더 줄어들까요?"라는 질문을 받곤 한다.

사람들은 변화가 있으면 앞으로도 그 패턴대로 변화가 계속되리라 생각한다. 우상향이든 하향이든 머릿속에 '직선'을 긋고, 그걸 바탕으로 미래를 예측하는 것이다. 하지만 우리나라 인구문제에 관한 한 나는 직선 긋기를 하지 마시라고, 지금 당장은 힘들겠지만 조금만 더 버텨주셨으면 한다고 말씀드린다. 이렇게 말하면 다들 이해되지 않는다는 표정인데, 프롤로그에서 운을 뗐듯이 앞으로 10년 정도는 인구급감이 일어나지 않을 것이기에 버텨달라고 말하는 것이다. 생산가능인구는 물론이고, 출생아도 그 기간에는 20만 명 초중반대 즈음으로 유지될 것이다. 코로나19가 인구에 준 영향력을 감안해도 말이다.

2000년 64만 명대였던 출생아가 2002년부터 40만 명대로 급감했다. 그 후 2016년까지 40만 명대 출생이 유지되었다. 15년간 40만 명대 출생아 수라는 규모가 유지된 것은 매우 중요한 의미를 지닌다. 시장의 관점에서 초저출산이 시작된 시점에는 일순간 출생아가 15만 명 이상 감소했으므로 충격이 클 수밖에 없었지만, 초기 충격을 버텨낸 이후 15년간은 여파가 크지 않았다. 예컨대 우리나라의 영유아 산업은 2000년대 초중반에 큰 어려움을 겪었지만 이후 안정적인 시장규모를 확보해 그럭저럭 적응할 수 있었다.

그런데 30만 명대는 3년 만에 갑자기 무너졌다. 앞서 말했듯이 저출산의 여파는 업종마다, 지역마다, 연령마다 차별적이므로 누구에게는 위기일 수도 아닐 수도 있다. 대응방식도 제각기 다를 것이다. 어떤 기업은 해외 진출에 박차를 가할 수도 있고,

어떤 기업은 한국시장에서 자신을 특화하는 방안을 고민할 것이다. 해외시장으로 탈출하든, 아예 업에서 퇴각하든 결과적으로 국내는 독과점 시장이 될 가능성이 크다. 경영에서는 독과점이 수익 창출을 위한 전략이 될 수 있지만, 경제 측면에선 가격 상승이 우려된다. 부모 입장에선 아이를 키우는 데 지금보다 질 나쁜 제품과 서비스에 더 많은 비용을 지불해야 할지도 모른다.

여기서 정부의 역할이 중요해진다. 인구학자로서 또 부모로서, 나는 영유아 대상인 산업만큼은 시장의 논리가 그대로 적용되어서는 안 된다고 생각한다. 가끔 아동인구가 줄어들면 정부가 현 예산만 유지해도 한 명의 아이에게 돌아가는 지원액은 증가하니 충분하지 않느냐는 의견이 있다. 그러나 영유아 보육시설 및 산부인과와 같은 인프라 영역을 비롯해 지원의 손길이 필요한 부분이 여전히 너무 많다. 특이체질인 아이들이 먹어야 하는 분유, 사용해야 하는 도구들의 가격은 지금도 개별 가정이 감당하기엔 큰 부담이다. 이런 영역에 정부의 지원과 감시가 더욱 필요하다.

이렇게 시장이 버텨주고 정부는 버티기 위한 지원을 아끼지 않는다면, 우리나라의 30년 뒤는 바뀔 수 있다.

터무니없는 말이 아니다. 〈도표 1-14〉를 보자. 서울대학교 인구학연구실에서 향후 10년간 합계출산율을 0.78~0.90 사이로 가정하고 출생아 수를 예측해보았다. 코로나19의 여파가 지속되는 5년은 0.78~0.8대, 그 이후엔 조금 회복하여 0.8~0.9 사이다. 그래도 그렇지 무려 10년을 더 0점대의 출산율이 유지된다니! 너무 암울한 예측 아니냐고 할지도 모르겠다. 그러나 이미 낮아질 대로 낮아진 우리나라 출산율이 갑자기 급반등할 가능성은 크지 않아 보이지 않는가? 코로나19의 영향으로 어려워진 경제상황, 양극화, 그리고 가치관의 변화로 아이를 원하지 않는 이들의 비중이 어느 정도 존재하는 사회로 변해간다면 이 예측

〈도표 1-14〉 시나리오별 출생아 수 추계(2020~2031)

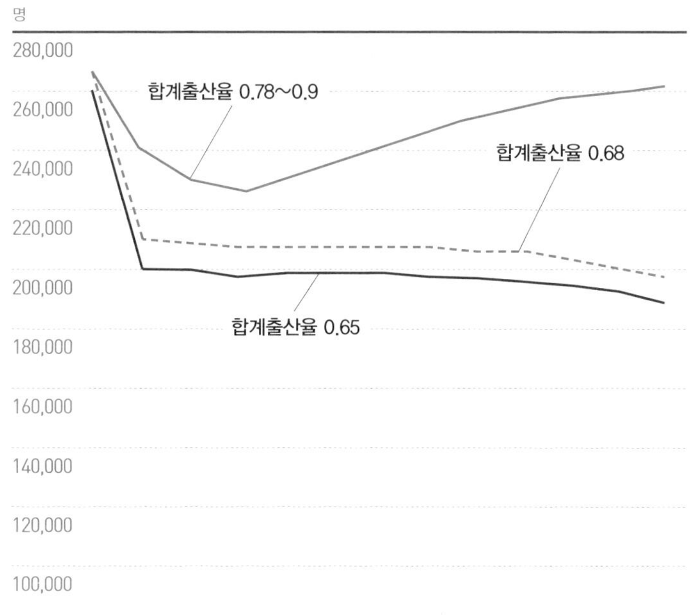

이 현실화될 가능성이 더 클 것이다.

그런데 출생아 추계를 보면, 낮은 합계출산율 예측에도 불구하고 22만~26만 명 사이의 출생아 수가 나타난다. 갑자기 60만에서 40만 명대로 떨어졌지만 그래도 15년은 유지되었듯이, 비록 갑자기 20만 명대가 되었지만 그것이 급격하게 무너지지는 않고 한동안 지속될 전망이다. 합계출산율이 연구실 예측보다 더 낮은 0.68까지 떨어져도 2030년까지 20만 명대 출생은 무너지지 않는다. 많은 이들이 궁금해하는 '10만 명대 출생'은 합계출산율이 0.65까지 내려가야 나타나게 된다.

왜 그럴까? 가장 큰 이유는 29~35세 연령대의 인구 수다. 앞서 설명했듯이 매년 태어나는 아이의 수는 합계출산율과 여성의 수에 의해 결정된다. 만일 합계출산율이 1.0이라 하더라도 여성 인구 자체가 적으면 실제 태어나는 아이의 수는 적어지고, 여성의 수가 많으면 그만큼 태어나는 아이의 수도 많아진다. 최근 자녀를 출산하는 여성들의 주요 연령 범위는 대략 29~35세인데, 이 연령대 여성은 2019년 약 207만 명이었다가 점점 증가해 2026년 223만 명에 이를 것이다. 그 후 다시 줄어들기 시작하지만, 그래도 2030년 약 210만 명으로 2020년보다는 많을 예정이다.

문제는 그다음이다. 2030년대에는 초저출산 세대가 주로 부모가 되는 연령에 들어간다. 2002년부터 15년간 매년 평균 45만 명이 태어났고, 이들이 2030년대에 부모가 될 텐데, 과연 몇

〈도표 1-15〉 출생아 수 추계(2032~2042, 출산율 가정은 본문 참조)

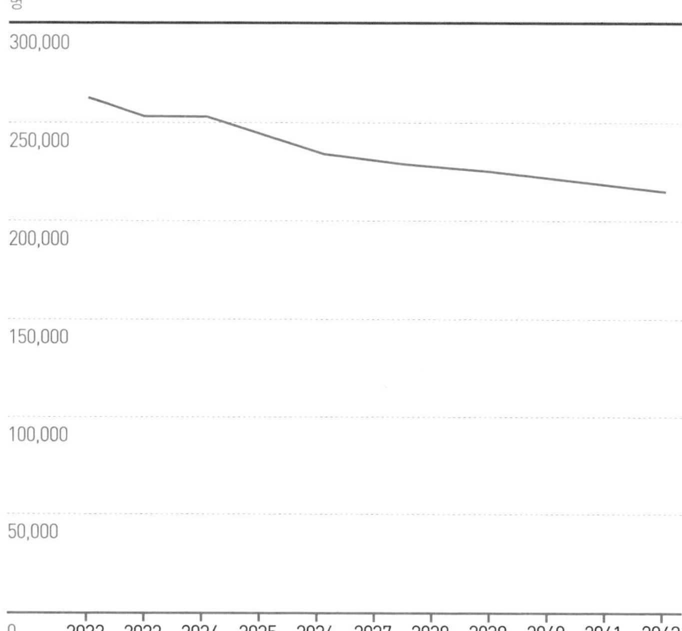

명의 자녀를 낳을까? 좀 긍정적인 추측을 해보았다. 그때라면 청년 일자리 상황이 좀 나아질 수 있으니 출산율도 지금보다는 높아질 수 있다. 현재 합계출산율이 0.84이니 2030년에 0.90을 찍고 2042년에 0.96까지 점진적으로 높아진다는 가정을 해보았다. 그런데도 〈도표 1-15〉에서 볼 수 있듯이 출생아 수는 계속 줄어들 전망이다.

비관적인 예측이지만, 솔직히 말하자면 안도감도 들었다. 20

만 명대를 2020년부터 시작하여 20년은 유지할 가능성이 높기 때문이다. 기억하시는가? 우리나라의 대표적 산부인과 병원인 제일병원이 경영난으로 2017년 폐원 직전에 놓였던 것을. 40만 명대를 유지하다 급격히 30만 명대로 아이가 줄어들었던 것은 100만 명이 90만 명대로 줄어든 것과는 비교될 수 없을 정도의 충격을 주었다. 만약 40만 명대가 태어나다가 한 세대인 30년 뒤에 30만 명대가 되고, 또다시 한 세대가 지나 20만 명대가 된다면 출생아 수 감소가 사회에 주는 영향은 그리 크지 않았을 것이다.

20만 명대의 출생아 수가 20년은 유지될 가능성을 보고 약간의 안도감을 느끼는 것이 우습지만, 마지막 완충지대가 왔고 우리에겐 준비의 시간이 있다는 것에 무게를 싣고 싶다. 마지막 기회로 주어진 10년 남짓, 우리에게는 비상한 대책이 필요하다.

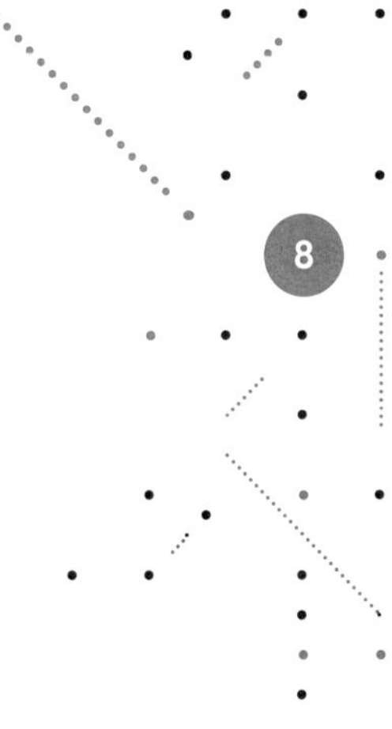

다양성에서 해법을 찾자

2018년 0.98

2019년 0.92

2020년 0.84

최근 우리나라의 합계출산율 추이다. 1 이하로 떨어진 숫자를 보면 우리 사회 누구도 아이를 원하지 않는 건가 하는 생각이 든다. 물론 합계출산율은 한 사람 한 사람의 출산율이 아니라 인구 전체의 평균치이므로, 누구는 아이를 낳지 않는 선택을 할 수도 있고, 누구는 3명을 낳을 수도 있다. 그런데 합계출산율이 0.8대가 되었다면 사실상 3명 낳는 선택을 할 가능성은 이전보다 훨씬 낮다고 봐야 한다. 즉 모두 한마음으로 '0'을 향해 달려가고 있다는 뜻이다. 굉장히 다양한 선택지가 존재하는데도 모두 하나의 선택지로 달려가고 있다는 것은 사회환경 어딘가에 문제가 있다는 것을 뜻한다. 즉 내가 우려하는 지점은 낮은 출산율 그 자체라기보다는 이 숫자가 보여주는 사회의 경향성이다.

상황이 이러하니 어떤 대책을 세워야 할까? 중앙정부건 지자체건 어떻게든 출산을 장려해야 할까? 그러나 출산은 엄연히 개인의 선택이고 권리다. 아이를 낳지 말라고 했던 과거의 가족계획 정책이나, 아이 낳으라고 하는 요즘의 정책이나 개인의 권리를 침해하기는 매한가지다. 국민의 반발만 불러일으키고 효과는 없는 천편일률적 대책을 반복하기보다는, 오늘날 우리 사회의 경향성 자체에서 문제해결의 단초를 찾아야 하지 않을까? 아이를 낳지 않으려는 사람과 많이 낳으려는 사람의 다양성을 되살리는 것이다. 모두가 0을 향해서만 달려가지 않도록 말이다.

그리고 나는 이 해법은 충분히 가능성이 있다고 생각한다.

이해를 돕기 위해 한 가지 예를 들어보자.

20여 년 전, 미국에 대학원 진학을 했을 때다. 사회학과 수업 중에는 인구학 과목도 있었는데, 그중 하나로 첫 학기에 '출산력 분석'(fertility analaysis)이라는 수업을 듣게 되었다. 고백하자면 그때만 해도 사회학을 전공할 생각이었던 터라 인구학에는 별다른 관심이 없었다. 국가적으로도 당시 우리나라는 가족계획을 그만둔 후 인구현상에 대한 관심이 전혀 없었고, 대학 학부과정에서도 인구나 출산에 관한 주제를 거의 다루지 않았다. 그러니 출산력 분석 수업에 기대랄 게 없었고, 첫 수업에서 내 눈은 흐리멍덩했을 터였다. 그런데 하필 교수님의 첫 질문이 나에게 날아왔다.

"학생은 어느 나라에서 왔나?"

심드렁하던 나는 깜짝 놀라 떠듬떠듬 "한국입니다"라고 대답했다. 그러자 교수님은 갑자기 큰 흥미를 보이시더니 한 아름 들고 온 자료를 뒤적여 종이 두 장을 찾아냈다. 한 장은 1990년 한국의 연령별 출산율 그래프였고, 다른 한 장은 1995년 미국의 그래프였다. 연령별 출산율은 여성들이 몇 살에 첫아이를 낳는지를 보여준다. 그때까지 수업에 관심도 기대도 없던 나는 교수님이 보여주신 두 장의 그래프에 눈이 휘둥그레졌다. 인구학의 '인' 자도 모르던 내가 인구학을 공부해야겠다고 마음먹게 된 순간이었다.

그래프로 본 1990년 우리나라 여성의 첫아이 출산은 25~26세에 집중되었고, 그 연령대를 지나면 급속히 떨어졌다. 반면 미국의 1995년 그래프는 꼭짓점을 찾아보기 어려울 정도로 완만

한 곡선을 그렸다. 20대 초반부터 점차 증가하기 시작해 20대 중반, 후반, 심지어 30대에도 출생아 수가 급격히 떨어지지 않았다. 즉 1990년대에 우리나라는 거의 모든 여성이 20대 중반에 첫째아이를 낳았던 반면 미국은 첫째아이를 낳는 특정 연령이 없었던 것이다.

교수님은 한국의 연령별 출산율 그래프가 세계적으로도 매우 독특한 형태라고 하셨다. 출산연령이 특정 시기에 몰려 있다는 것은 결혼 및 출산에 관해 사회에 매우 강력한 연령규범이 존재한다는 의미라고 했다. 실제로 우리 사회에 '결혼적령기'라는 게 엄연히 존재하던 시절이었다.

강력한 연령규범이 있다는 것은 같은 연령대의 사람들은 서로 비슷하게 살아간다는 뜻이고, 여기서 벗어나는 데 스스로도 큰 불안을 느낀다는 뜻이다. 그래서 사람들은 누가 뭐라고 해서든 혹은 자발적으로든 연령규범에서 벗어나지 않으려 노력하게 된다. 물론 연령규범이 없는 사회는 통일되지 않아 뭔가 어수선하고 복잡해 보일 수 있지만, 그만큼 다양성이 존재하기 때문에 나의 삶을 다른 사람의 삶과 비교하지 않아도 된다.

이렇게 설명하며 교수님은 한 말씀 덧붙이셨다.

"사회가 발전할수록 다양성의 가치는 더욱 높아지는 것이 일반적이니, 한국의 강력한 연령규범이 유연해지면 사회도 그만큼 발전해 있을 것이다."

그 후 시간이 흘러 2018년, 어린이집 교사들을 대상으로 강연을 하게 되었다. 바로 전 해에 우리나라 출생아 수가 36만 명대로 급락했다고 사회에 비상이 걸렸을 때다. 청중에게 "아이들이 많이 줄어서 운영이 어려우신가요, 아니면 아이들이 줄어서 오히려 한 명 한 명 보살피기가 편하신가요?"라며 문답을 주고받았는데, 뜻밖의 고충이 나왔다.

"아이 수가 줄어드는 것도 문제지만 학부모의 연령이 너무 다양해서 소통방식을 많이 고민해야 해요."

생각지 못했던 이야기였다. 문득 20여 년 전 교수님의 말씀이 떠올라 강연이 끝나자마자 통계를 찾아보았다. 놀라웠다. 〈도표 1-16〉을 보면 20대 중반에 뾰족한 봉우리를 그렸던 1993년의 그래프가 시간이 지나면서 점차 완만해지고 있다. 29세, 30세, 31세, 이른바 '결혼적령기'라 했던 연령대에서도 봉우리는 현저히 낮아졌다. 반대로 심지어 40세 이상에서도 첫아이를 출산하는 경우가 많아진 것을 볼 수 있다.

우리가 출산율과 아이 수에만 집중하는 동안 연령별 출산율 곡선은 20여 년 전 미국사회와 유사하게 바뀌어 있었다. 우리나라는 더 이상 모두 다 비슷한 연령에 결혼해서 아이를 낳아 비슷하게 키우는 나라가 아닌 것이다.

나는 어둡다는 우리나라의 출산율에 빛이 있다면 이것이라 생각한다.

〈도표 1-16〉 여성의 연령별 출산율 추이(1993, 2002, 2010, 2019년)

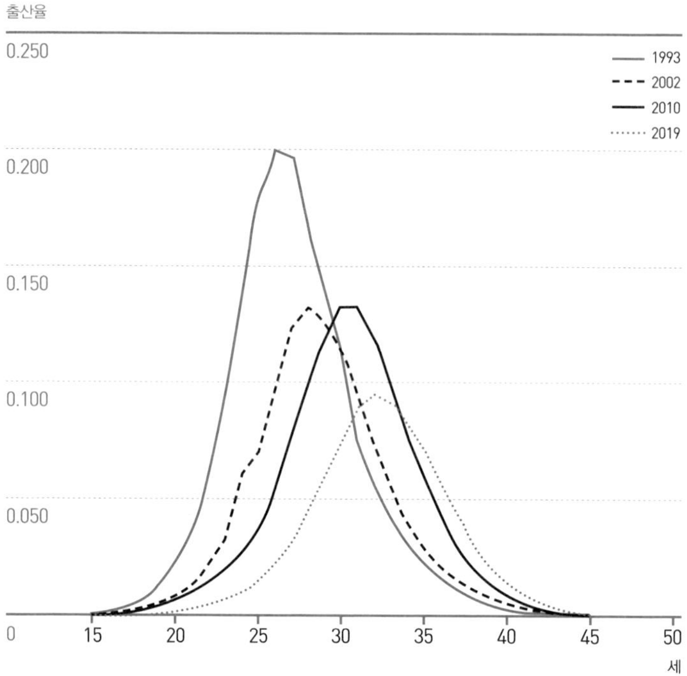

여러 차례 강조했지만 인구문제는 합계출산율이라는 잣대 하나로 분석하거나 해결 가능한 문제가 아니다. 따라서 인구문제, 특히 저출산 문제를 해결하려면 출산율을 바라보는 발상의 전환이 필요하다. '합계출산율'이라는 지표에는 과거와 현재 그리고 미래가 모두 반영돼 있으며, 따라서 출산지표는 정책의 목표라기보다는 정책이 맞는 방향으로 가고 있는지 아닌지 알려주는 신호등으로 활용할 때 더욱 의미가 있다. 그런데도 합계출산율을 자꾸 정책 목표로 삼으려고 하니 비판받는 것이다. 최근 정부가 출산율을 정책 목표로 삼지 않겠다고 천명했는데 이런 맥락에서 나온 결정이다.

지금 우리에게 출산을 장려하는 것보다 더 필요한 것은 이미 줄어든 출산이 만들어낼 사회를 예측하고 준비하는 작업이다.

출생아 수를 갑자기 올리는 것은 불가능하지만, 다른 방식으로 반전의 기회는 있다고 본다. 우리는 점점 다양한 삶의 궤적이 어우러진 사회로 나아가고 있다. 물론 다양성이 높아질수록 사회적 갈등이 심화되기도 하고 갈등의 종류도 많아질 것이다. 하지만 분명한 것은 다양성이 높아진 사회가 가져올 이득이 훨씬 더 많다는 사실이다.

앞으로 15년 동안 그래도 매년 20만 명 이상의 아이들이 태어날 것이다. 이 아이들이 어떤 환경에서 자라게 할지를 지금부터 고민하면 반전은 가능하다. 그들이 지금의 청년들과 같은 물리적, 심리적 압박 속에 살지 않게만 해준다면 30년 뒤의 미래는 충분히 달라질 수 있다. 그 기회를 어떻게 찾아야 하는지, 2부에서 알아보자.

인구학이란 사람이 태어나서 이동하고 사망하는

일련의 과정을 공부하는 학문이다.

그 과정에서 소모되는 자원과 사람들과의 균형을 살피는 것이

인구를 공부하는 이유다.

우리나라 인구가 언제부터 줄어들고,

인구구조가 어떻게 바뀔지 이미 정해져 있고

그 모습을 안다면, 우리는 어떤 대책을 세워야 할까?

변화될 미래에 어떻게 적응할지,

그 미래의충격을 어떻게 완화할지,

나아가 우리가 원하는 방향으로

어떻게 미래를 만들어갈지 생각해보자.

이때 우리에게 필요한 것은

적극적으로 기회를 만드는 자세,

바로 미래를 기획하는 자세다.

PART 2.

Future

[미래]

인구학의 눈으로 기획하는 미래

1

변수가 되어버린 우리나라 인구

이제부터는 인구학을 기반으로 무엇을 어디서부터 보아야 하는지를 찬찬히 설명하려고 한다. 그동안 우리나라에서 인구학은 전문가의 영역으로만 인식되어왔다. 정부는 가족계획을 중단한 이후 인구 관련 부처를 상당 기간 운영하지 않았고, 기업 또한 인구를 미래전망의 기준으로 삼기보다는 소비자 정보 중 하나로만 인식했다. 그러다 보니 우리는 인구가 갑자기 팽창해서 사회가 혼란에 빠질 것을 염려하다가 이제는 당장 인구가 줄어서 사회가 어려워지고 나아가 대한민국이라는 나라가 소멸할까 봐 걱정하고 있다.

하지만 지금은 소멸을 걱정할 시간은 아니다. 그보다는 우리나라 인구가 수십 년째 상수(常數)가 되지 못한 변수(變數)라는 점을 염려해야 한다. 즉 오히려 지금은 변수인 인구를 고려하여 미래를 대비하는 것이 더 중요하고 시급하다.●

우선 우리나라 인구가 왜 변수인지를 직관적으로 정리해보자. 1부에서 다룬 맬서스와 다윈과 같은 이론적인 배경 이야기도 좋지만, 연구자인 나도 짧은 시간에 설명하기는 어려운 내용이다. 〈도표 2-1〉을 보면 우리나라 인구문제의 핵심을 빠르게 이해할 수 있을 것이다. 인구학 수업시간에 학생들에게도 자주 보여주는 그림 중 하나다.

이 그림은 1972년 출간된 이래 전 세계에 3000만 부가 판매된 《The Limits to Growth(성장의 한계)》에 수록된 내용을 미국의 저명한 인구학자 존 윅스(John Weeks)[12]가 재구성한 것으로, 세계인구가 가용자원에 따라 어떻게 증감하는지를 개략적으로 보

●최근 인구변동에 대한 관심이 커지면서 일각에서 인구를 상수로 보기 시작했다. 지금까지 인구는 고려의 대상조차 아니었는데, 반드시 고려해야 할 요소들 가운데 하나로 등장했으니 다행스러운 일이다. 하지만 현재 우리나라의 인구는 변화의 속도와 폭이 너무나 빠르다. 상수가 되려면 그래도 어느 정도 항상성을 가져야 하는데, 이 책에서 계속 다루다시피 초저출산 현상, 가구분화, 지역 분포, 고령화 등의 인구현상들이 바뀌는 속도가 너무 빨라서 그것이 사회에 주는 영향도 너무나 크고 그에 따라 바뀌어가는 변화의 폭도 넓다. 그러므로 최소한 현재 우리나라의 인구는 상수이기보다는 변수로 고려하는 것이 더 맞다.

〈도표 2-1〉 세계인구와 가용자원의 상관관계 모형

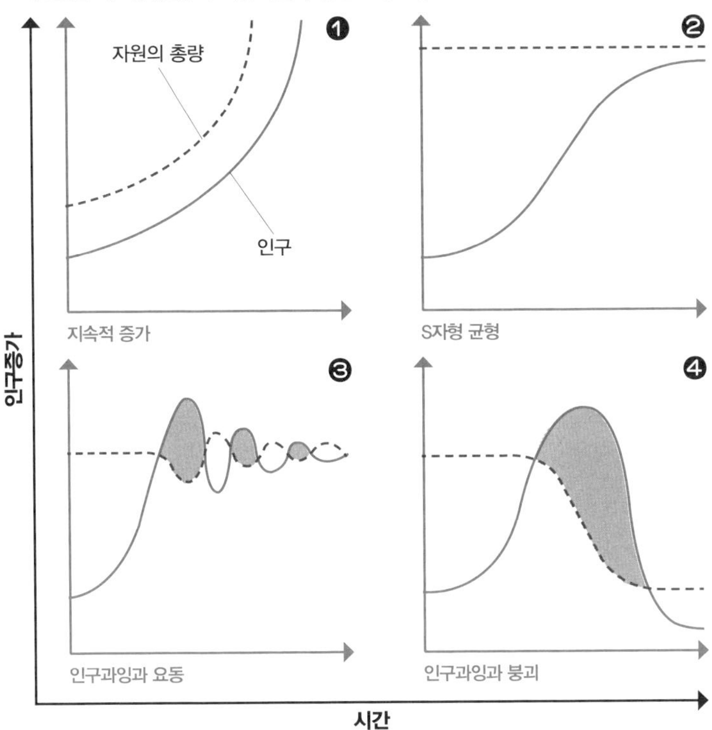

여준다. 인구는 기하급수적으로 늘어나는데 식량은 산술급수로 늘어난다는 맬서스의 말, 기억하는가? 그가 말한 식량이 그래프에 점선으로 표시된 '자원의 총량'이라 보면 된다.

위쪽 그림부터 보자. 1번 모형은 인구와 가용자원이 나란히 함께 증가하는 모습이다. 맬서스는 자원의 총량이 산술급수적으로 늘어난다고 보았지만, 자원도 기하급수적으로 증가할 수 있다는 말이다. 만약 1번처럼 자원의 총량이 빠르게 증가한다면 인구가 증가하더라도 자원의 총량을 추월하지 않아 큰 문제는 없을 수도 있다. 우리가 4차 산업혁명 등 과학기술의 발전에 기대를 거는 이유다.

2번 모형은 자원의 총량이 이미 꽤 높은 수준에 올라 있고, 인구증가는 S자 형태를 띤다. 인구가 한동안 가파르게 증가하다가 자원의 총량을 넘어서지 않고 정체돼 안정적으로 유지된다는 모형이다. 아마 우리에게 가장 익숙한 그림일 것이다.

이번에는 아래쪽 그림을 보자. 두 가지 모두 가용자원보다 인구가 훨씬 많아졌을 때의 시나리오다. 이럴 때 인구는 안정적이지 못하고 불안정한 모습을 보이게 된다. 3번 모형은 자원의 총량은 정해져 있는데 인구가 급격히 증가해 자원의 총량을 넘어서는 경우다. 그러면 자연히 경쟁이 심화되고, 1인당 차지할 수 있는 자원이 줄어든다. 그 결과 삶의 질이 나빠져 인구가 줄어든다. 그 결과? 자원이 다시 증가한다. 이런 식으로 상충하며 균형점을 찾아가는 모형이다. 이처럼 인구가 계속 늘어나거나 마냥 줄어들기만 하는 게 아니라 요동치는 것도 가능하다.

가장 좋지 않은 경우는 인구가 폭발적으로 증가하는 바람에 가용자원이 갑자기 줄어들고, 그 결과 삶의 질이 나빠져 인구도 급감하는 4번 모형이다.

이 외에 다른 모형도 생각해볼 수 있겠지만, 이것만으로 우리나라를 보면 3번 모형에 가장 가깝지 않나 생각된다. 우리나라 인구는 계속 증가해왔고, 그 결과 현재 우리는 자원과 인구가 맞물리는 첫 단계에 와 있는 것으로 보인다. 가용자원은 과학기술의 발달에 따라 단계적으로 도약하는(jump up) 경향이 있는데, 현재 우리나라가 그즈음에 있는 것은 아닐지. 우리가 가진 자원이 인구를 감당하기 어려운 한계점에 이르렀고, 내국인만 따지면 2020년을 기점으로 인구가 조금씩 줄어들기 시작했다. 그래도 자원부족이 계속되면 인구가 급감하기 시작할 것이다. 앞에서 말한 2050년이 그 시점이 되지 않을까. 이 모형에 따르면 우리나라 인구가 자원의 총량 이하로 줄어들고 나면 다시 상승세를 탈 수도 있을 것이다.

자원과 인구증가의 관계가 3번 모형과 같을 때는 인구가 안정적인 상수가 될 수 없다. 오히려 계속 요동치는 변수가 되어 사회적 혼란을 불러오고 변화를 요구하게 된다. 일례로 내가 초등학교 때는 한 학급에 65명 정도 있었고, 고등학교 때는 70명까지 늘었다. 지금은 어디 그런가? 지금 중학생은 한 학급 20명 이하도 가능하다. 과거에는 건물을 어떻게든 지어야 했는데 지금은 줄여야 한다. 그러나 한번 만들어놓은 자원을 일순간에 없애기는 어렵다. 제도도 바꾸기 쉽지 않다.

이상적인 경우라면 제도가 먼저 준비되고, 그에 맞춰 천천히 인구변동이 따라가야 하는데, 우리나라는 인구가 먼저 빠르게 바뀌고 제도가 따라가는 형국이다. 인구와 사회제도도 3번과 같이 파도 물결처럼 동시에 요동치는 것이다.

인구가 변수가 되면 정부 정책은 물론이고 기업의 전략도 인구를 반드시 고려해야 한다. 인구구조가 계속 변한다면 오늘의 분석과 전략이 내일 유효할 수 없다. 그때는 변화할 인구 조건을 예상하고 현재의 분석과 전략이 미래의 인구 조건에도 적용될 수 있는지 파악해, 필요한 경우 정책의 방향이나 전략을 과감히 수정해야 한다. 이런 점에서 인구는 현재의 사회제도와 전략의 지속가능성(sustainability)을 알려주는 등대가 될 수 있다.

2

미지(未知)의 미래를 기지(旣知)의 세계로 바꾸는 인구학적 관점

미래의 정해진 모습을 미리 그려보는 작업은 인구학에서 '꽃'이라 할 수 있는 부분이다. 사회든 시장이든 국가든 모두 사람들로 구성되므로, 어떤 사람들이 얼마나 있는지는 그 사회, 시장 그리고 국가의 특성을 결정하는 중요한 요소다. 인구학이 탐구하는 주된 영역이 바로 이것, 즉 어떤 사람들이 얼마나 있으며 그들이 앞으로 어떻게 변화하고 그 시점이 언제인지에 관해서이니, 미래를 예측하는 데 유용할 수밖에 없다.

물론 인구가 사회를 100% 결정하는 것은 아니므로, 인구가 미래의 모든 것을 알려줄 수는 없다. 하지만 미지의 미래를 인구가 10%라도 알려줄 수 있다면? 혹은 인구를 기반으로 한 상상이 미래를 조금 더 알려줄 수 있다면? 미래에 대해 백지상태일 때와 언제 어떻게 바뀔지 10%라도 알 때의 대응방식은 결코 같지 않을 것이다. 당연히 하나라도 더 아는 게 도움이 된다.

좀 더 이야기해보자. 미래는 인구를 비롯해 과학기술의 힘, 정치, 경제, 외교관계 등 다양한 요소에 의해 결정될 것이다. 그런데 이 중 인구를 제외하고는 미래에 언제 얼마만큼 변화할지, 그리고 그 변화가 사회에 어떤 영향을 미칠지 손에 잡히게 예측할 수 있는 요소가 없다.

미래 변화의 가장 큰 축인 과학기술만 해도 그렇다. 4차 산업혁명은 이미 진행 중이고 머지않은 미래에 사회를 더욱더 크게 바꿀 것이라고 누구나 생각하지만, 구체적으로 언제 얼마큼 바꿀지는 아무도 모른다. 정치, 외교관계는 말할 것도 없다. 남북관계가 꽃이 피었다가도 얼어붙고, 한일 교류가 활발했다가도 경색되고, 미국이나 중국의 정책 변화로 우리나라까지 영향받는 경우는 이미 셀 수 없이 많았다. 이처럼 한 치 앞을 내다보기 어려운 변수 중 그래도 인구는 언제 얼마만큼 증가하고 감소하는지, 어떤 방향으로 변화하는지 예측할 수 있다. 그에 영향받아 사회가 어떻게 바뀔지 합리적인 추론이 가능하다.

예를 들어 4차 산업혁명이 빠르게 진행됨에 따라 앞으로 대학

교육도 크게 바뀔 것은 자명해 보인다. 그렇다면 가까운 미래에 대학도 AI와 빅데이터 세상이 되어 교수가 필요하지 않게 될까? 혹은 코로나19로 많은 나라에서 온라인으로 대학교육이 이루어지고 있는데, 코로나가 종식되어도 계속 온라인 수업이 지속될까? 우리나라와 미국의 대학교류가 더 활발해져서 우리나라에 살면서 미국 대학을 졸업할 수 있게 될까? 현재로서는 아무도 그 답을 모른다.

여기에 인구학적 관점을 녹여보자. 1부에서 보여드렸듯이 2024학년도 수능 응시자는 많아야 37만 2000명에 그칠 것이다. 대학 진학자 수가 입학정원보다 적어진 2021학년도 수능에 대략 42만 6000명이 응시했고, 입학정원을 채우지 못한 지역의 대학들부터 아우성이 시작되었다. 앞으로 응시자가 늘어날 수 없는 것도 이미 알고 있으니 입학정원보다 적게 들어온 학생들이 한 학년만이 아니라 모든 학년을 채우게 되는 2024년에 대학들이 어떤 고통을 겪게 될지 쉽게 예상할 수 있다.

이렇게 꽤 확실하게 다가올 미래가 있다면 지금부터 대비해야 하지 않을까? 대학은 과학기술을 어떻게 접목해야 할까? 교직원 수를 줄이기가 말처럼 쉽지는 않으니 과학기술의 발달을 이용해 재택근무를 활성화하고 건물에 투입되는 고정비용이 덜 들도록 해야 할까? 아니면 물리적 거리를 극복할 수 있는 환경이 만들어졌으니 온라인 클래스를 더욱더 활성화하고 외국 학생들을 더 적극적으로 모집해야 할까? 그렇다면 2024년까지 몇 명을 모집해야 할까? 이에 대한 혜안은 각 지역의 여건을 잘 아는 전문가들이 더욱 잘 제시하실 것이다. 다만 이렇게 인구학적 관점을 활용하면 미지(未知)의 미래를 기지(旣知)의 미래로 바꾸어 불확실성을 다소 제거하고, 내 분야와 융합하여 미래를 설계하는 틀을 만들 수 있다. 그럼으로써 적극적으로 미래를 대비하고 기획할 수 있다.

이는 비단 국가나 지방정부 혹은 대학이나 대기업과 같은 큰 조직만의 의무가 아니다. 중소기업과 자영업은 말할 것도 없고 개인도 충분히 할 수 있으며, 해야 하는 일이다. 이 책을 읽고 있는 독자라면 미래 대응방안에 관한 갖가지 책을 이미 읽어본 분들일 테니, 그 식견에 '인구학적 관점'을 하나 더 보태주시면 좋겠다. 여러분 각자의 활동분야에 인구학적 관점을 넣어 미래를 스스로 예측해보시길 바란다.

3

인구로 미래를 대비하는 전략 : 완화, 적응, 기획

자, 그렇다면 이제부터 인구로 미래를 대비하는 전략을 알아보자.

먼저 자신의 분야에 해당되는 인구 데이터를 찾아보자. 인구데이터는 생각보다 얻기 쉽다. 우리나라는 데이터 공공성이 강점인 국가이고, 한국의 통계청은 세계 최고 수준을 자랑하며 인구와 관련된 다양한 데이터를 제공한다. 여담인데, 얼마 전 우리연구실에서 미국 인구조사국과 영국 통계청의 자료를 기반으로 연구를 수행한 적이 있다. 그런데 연구에 참여했던 학생들이 이구동성으로 나에게 '애국심'이 막 생긴다고 하는 것이다. 우리나라 통계청과 비교된 미국 인구조사국과 영국 통계청 때문이었다. 우리나라에선 너무나도 당연하게 사용자 친화적으로 이리저리 가공할 수 있는 인구통계들이 미국과 영국에선 불가능에 가까울 정도로 어렵고 복잡하다는 것이었다. 물론 국가마다 통계가 필요한 배경, 바라보는 관점에 따라 제공하는 정보의 범위는 다를 수밖에 없지만, 우리나라 통계청은 정말 자랑스러운 기관임에 틀림없다. 그런데 이렇게 통계청에 데이터가 잘 모여 있다고 말하면, 다들 하시는 말씀이 '전공자가 아닌데 어떻게 해석해야 하느냐'는 것이다.

출생, 사망, 이동과 관련된 인구 데이터로 '어디에 몇 명이 사는지'와 같은 추정(estimate)을 하는 것, 그리고 그 인구와 가구가 늘어나는지와 같은 추계(projection)를 하는 작업은 인구학자들이 하는 전문영역이 맞다. 하지만 예측(forecast)의 영역은 인구통계를 기반으로 하되, 다른 전문영역과 융합될 때 빛을 발한다. 인구학 비전문가라 해도 인구학적 관점을 접목하면 본인 영역에서 새로운 예측을 할 수 있고, 미래를 대비하는 유용한 통찰이 가능하다. 인구학의 최대 장점이다.

그러니 지레 겁먹지 마시고 나와 함께 인구학적 관점으로 미래를 대비하는 연습을 해보자. 먼저 머릿속에 큰 개념도를 그리고 시작하자. 인구변동을 고려해 미래에 대응하는 전략은 크게

3가지로 나뉜다. 완화, 적응 그리고 기획이다.

완화와 적응은 인구학자 볼프강 러츠가 국가의 인구정책이 무엇인지 설명하면서 제안한 개념이다.[13] 단어 뜻에서 짐작할 수 있듯이, 완화(mitigation)는 어떤 인구현상이 만들어낼 현재 및 가깝고 먼 미래의 모습이 너무 부정적이어서 감당하기 어렵다고 판단될 때 그 현상이 발생하지 않게 하거나 악영향을 최소화하는 것이다.

전략의 성격상 완화는 개인보다는 국가나 지방정부 등 공공의 역할이 중요하다. 실제로 현재 중앙 및 지방정부가 심각한 초저출산 현상을 극복하기 위해 시행하는 다양한 정책이 바로 인구변동을 고려해 미래에 대응하는 완화 전략이다. 출산장려금을 주거나 보육환경 개선을 위해 공공어린이집을 늘리고, 남성의 양육과 보육 참여를 더 유도하기 위한 정책 모두 완화 전략의 구체적인 예다. 외국인 유입을 통해 인구절벽을 극복하자는 주장도 완화 전략 중 하나다.

정부 차원에서 다양한 완화 전략을 시행하는 것과 달리, 개인이 인구현상의 충격을 완화하기 위해 무언가 하기는 사실상 어렵다. 개인에게 완화 전략을 강제할 수는 없기 때문이다. 길 가던 사람을 붙잡고 '저출산은 미래에 심각한 사회문제를 일으킬 테니 결혼해서 아이를 낳으라'고 말하는 것이 가당키나 하겠는가? 바람직하지 않을뿐더러 효과를 기대하기도 어렵다. 기업의 경우는 어떠할까? 지금까지 우리는 영유아 사업을 하는 기업이 초저출산 극복을 위해 캠페인을 벌이는 정도의 노력은 할 수 있겠지만, 기업이 초저출산 현상의 흐름 자체를 뒤집기는 불가능하다고 생각해왔다. 기업이 육아휴직이나 여성출산가점 등의 제도를 도입하는 예도 있었지만, 그것은 기업 차원에서 인구현상 완화를 꾀한다기보다는 정부의 완화 정책에 동참하는 차원이라 보아왔다. 그런데 나는 다르게 생각한다. 최근 국가 정책과 관계없이 직원들의 삶의 질 향상을 위해 국가에서 요구하는 수준보다 더 좋은 조건으로 직원의 출산과 보육을 지원하는 기업이 늘고 있다. 너무나도 고무적인 일이고 더 많은 기업들이 참여하길 기대한다. 직원들의 삶의 질 향상을 위해서 기업이 하나둘 움직이고 그런 노력이 모이게 되면 어쩌면 정부의 정책보다 더 큰 완화 효과를 가져올 수도 있지 않을까?

빠르게 감소해온 출생아 수는 대한민국 미래의 지속가능성을 위협하고 있다. 이것을 개선하는 데 기여하는 것은 정말로 가치 있는 기업의 사회적 책무를 다하는 것일 테다. 최근 ESG(환경, 사회, 거버넌스)가 기업의 새로운 경영전략으로 주목받고 있는데, 지금 몇몇 기업들이 선제적으로 실천하고 있는 직원들의 양육 및 보육환경에 대한 세심한 배려는 결국 ESG 가운데 너무나도 구체적이고 훌륭한 사회적 책임 전략이 아닐 수 없다.

적응(adaptation)은 인구가 바꿔놓을 미래의 모습을 가능한 정확하게 예측하고, 현재 상황이 변화될 미래에도 잘 작동할지 아닐지 판단해 필요한 경우 현재의 조건들을 변화시키는 것이다. 이는 공공영역만이 아니라 기업이나 개인에게도 필요하고, 할 수 있는 미래대응 전략이다.

성공적인 적응은 인구가 바꿀 미래를 가능한 한 정확히 파악하는 것에서 시작된다. 단순히 '미래의 모습이 이럴 것이다'는 정도가 아니라 언제 얼마만큼 바뀔지를 알아야 한다. 시기를 알아야 적응 시점을 정할 수 있고, 변화의 정도를 알아야 적응의 수준을 결정하지 않겠는가? 어중간하게 파악해서는 제대로 된 적응을 할 수 없어, 미래 모습을 알아도 혼란을 피할 수 없게 된다.

미래를 기획하는 인구

완화와 적응이 인구현상에 대한 다소 수동적인 대응이라 한다면, 기획은 미래 인구현상을 적극적으로 활용해 새로운 것을 제시하는 것이다.

물론 완화와 적응 전략을 세우며 새로운 기획을 도출할 수도 있다. 다만 완화나 적응 전략만 쓰면 전략의 대상이 되는 문제 해결에만 집중하는 일이 종종 발생한다. 지역에서 영유아가 줄고 노인인구가 많아지니 영유아 시설을 노인시설로 바꾸는 것은 어쩌면 무척 편리한 적응 전략이다. 저출산이 문제이니 출산과 관련한 정책을 만들어 시행하는 것도 마찬가지다. 실제로 가족계획을 비롯해 출산장려금 지원 등 각종 저출산 대책은 출산을 장려하는 데 집중했다. 그런 면에서 인구정책에 관한 한 우리나라에서 주로 선택했던 것은 완화와 적응 전략 위주였다고 해도 과언이 아니다.

그러나 지금 상태대로 가면 미래가 암울하다는 걸 알게 된 이상 미래를 바꾸기 위해 더 적극적으로 뭔가를 해야 하지 않겠나?

이를 위해 제안하는 전략이 '기획'(planning)이다. 완화와 적응 전략이 인구학자 러츠가 제안한 전략이라면, 기획은 나와 연구원 및 학생들이 인구연구를 수행하는 서울대학교 인구정책연구센터가 우리나라 지방정부의 인구정책을 분석하며 제시한 개념이다.[14]

《정해진 미래》와 《정해진 미래 시장의 기회》를 출간한 이후 기업은 물론 다양한 지자체와 함께 미래전략을 모색할 기회가 있었다. 지자체의 경우에는 해당 시도의 미래를 인구 시뮬레이션으로 제시하고 현행 정책의 장단점은 무엇인지 진단하는 작업을 많이 했다. 이때 지자체의 인구변화나 그에 따른 문제점을 보여주는 데 그치지 않고, 암울한 미래를 맞지 않으려면 어떻게 해야 하는지 인구학에서 도출할 수 있는 대안을 제시했다. 그리고 그 제안이 성공적으로 시행되면 미래 인구가 어떻게 바뀔지 시나리오를 그리고, 다시 그 시나리오에 맞춰 각 부처의 현재 정책은 언제 어떻게 변화해야 하는지를 점검했다.

이것이 말하자면 '기획'하는 인구정책이다. 일례로 지역 인구 시나리오를 설계하면서 인근 시군구를 생활권역으로 묶어서 개발하는 아이디어도 있었는데, 이런 제안은 완화나 적응의 시야에서는 나오기 어렵다.

특히 기업에는 기획이 완화나 적응 전략보다 훨씬 중요하다. 저출산이나 이주 등의 인구변동으로 우리 산업규모가 축소될 것이 예상된다고 해보자. 작아지는 시장에 대비해 제품 생산량을 줄이고 관련 인력을 조정하는 것은 적응 전략이다. 미래를 예측해 다운사이징함으로써 시장축소의 충격을 완화할 수 있다는 점에서 적응 전략은 무척 중요하다. 하지만 시장이 줄어든다고 마냥 다운사이징만 할 수는 없는 일이다. 그것은 곧 사업을 접겠다는 것과 다를 바 없기 때문이다. 기업의 적응 전략은 반드시 기획 전략과 함께 수행되어야 한다.

예컨대 혼수 시장이 있다고 생각해보자. 혼수 시장은 아무래도 남녀 모두 초혼인 사람들이 핵심고객이 될 테니 그 경우만 상정해보자. 2002년 약 24만 건이던 초혼건수는 초저출산이 이어지는 와중에도 2015년까지는 크게 떨어지지 않고 비슷한 수준을 유지했다. 13년간 일정 규모가 유지되면서 우리나라 혼수 시장 또한 그 수준에 맞춰 적응해왔다. 그러다 보니 세상에서는 저출산이라고 시끄러워도 혼수 시장은 그리 대수롭지 않게 여겼을지도 모른다.

그러나 이후 초혼건수가 빠르게 감소하기 시작해 2018년 20만 건 아래로 내려갔고, 코로나19로 결혼을 연기하거나 포기할 수밖에 없던 2020년에는 급기야 16만 7000건가량으로 떨어졌다. 혼수업체 입장에서는 안정적이던 시장이 10년도 안 돼 30%나 축소한 셈이다. 실제로 최근 웨딩 관련 업체들이 힘들어한다는 기사도 심심치 않게 나왔다.

만일 여러분이 혼수 관련 산업에 종사하고 있다면 이 상황에서 어떤 판단을 내리겠는가? 아마도 많은 이들은 앞으로도 혼인건수가 계속 떨어질 것으로 전망하고 사업규모를 줄이거나 늦기 전에 출구전략을 세워야 한다고 판단할 것이다. 적응 전략이다.

하지만 기획의 관점에서 보면 대응법이 달라질 수 있다. 현상 이면에 숨겨진 기회를 찾으려면 추세에 직선을 그어 미래를 전망하기보다는 초혼건수에서 중요한 결정 요인이 뭔지 확인하고 그것을 먼저 전망해야 한다.

우리나라의 초혼건수에는 혼인연령에 들어온 인구의 크기가 가장 중요하다. 아무리 경기가 나쁘고 코로나로 모든 것이 위축

〈도표 2-2〉 초혼건수 및 중심 혼인연령 인구 추이(2000~2020)

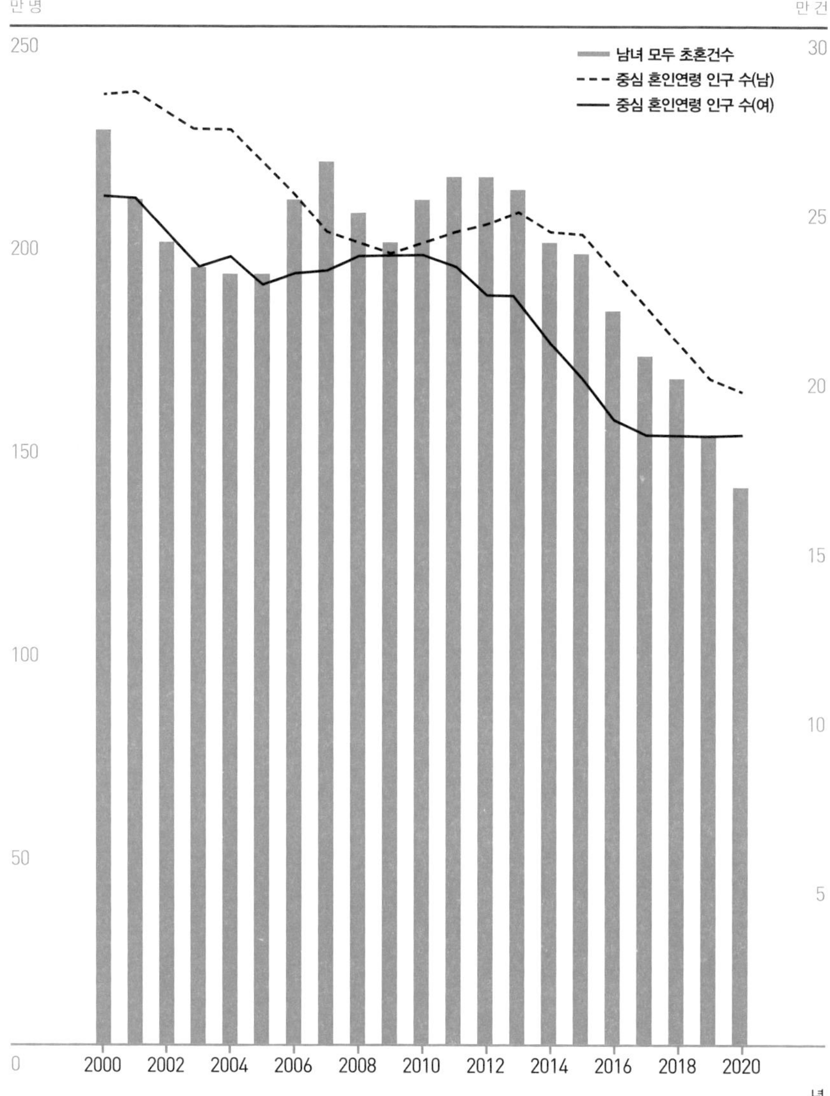

되었다 해도 주된 혼인연령 인구가 많으면 혼인건수 자체는 크게 줄어들지 않을 수 있다. 반대로 아무리 경기가 좋아도 사람이 적으면 혼인건수는 늘어날 수가 없다.

〈도표 2-2〉를 보면 이러한 상황을 단적으로 이해할 것이다. 도표의 막대그래프는 남성 여성 모두 초혼인 혼인건수의 변화를 나타내고, 선그래프는 해당 연도의 남성과 여성 각각의 평균 초혼연령을 중심으로 전후 2세 인구를 나타낸 것이다. 예컨대 2015년 남성의 평균 초혼연령이 32.6세면 31~35세 남성 인구를, 여성 평균 초혼연령이 30.0세면 28~32세 여성 인구를 합산해 각각 나타낸 것이다. 코로나로 혼인 시장도 얼어붙었던 2020년을 제외하면 두 그래프의 상관관계가 뚜렷하다. 2016년부터 줄기 시작한 초혼건수는 전반적인 혼인율이 낮아진 탓도 있겠지만 결국 주된 혼인연령대 인구가 줄어들었다는 점도 배제할 수 없음을 알 수 있다.

이 도표에서 힌트를 얻었다면, 혼수 시장을 기획할 때 가장 먼저 할 일은 이들 인구규모가 어떻게 바뀌는지 예측하는 것이다. 인구학자가 아니라면 앞으로의 혼인건수 자체를 예측하는 것은 어렵지만, 주요 혼인연령대 인구가 어떻게 바뀌는지는 통계청만 들어가도 쉽게 알 수 있다. 예를 들어 2020년 여성의 평균 초혼연령은 30.78세로 2000년 26.49세에서부터 20년간 4세 넘게 상승했다. 20년간 4세이므로 평균 5년에 1세씩 상승했다고 친다면 앞으로 2023년까지는 평균 초혼연령 31세가 유지될 가능성이 높다. 그 후인 2024년과 2025년은 32세가 될 것이다. 남성의 경우에는 평균 초혼연령이 30세에서 31세가 되는 데 4년이, 31세에서 32세가 되기까지는 5년이, 32세에서 33세가 되는 데에는 6년이 걸렸다.

이렇게 보면 남성의 32~36세, 여성의 29~34세의 인구를 주로 살펴보면 된다는 답이 나온다. 〈도표 2-3〉은 국내 거주 내국인을 바탕으로 한 인구추계를 토대로 해당 범위의 인구 수를 산출해본 것이다. 2024년에 남성은 170만 명에 가까워지고, 여성은 160만에 가까워지는 것을 볼 수 있다. 이렇게 되면 우리가 좋아하는 직선 긋기 본능은 조금 멈춰야 한다. 출생아 수에서도 언급했듯이, 어느 정도의 인구가 담보되면 출산이나 혼인 등의 비

〈도표 2-3〉 중심 혼인연령 인구 추계(2021~2026)

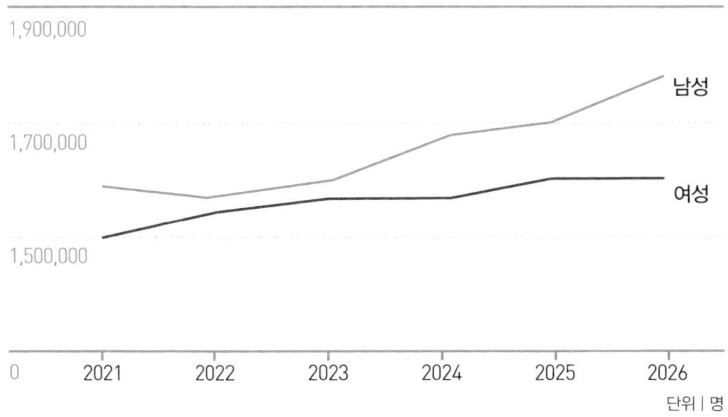

율이 낮아져도 실제 건수는 급감하지 않는다. 심지어 이 연령대는 사망률도 낮아, 이미 살아가고 있는 인구들로 충분히 볼 수 있는 정해진 미래다.

자, 그렇다면 2025년까지 초혼건수가 어느 정도가 될지 예상해볼 수 있지 않겠는가? 2021년에도 코로나 여파가 계속되고 있어서, 그에 따라 혼인율도 과거보다 더 떨어질 개연성이 매우 크다. 하지만 혼인연령대 인구가 증가하기 때문에 실제 혼인건수는 코로나로 미루었던 결혼식과 더불어 다소 증가할 가능성도 없지 않다.

이러한 양적 특성에 더해 해당 인구의 맥락까지 해석하면 한층 정교한 기획이 가능하다. 혼인율이 점차 낮아지는 데다 코로나19로 결혼을 미루는 최근 추세에도 아랑곳없이 결혼을 선택한 사람들에게는 어떤 사회경제적 특성이 있을까? 그들은 어디에 살고, 어떤 직업을 갖고 있으며, 혼수 시장에서 어떤 소비를 했을까?

이런 정보는 사회조사를 통해 알 수 있는데, 그것을 알면 변화하는 시장에 단순히 적응하는 것을 넘어 어떤 전략이 필요한지 기획해낼 수 있을 것이다. 최근 경제적으로 준비되지 않으면 결혼하기 어렵다는 말을 많이 하는데, 만일 그것이 사실이라면 앞으로 결혼하는 사람들은 본인이든 부모든 경제적 여유가 있을 가능성이 크다. 비록 과거에 비해 혼인건수 자체는 줄었지만 혼인하는 사람들의 평균 경제 수준이 높아졌다면, 그에 맞춰 혼수 품목을 고급화하는 등 새로운 전략을 짤 수 있지 않겠는가?

어, 그런데 약간 찜찜하다. 안 그래도 혼인에 들어가는 비용이 많아서 결혼을 미루는 청년이 많다는데 고급화 전략이라니? 프리미엄 시장을 공략하는 기업도 있지만, 그 외 시장을 공략하는 작은 기업들도 있다. 어느 기간 동안은 혼인건수가 급격히 무너지지 않는다고 하니, 프리미엄은 아니지만 트렌디한 것을 원하는 젊은 고객층을 사로잡는 전략을 세울 수도 있다.

이의 연장선에서 다른 시장의 이야기도 할 필요가 있다. 바로 내가 계속 우려하는 영유아 시장이다. 1부에서 잠시 언급했듯이 영유아 시장의 프리미엄화는 아이 수가 줄어들수록 가속화될 가능성이 크다. 이런 예측은 특히 정부나 공공영역에서 유심히 살펴보아야 할 지점이다. 적응 전략을 택해 시장에서 탈락하는 기업이 너무 많이 생기지 않도록 충격을 완화하며, 기업의 새로운 판로를 열어주는 기획을 제시하는 작업이 동시에 필요하다. 그래야 우리나라 영유아 시장의 인플레이션과 독과점을 막을 수 있다.

예시에서 볼 수 있듯이 기획은 변화될 미래에 적응하는 것을 넘어 적극적으로 변화를 이끈다는 점에서 완화나 적응과는 다르다. 즉 완화와 적응은 인구변동으로 우리 사회가 어떻게 바뀔지 파악한 다음 그 변화를 전제로 우리가 어떻게 바뀌어야 하는지를 모색한다면, 기획은 사고의 폭을 넓혀 인구를 넘어 새로운 정책과 기회를 만드는 한층 적극적인 미래전략이다. 그런 점에서 기획은 정부는 물론 기업과 개인까지 사회의 모든 단위가 반드시 견지해야 할 미래전략이기도 하다.

다른 예도 한번 생각해보자. 이미 말했듯이 학령인구가 줄어들면서 잉여교사가 발생한다는 것을 사회에서 느꼈다. 그렇다고 교사를 뽑지 않을 수도, 현직 교사들의 연령이 자꾸 올라가는 것을 그대로 두고 볼 수도 없다. 그래서 신규 임용을 하되, 규모를 줄이기로 했다. 당장 2022학년도부터 교육부는 사범대학과 교직과정 입학정원을 3200명 줄이기로 했다. 줄어든 학생 수에 맞춰 교사를 다운사이징하는 적응 전략이다.

그런데 이 전략의 기저에는 학교와 교사의 역할과 업무가 현재와 똑같이 유지된다는 가정이 깔려 있다. 줄어드는 학령인구가 가져올 변화를 학교와 교사의 기능과 업무를 획기적으로 바꾸는 기회로 삼는다면 어떨까?

학생 수가 줄어들고 있지만, 교사의 행정업무 부담은 전혀 줄지 않는다는 것이 현직 교사들의 고충이다. 그런데 모든 선생님의 행정업무 부담이 똑같이 큰 것은 아니다. 그렇다면 기왕 학급당 학생 수가 크게 줄었으니 수업방식도 바꾸고 선생님의 역할도 바꿔볼 수 있지 않을까? 예컨대 지금처럼 모든 교사가 똑같은 업무와 기능을 하지 않고 분업을 한다면? 학생지도만 담당하는 교사, 강의전담 교사, 행정담당 교사 등으로 말이다.

물론 이 대안은 문외한인 인구학자가 한번 생각해본 것에 불과하다. 하지만 학령인구가 급감한 현재 상황이 우리나라 교육을 획기적으로 바꿀 기회라는 데 공감할 선생님들도 많을 것이라 생각한다. 이 글을 읽는 현직 선생님들과 교육부가 정말 훌륭한 대안을 찾아낼 수 있으리라 기대한다. 그들이 만든 대안에 따라 우리나라의 교육제도 전반을 혁신하는 것 또한 인구를 통해 미래를 기획하는 전략이다.

4

미래의 가구변동에 주목하라

인구학이란 사람이 태어나서 이동하고 사망하는 일련의 과정을 공부하는 학문이다. 그 과정에서 소모되는 자원과 사람들 간의 균형을 꾀하는 것이 인구를 공부하는 이유다. 인구와 자원 간의 균형은 사회의 지속가능성을 담보하기 때문이다.

우리나라 인구가 언제부터 줄어들고, 인구구조가 어떻게 바뀔지 이미 정해져 있고 그 모습을 안다면, 우리는 어떤 대책을 세워야 할까? 변화될 미래에 어떻게 적응할지, 미래의 충격을 어떻게 완화할지, 나아가 우리가 원하는 방향으로 미래를 만들어갈지 생각해보자. 그중에서도 우리에게 필요한 것은 적극적으로 기회를 만드는 자세, 바로 미래를 기획하는 자세라고 했다. 그렇다면 우리는 어떤 인구통계를 보고 어떻게 해석하며 미래 전략을 세울 수 있을까?

흔히 인구에 대해 말할 때에는 대개 저출산이나 고령화, 즉 개별 인구가 얼마나 늘어나고 줄어드는지에 주로 관심을 보이곤 했다. 그러나 한번 생각해보자. 시장에서 고객을 혹은 국가에서 정책의 수요자 변화를 포착할 때 인구가 더 중요한지 아니면 가구(household)가 더 중요한지 말이다. 공급하고자 하는 재화가 무엇인지, 만들려는 정책이 어떤 것인지에 따라 다를 것이다. 예를 들어 어떤 재화의 소비 단위가 철저히 개인이라면 그 시장에서는 인구가 가구보다 더 중요할 것이다.

그런데 생각보다 많은 재화가 가구 단위로 소비된다. 집, 자동차, 생필품, 가전제품, 가구(furniture) 등 많은 재화들은 개인보다는 가구 단위의 소비다. 스마트폰은 어떨까? 거의 모든 개인이 다 가지고 있으니 가구보다는 개인이 소비의 단위인 것 같다. 하지만 성인이 아니라 청소년이라면? 또 성인이라도 요금제를 선택할 때라면? 철저하게 개인 단위로 소비된다고만 보기 어렵다는 데 동의할 것이다. 공공영역에서 보면 재산세, 주민세 등 가구 단위로 징수하는 세금이 그러하다.

이처럼 가구는 개인 못지않은 경제의 중요한 단위다. 가구의 중요성은 다음 통계를 통해 더 확실히 알 수 있다. 2000년부터 2019년까지 20년간 총인구는 대략 470만 명 늘어났다. 약 10% 증가한 셈이다. 수도권만 치면 같은 기간 동안 약 400만 명이 늘어났다. 전국적으로 470만 명 늘었는데 그중 수도권이 400만 명이니, 지난 20년간 수도권 인구집중이 얼마나 심각했는지 알 수 있다. 어쨌든 수도권 인구는 2000년부터 20년간 18.8% 늘어났다. 그리고 전국적으로도 인구가 증가했다. 소비를 할 사람도 일하는 사람도 늘어났으니 그에 따라 시장이 성장해온 것은 말할 필요도 없다.

그렇다면 가구는 어떨까? 같은 기간 560만 가구가 증가했다. 2000년에 비해 38.7%나 늘어난 수치다. 인구가 470만 명 늘었는데 가구는 560만 호 증가했으니, 개별로 분화하는 가구가 많았다는 뜻이다. 수도권만 보면 대략 320만 가구가 늘어났는데, 증가율로 따지면 48.7%에 달한다. 2000년부터 2019년까지 수도권 가구 수가 거의 1.5배가 되었다는 뜻이다. 가구가 증가하면 주택도 생필품도 소비가 늘어나기 마련이다.

지금까지는 인구든 가구든 다 증가했으니 내수도 함께 성장한 것은 당연하다. 거기에 사람들의 평균소득이 상승함에 따라 소비단가도 올랐다고 하니 시너지 효과가 났을 것이다. 그렇다면 이제부터는 어떻게 될까? 우리나라 내국인만 보면 2020년부터 인구가 줄어들기 시작했고, 앞으로 인구가 늘어날 일은 가정하기조차 어렵다. 시장이 인구에 의해 결정된다면 앞으로 시장은 축소하거나 적어도 성장은 어렵다고 봐야 한다.

하지만 실제로는 그렇지 않을 가능성이 더 크다. 이유가 있다. 비록 인구는 줄어들기 시작했고 그 추세를 바꿀 수 없지만, 시장에서 가구는 앞으로도 계속 늘어날 예정이기 때문이다.

〈도표 2-4〉는 통계청의 장래가구추계를 그래프로 나타낸 것

〈도표 2-4〉 가구 수 추이(2000~2040)

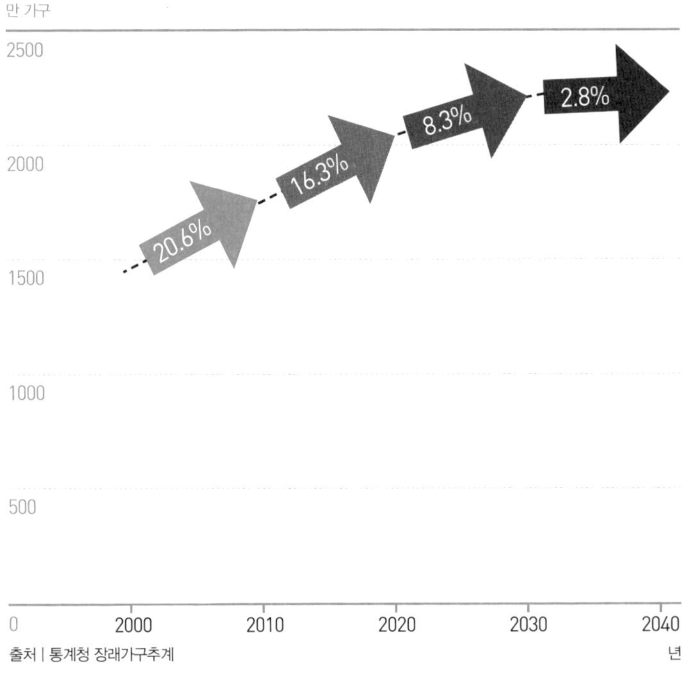

출처 | 통계청 장래가구추계

으로, 우리나라 가구 수는 2000년부터 2010년까지 20.6%, 2010년부터 2020년까지 16.3% 증가했고, 2030년까지 8.3%가량 다시 증가하게 된다. 2020년 기준 2000만 가구가 조금 넘는데, 그 수가 2030년이면 2200만 가구를 넘어설 것이다. 앞으로 줄어들 일만 남은 인구와 달리 가구는 이처럼 계속 증가한다.

2030년까지 가구가 계속 늘어날 것이라는 점은 시장에 주는 시사점이 크다. 무엇보다 가구가 소비의 주체 및 단위가 되는 재화시장은 앞으로도 성장 가능성이 있다는 것을 의미한다. 다만 가구 증가세가 과거 20년에 비해 크게 둔화될 테니 각오가 필요하다. 시장이 크면 나에게 돌아오는 파이의 규모도 커질 수 있지만, 시장 한 요소의 성장속도가 지난 10년간의 절반에도 못 미친다면 시장에서 느끼는 경쟁의 강도는 이루 말할 수 없이 첨예할 것이다. 그만큼 기업들은 국내시장에서 그야말로 필사적으로 임해야 한다.

여기서 중요한 것은 '필사적'으로 임한다는 것의 의미다. 필사적이라는 말은 열심히 하면 된다는 '파이팅' 정신이 결코 아니다. 경쟁이 치열해지는 시장에서 파이팅이 필요 없는 것은 아니지만, 파이팅한다고 시장이 지난 10년만큼 커질 수는 없다. '필사적'의 의미를 인구학적으로 해석하면 바로 미래의 인구 및 가구 변동을 최대한 정교하게 예측하고, 그에 맞는 대응방법을 세우는 적응과 기획 전략이다.

5

가구 세그먼트의 다양성에 기회가 있다

1부에서 우리나라 인구가 얼마나 빠르게 변화하고 있는지, 이 변화에 영향을 받는 사람도 있고 그렇지 않은 사람들도 섞여 있기에 사회적 합의를 이루기가 얼마나 어려운지, 그리고 수도권으로의 집중과 연령규범이 있는 사회의 획일성이 얼마나 청년들을 압박하고 있는지, 그 결과가 어떻게 초저출산으로 나타나게 되었는지 살펴보았다. 그리고 다양성에서 해법을 찾자고 했다.

그런데 다양성이라는 말이 너무 추상적이다. '그런 말은 나도 하겠다' 라고 생각한 독자들도 있을 것 같다. 앞으로 우리 사회가 얼마나 다양해질까? 과연 다양해지고는 있을까? 우리 사회가 점점 다양해지는 것 같다가도, 가끔은 피라미드의 꼭짓점을 향해 우르르 달려가는 것 같기도 하다. 매체의 발달로 다양한 의견이 더욱 빨리 오갈 수 있어 정-반-합으로 진보하는 속도가 빨라지는 것 같다가도, 알고리즘의 발달로 좋아하는 정보만 습득하게 되는 것을 보면 반드시 다양성이 증진된다고 할 수도 없는 것 같다.

맞다. 다양성이라는 것을 어떠한 기준으로 볼 것이냐에 따라 그 판단은 다를 것이다. 인구학에서는 인구를 이루는 축이 다양해질수록 다양성이 높다고 본다. 인구 변수에는 성, 연령, 인종 등 개인마다 서로 다를 수밖에 없는 축이 포함된다. 하여 인구학에서도 '불평등' 이라는 주제를 별도로 다루는 학문분야가 있는데, '다름' 이 간혹 '차별의 기준' 으로 와전되어 생기는 갈등 구조가 사회 곳곳에 존재하기 때문이다.

어쨌든 인구학에서는 다양한 연령대가 한 사회에 골고루 분포할수록, 인종이 다양할수록 사회의 다양성이 높다고 본다. 그리고 살아가는 조합의 형태가 다양해질수록 다양성이 높다고 여긴다. 그중에서도 국내시장에서 주목해야 할 다양성은 단연 가구 다양성이다.

통상 한 가족이 한 집에 살기 때문에 가구를 가족과 동일시하는 경우가 많은데, 가구와 가족은 다른 개념이다. 가족은 말 그대로 혈연이나 혼인, 입양 등을 통해 형성되지만, 가구는 혈연과 관계없이 한 집에서 생계를 같이하는 단위를 가리킨다. 특히 요즘엔 비친족 동거도 늘어나는 추세라 '가구'라는 용어가 더 적합하다. 한 집에 몇 명이 살며 그들 간의 관계는 어떤지, 나이는 각각 어떤지 등이 가구의 특성을 결정한다. 한 가족으로 4인 가구가 살다가 자녀가 성장해 분가하게 되면 여전히 가족이지만 가구는 한 개에서 2개 혹은 3개로까지 분화된다.

최근 가구 다양성이라 할 때 가장 먼저 떠올리는 것은 1인 가구가 늘어난다는 것이다. 그러나 가구는 지금도 1인 가구의 증가를 뛰어넘어 훨씬 다양한 층위에서 역동적으로 변화하고 있다. 이 이야기를 좀 더 자세히 해보자.

5000만 명 이상인 우리나라 인구가 2100년이 되면 약 1950만 명 수준이 될 거라고는 앞에서 밝혔다. 하지만 동시에 인구가 급속하게 줄어드는 것은 2050년 이후이고, 특히 2030년까지는 크게 줄지 않는다는 점도 명확히 언급했다. 생산하고 소비하고 투자하는 사람이 급속히 줄어드는 '인구절벽'을 우리 사회 일각이 아니라 전체가 본격적으로 인지하게 될 시점 역시 2030년이나 되어야 할 것이라고도 말했다.

그렇다면 2030년까지는 인구가 그다지 중요하지 않다는 말인가? 특히 미래를 내다보고 필요한 대응을 하자면서 정작 인구는 크게 바뀌지 않는다고 하니, 나 스스로 인구의 중요성을 폄훼하는 것처럼 들릴지도 모른다.

당연히 아니다. 방금 내가 언급한 인구는 인구의 절대적인 크기다. 그런데 기억나는가? 인구학에서 인구를 이야기할 때는 절대적인 크기도 중요하지만 '어떻게 살고 있는 인구인지'가 중요하다고 했다.

서울대 인구학연구실이 주목한 것은 '가구에 몇 명이 함께 살고 있고, 어떤 구성으로 살아가는지에 따라 나타나는 라이프스타일이 다르다'는 것이었다. 아이와 함께 살아가는 부부의 모습과 아이 없이 살아가는 부부의 모습 그리고 1인 가구로 살아가는 모습이 서로 다르다는 것은 다들 깊이 공감할 것이다. 이를 통상 라이프 스테이지(life-stage)라 하고, 요즘 1인 가구가 증가하는 현상을 라이프 스테이지에 변화가 일어났다고 이야기한다고 들었다. 완벽히 틀린 표현은 아니지만, 생애미혼율이 언제 얼마나 증가할 것이고 또 노인 1인 가구가 얼마나 늘어날 것인지를 관찰하는 인구학에서는 이 용어가 다소 공감되지 않았다.

사실 나보다는 연구실의 연구원들과 학생들이 이 용어를 굉장히 어색하다고 느꼈다. 스테이지(stage)란 '단계'를 뜻하는 느낌이 있는데, 가치관에 따라 결혼하지 않거나 아이를 낳지 않는 사람들은 마치 '단계'를 밟아가지 않는다는 뉘앙스로 들린다는 것이었다. 나도 그 말이 일리 있다고 생각했던 것이, 청년층뿐 아니라 이혼에 따른 가구 분화도 증가하는 추세고, 부모님과 함께 사는 성인 자녀도 늘어난다는데 라이프 스테이지는 이를 아우르지 못하고 있다. 머리를 맞댄 결과 연구실에서는 가구의 다양성을 설명할 때 경영학에서 소비자 성향을 구분하면서 사용하는 '세그먼트'라는 다소 중립적인 용어를 사용하기로 했다.

〈도표 2-5〉는 한 가구 내에 몇 명이 함께 살고 있는지, 어떤 조합으로 함께 살고 있는지, 어떤 연령대가 가구주 역할을 하는지에 따라 가구를 여러 개의 세그먼트로 나누어본 결과다. 먼저 가구주의 연령이 속한 세대에 따라 구분하고, 이어서 한 집에 몇 명이 사는지에 따라 가구를 좀 더 세분화했다. 같은 세대라도 한 집에 몇 명이 사는지에 따라 삶의 행태가 달라지기 때문이다.

이렇게 해서 도출한 〈도표 2-5〉의 14개 세그먼트는 (가구주 연령 기준 Z세대부터 베이비붐 1세대까지) 우리나라 전체 가구로 보면 2020년 기준으로는 약 70%를 포괄하며, 2030년에는 70% 중반까지 포괄한다.

이 세그먼트를 베이비붐 이전의 실버세대 가구로 확장하는 것도 물론 가능하다. 연구실에서도 기업이나 공공기관과 연구할 때는 14개의 세그먼트에서 한 차례 더 가구를 세분화하여 사용하고 있다. 일례로 X세대의 경우 10대 학령기 자녀를 둔 가구

〈도표 2-5〉 가구 다양성을 반영한 세그먼트 예시

세대	가구원 수	가구 구성	번호
베이비붐 1세대	1인	1인	Seg 1
	2인	부-부	Seg 2
	3인 이상	부모(부 혹은 모)+자녀	Seg 3
베이비붐 2세대	1인	1인	Seg 4
	2인	부-부	Seg 5
	3인 이상	부모(부 혹은 모)+자녀	Seg 6
X세대	1인	1인	Seg 7
	2인	부-부	Seg 8
	3인 이상	부모(부 혹은 모)+자녀	Seg 9
밀레니얼 세대	1인	1인	Seg 10
	2인	부-부	Seg 11
	3인 이상	부모(부 혹은 모)+자녀	Seg 12
Z세대	1인	1인	Seg 13
	2인	부-부	Seg 14

와 미취학 아동을 둔 가구로 나눌 수 있다. 같은 X세대라도 두 가구의 삶이 같지 않기 때문이다. 영유아기 자녀가 있는 X세대 가구는 오히려 어린 자녀가 있는 밀레니얼 세대 가구와 비슷한 라이프스타일을 보이는 경우가 더 많다. X세대부터 이런 현상이 뚜렷한 것은, 우리나라는 X세대부터 혼인 및 출산 연령대가 다양해졌기 때문이다. 이처럼 가구를 구성하는 가구원들의 연령이 가구주의 연령에서 오는 세대의 특성을 허물기도 한다. 가

〈도표 2-6〉 아침시간 부담되는 활동 1순위

▶X세대-영유아기 자녀 가구 / 아침식사

▶X세대 부부가구 / 꾸미기, 소지품 챙기기

구는 보이는 것이 다가 아니라는 뜻이다.

이 세그먼트들을 기준으로 표집(sampling)해서 라이프스타일을 조사하면, 각각의 가구 세그먼트별로 라이프스타일을 프로파일링할 수 있다. 그럼으로써 어떤 라이프스타일이 가구 특성에서 기인하는지, 또 어떤 라이프스타일이 세대 특성에서 기인하는지를 알 수 있다.

여기 예시로 우리 연구실에서 실제로 진행했던 설문결과를 하나 가져왔다(〈도표 2-6〉 참조). 아침 시간에 부담이 되는 활동이 무엇인지 묻는 질문에 가구 세그먼트에 따라 서로 얼마나 다른 응답을 했는지 보자. X세대 부모와 학령기 자녀로 이루어진 가구는 자녀도 스케줄이 있다 보니, 학원을 누가 데려가고 데려와야 하는지 등을 논의했을 것이다.

이번에는 같은 X세대 부모이지만 영유아 자녀가 있는 가구를 살펴보자. 아이가 아직 어리기 때문에 성장과 발육을 위해 아침식사는 필수다. 이들 부모에게 아침에 가장 부담되는 활동은 아침식사 준비다. 원래는 아침을 제대로 챙겨먹지 않던 부부가, 아이가 생기면서 아침식사를 챙기기 시작했을 수도 있다. 자녀 없이 살고 있는 X세대 부부가구의 모습을 보면 이 추론이 맞을 수도 있다는 생각이 든다. 그들에게는 식사나 동선 점검이 아닌 꾸미기나 소지품 챙기는 것이 가장 큰 부담으로 관찰되었다.

이밖에도 시장을 가구 세그먼트로 나누고 그 단위로 라이프스타일을 조망하면 예전에는 보지 못했던 새로운 맥락이 보인다. 예컨대 어떤 라이프스타일은 가구주 세대에 의해 차이가 날 때가 있고, 어떤 라이프스타일은 가구원 수에 의해 결정된다. 또 어떤 라이프스타일은 세대와 가구원 수가 같아도 가구원의 구성이 어떤지에 따라 확연히 차이 나기도 한다. 이를 살피면 특정 라이프스타일의 근원이 세대인지, 가구원 수인지, 아니면 가구원들의 특정 조합인지를 추출해낼 수 있다. 물론 어떤 라이프스타일은 가구의 특성도 세대의 특성도 아닌 지극히 개인적인 취

〈도표 2-7〉 개인과 가구 특성을 고려한 미래예측

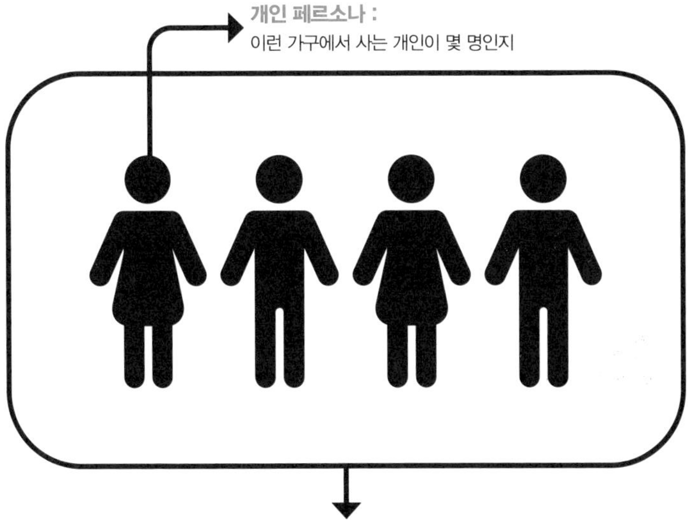

향에서 비롯되기도 한다. 그럼에도 이렇게 라이프스타일을 층화하여 구분할 수 있다는 것은 매우 중요한 함의를 가진다.

그런데 아직까지는 가구별로 특성을 자세히 보는 것이 미래 대응에 어떻게 도움이 된다는 건지 명확하지 않은 것 같다. 여기에서 인구학이 지닌 두 가지 장점이 발휘된다. 수를 셀 수 있는 양화(quantify)와 미래의 변화를 예측하는 추계(projection)가 바로 그것이다.

사실 이런 장점이 국가 전략이나 정책 외에 기업에서도 활용될 줄은 나도 미처 몰랐다. 전작《정해진 미래 시장의 기회》출간 이후, 작고 강한 기업부터 전통의 강호인 기업들까지 다양한 '인구 응용문제'를 들고 연구실을 찾아왔다.

"빅데이터 시대이고 인구 데이터가 유용하다는 것은 이미 잘 알고 있습니다. 그래서 그걸 통해 사람들이 살아가는 모습을 관찰하고 활용하고 있어요. 그런데 이 사람들이 몇 명이나 될까요? 일례로 기저귀와 맥주를 함께 산다는 것은 이미 오래전부터 알았습니다. 그런데 이런 부모들이 언제부터 얼마나 줄어드나요? 이런 것은 인구학이 알 수 있지 않나요?"

몇 년 전 어느 유통회사에서 받은 질문이다. 강연을 듣거나 책을 읽는 데 그치는 것이 아니라 질문을 다시 만든다는 것이 놀라웠다. 가끔 이런 응용질문을 서로 다른 분야의 기업에서 가지고 올 때마다 흥미로운 난제를 풀어가는 것 같아 기분이 좋다. 학생들에게서 미래의 가능성을 보는 것처럼, 기업에 종사하는 분들에게서도 미래를 보는 느낌이다. 아, 작아지는 대한민국이라도 잘만 대비하면 우리나라 성장은 멈추지 않겠구나!

앞서 유통회사가 던진 질문에 대한 답은 '맞다'이다. 인구학은 가구 특성에 따른 각 세그먼트의 현재 크기를 숫자로 나타낼 수 있고, 앞으로 그 양이 어떻게 바뀔지 예측까지 가능하다. 이 두 가지는 시장의 현재와 미래를 전망하는 데 꽤 중요한 정보 아니겠는가? 사회를 구성하는 중요 요소 중 하나가 가구인데,

어떤 특성을 가진 가구가 얼마나 되는지는 물론이요, 2030년까지 그런 가구들이 언제 어떻게 양적으로 바뀌어갈지도 알 수 있다면 미래의 불확실성을 제거하는 데 도움이 될 것이다.

이제부터는 각 세그먼트가 언제부터 얼마나 변화하는지, 그리고 그것이 주는 함의가 무엇인지를 이야기할 것이다. 그런데 그에 앞서 하나 짚고 넘어가야 할 이야기가 있다. 바로 〈도표 2-5〉의 맨 앞에 적혀 있는 '세대'다. 세대 특성을 아는 것은 해당 인구가 어떻게 살아왔는지, 그리고 어떻게 살아갈지를 아는 중요한 과정이다. 항간에 널리 알려진 세대 구분과는 조금 다른 면모도 있으니 재미 삼아 가족과 함께 읽어주시기를 부탁드린다. 가끔은 우리 학생이나 내 자녀들도 나의 '라떼는 말이야'라는 이야기가 밉지 않고 재미있다고 한다.

6

한국에 맞는 세대구분이 필요하다

코로나19가 우리 사회를 뒤덮기 전에 한국사회를 뒤덮었던 뜨거운 키워드 중 하나가 아마도 '세대' 혹은 '밀레니얼 세대'일 것이다. 이와 관련해 많은 기업에서 연구실에 의뢰한 내용은 크게 두 가지였다. 첫 번째는 '밀레니얼 세대를 어떻게 이해해야 하는가'였고 두 번째는 '베이비부머의 퇴직 이후 삶은 어떻게 되느냐'였다.

후자의 경우 베이비부머는 그 수가 워낙 커 이 인구집단이 경제활동을 줄여나간다는 것은 기업에도 사회에도 작지 않은 영향을 끼칠 것이기에 나도 평소 관심이 많았던지라 대답이 수월한 편이었다. 그런데 밀레니얼은 내가 쉽게 대답하기 어려웠다. 마침 연구실의 구성원이 1972년생인 나부터 Z세대 초입까지 섞여 있어서 함께 탐구를 해보기로 했다.

사실 세대는 언제나 있었고, 세대갈등도 그에 따라 존재해왔다. 그래서 '어떻게 이해해야 하냐'는 물음에 우리는 '왜 최근 부쩍 세대에 대한 관심이 높아졌을까'부터 논의해보았다. 다양한 문헌과 연구실의 의견을 종합해본 결과, 기대수명의 증가로 전 세계적으로 부모와 자녀가 함께 사는 기간이 늘어난 첫 세대가 베이비부머와 밀레니얼이라는 이유가 도출됐다. 함께하는 기간이 늘어났으니, 당연히 커뮤니케이션할 일도 많아졌을 것이다. 그런데 서로가 어렸을 적 겪었던 환경이 너무 다르다 보니 그에 따라 가치관도 다를 것이고, 의견 충돌도 많아졌을 것이다.

밀레니얼에 관한 관심이 이렇게 세대의 공존에서 촉발돼 뜨거워진 것이라면, 밀레니얼 세대만 똑 떼어내서 하는 분석으로 과연 통합적인 이해가 가능할까? 하나의 세대를 이해하려면 다른 세대와의 관계 속에서 파악해야 한다. 현재 베이비붐 1세대의 자녀는 대부분 밀레니얼이고, 베이비붐 2세대의 자녀는 상당수가 Z세대다. X세대의 자녀는 대다수가 알파(α)세대다. 밀레니얼의 자녀 또한 알파세대다. 이들이 가족을 이루어 서로 영향을 주고받으며 사는데, 이 영향을 무시할 수 있을까? 밀레니얼 세대를 이해하려면 그들의 부모인 베이비붐 1세대의 특성도 함께 고려해야 한다. 이것이 인구학에서 말하는 세대의 이해다.

이밖에도 인구학에서는 합계출산율, 출생아 수, 교육수준 및 교육과정, 대학 진학 시의 사회적 사건, 과학기술 등을 망라해 세대가 공통으로 경험하는 삶의 궤적을 만들고, 그에 따라 세대를 나눈다. 구체적으로 살피면 다음과 같다.

- 합계출산율 : 형제가 몇 명인 환경인가?
- 출생아 수 : 한 반에 몇 명이 공부하는가?
- 대학 진학률 및 입시제도 : 어떤 제도하에, 몇 명이 경쟁하는가?
- 취업 시기의 경제 이슈 : IMF 외환위기, 2008년 금융위기 등
- 여성의 대학 진학률 및 취업률 : 여성의 사회적 지위 변화
- 연령별 혼인율 : 세그먼트의 특징 및 크기
- 청소년기에 누렸던 대중문화 : 가치관 형성기의 문화 요소
- 기술환경의 변화 : 스마트폰, SNS 활용 등

이런 기준으로 세대를 나눠보면 우리가 기존에 알던 세대 구분이 딱 들어맞지는 않는다는 것을 깨닫게 된다. 기존의 세대 구분은 미국의 것을 그대로 따른 것이기 때문이다. 미국은 정치, 사회, 문화, 인구, 인종 등 사회를 구성하는 거의 모든 영역이 우

〈도표 2-8〉 미국과 한국의 세대 구분

미국	침묵의 세대	베이비부머	X세대	밀레니얼 세대	Z세대
출생연도	1925~1945	1946~1964	1965~1980	1981~1995	1996~
역사적 사건 (주로 유년기)	1, 2차 세계대전	냉전 시대	사회주의 붕괴 민권법 제정 이후 세대	걸프전	9·11테러, 이라크전, 주택 버블
인구 사회학적 특성	전통적 4인 가구	이혼과 재혼 증가 3~4인 가구	맞벌이 부부 가구원 수 감소 히스패닉 이주민 정착	다양한 가족형태 증가	다양한 인종의 가족 등장

한국	산업화 세대	베이비붐 1세대	베이비붐 2세대	X세대	밀레니얼 세대	Z세대
출생연도	1940~1954	1955~1964	1965~1974	1975~1985	1986~1996	1997~
역사적 사건 (주로 유년기)	한국전쟁, 베트남전	새마을 운동	민주화 운동	대중문화 시대	올림픽	월드컵 IMF 외환위기
인구 사회학적 특성	실버산업 세대	센서스 시작 합계출산율 5~6 대학 진학률 20%대	가족계획 이후 세대 합계출산율 3~4 대학 진학률 30%대	수능 세대 여성 교육수준 급상승 자녀 수 감소 본격화 대학 진학률 급증	저출산/고령화 1인 가구 증가 대학 진학률 80%대 (여성>남성)	가구 분화 증가 초저출산

리와 다른데 세대 구분만 두 나라가 같을 수는 없다. 예컨대 '밀레니얼을 어떻게 이해해야 하는가?'라는 질문에 항상 따라오던 이야기가 있었다. '밀레니얼을 1990년생부터로 봐야 하는가, 80년대생으로 봐야 하는가?'이다. 미국식 구분대로라면 《82년생 김지영》은 밀레니얼 세대 이야기다. 2019년 엄청난 인기를 끈 베스트셀러 《90년생이 온다》 또한 밀레니얼 세대에 관한 이야기다. 그런데 1982년생과 1990년생이 같은 세대가 맞을까? 1990년생에게 '당신이 1982년생과 같은 세대'라고 말하면 쉽게 수긍할까? 안 그럴 것 같다.

이에 서울대 인구학연구실에서 한국사회에 맞게 세대를 다시 구분해보았다(〈도표 2-8〉 참조). 큰 틀에서는 미국과 유사하지만 우리나라에는 베이비부머가 1, 2세대로 나뉜다. 인구변동과 그에 따른 사회변동이 미국과 전혀 달랐기에 생긴 차이다.

한국 경제와 정치의 주역, 베이비붐 세대

물론 세대를 구분할 때 무 자르듯 나누는 것은 무리가 있다. 무지개 색깔도 경계에서는 어떤 색인지 구분하기 어렵듯이 경계에 있는 사람들은 본인이 어느 세대에 속하는지 스스로도 애매할 것이다. 재수나 삼수를 하여 아래 연령대와 함께 대학생활을 누리다가 그들과 동질감을 느낄 수도 있다. 일곱 살에 입학해 1년 먼저 사회화 과정을 거쳤을 수도 있다. 나보다 어린 배우자의 영향을 받았을 수도 있다. 과거의 나를 비롯한 남성들의 경우 대학 시절 군대를 다녀온 후 복학해 함께 다닌 친구들이 두 살 정도 어리다 보니 그들의 영향을 많이 받기도 한다. 또 요즘은 어린 자녀를 둔 부모끼리는 나이에 상관없이 부모로서 공감대를 형성하기도 한다. 그래도 우리나라처럼 빠르게 변화한 사회에서 세대에 대해 안다는 것은 서로에 대한 이해의 기반이 되기에 의미가 있다.

미국은 2차 세계대전 이후인 1946년생부터 베이비부머라 칭하는 반면, 한국은 한국전쟁 이후인 1955년생부터 베이비붐 세대로 본다. 우선 여기서부터 차이 난다. 그리고 한국의 베이비붐 세대는 1955년생부터 1974년생까지다. 이것은 우리 연구실에서 먼저 규정한 것이 아니고, 2010년 한국의 베이비부머를 연구한 인구학자 김태헌 교수(한국교원대학교)로부터 시작되었다.[15] 이 규정은 당시 1963년에 베이비붐이 끝났다는 기존의 분석과 다른 내용이었다. 그때에도 김태헌 교수는 "베이비붐 시기가 20년간 지속되었기에, 베이비붐 세대가 본격적으로 은퇴하는 2020년부터 이후 20년간 우리 사회의 고령화 속도는 사회가 지탱하기 어려운 수준으로 가속화되어 세계 최고의 고령사회가 될 것으로 예상된다"고 했다.

미국과 달리 베이비붐 세대를 1, 2세대로 나누어 분석한 것도 차이점이다. 우리나라 베이비붐 1세대와 2세대 모두 많은 아이가 태어났지만, 1세대와 2세대로 나누어야 할 만큼 당시의 합계출산율과 영아사망률에서 차이가 명확했다. 그리고 이 점은 합계출산율 급등과 출생아 수 급증 시기가 일치하는 서구사회와는 전혀 다른 양상이라는 것이다.

김태헌 교수의 분석에 우리 연구실에서 제시한 세대 구분 기준을 덧붙여 베이비붐 1세대와 2세대를 구분해보았다. 베이비붐 1세대는 1955~64년생으로, 전쟁 직후부터 가족계획 정책이 본격적으로 펼쳐지기 전까지 출산율이 높았던 시기에 태어난 세대다. 당시 우리나라의 합계출산율은 6에 달했다. 여성 한 명이 6명이 넘는 자녀를 출산했지만 모두 생존해서 성인이 되지는 못했다. 당시 영아사망률은 1000명의 신생아 중 60명에 달할 정도로 높았다.[16] 연령당 96만~100만 명이 태어나 현재는 연령당 67만~89만 명이 한국에 살고 있다.

한국이 전쟁을 겪은 직후 세계에서 가장 못사는 나라일 때 태어났기에 이들의 유년기는 혹독했다. 이제는 트로트 노랫말로만 남은 '보릿고개'란 말이 일상어로 통용되던 시절, 집집마다 하루하루 먹고사는 게 가장 중요했던 이들은 삶의 궤적이나 성공에 대한 가치관이 매우 비슷했다. 이들의 대학 진학률은 20%대에 머물렀는데 그나마 주로 남자들 차지였고, 대학교육의 수준도 지금보다 당연히 낮았다. 그래도 맨주먹 성공이라는 것이 여기저기서 싹틀 시기에 우리나라 경제를 성장시킨 주역이다.

이들은 20대였던 1980년대에 노동시장에 들어와 2010년대까지 우리 사회의 주연으로 활약했다. 퇴직 후에는 소득이 높았던 50대 때와는 분명 다른 라이프스타일을 보여줄 텐데, 인구규모가 작지 않아 사회의 큰 변화를 한 번 더 이끌어갈 것이다. 이전의 산업화 세대와는 또 다른 면모를 보여줄 것으로 예상된다.

그 뒤를 잇는 것이 베이비붐 2세대다. 이들은 1965~74년생으로, 베이비붐 1세대와 비슷하게 90만~100만 명이 태어났다. 이 시기의 합계출산율은 3~4명 수준으로 1세대에 비해 현저히 낮다. 그럼에도 1세대만큼 많이 태어난 이유는 이 시기 주요 출산 연령대 여성의 수가 이전보다 월등히 많았기 때문이다. 여전히 남성 위주이긴 했지만, 이들의 대학 진학률은 이전 세대보다 크게 증가해 30%대가 되었다.

먹고사는 문제가 어느 정도 해결되고 교육수준도 높아진 데다 인구도 많은 이들은 20대부터 대한민국 정치변동의 아이콘으로 등장했다. 1세대가 경제성장의 주역이었다면, 2세대는 정치 지형을 변화시킨 세대다. 이를 부각해 베이비붐 1세대와 2세대 사이에 386세대가 이야기되기도 한다. 이들이 선도한 정치

지형의 변화로 X세대가 대중문화를 마음 놓고 꽃피울 수 있는 터전이 마련되었다.

사회에 진입한 후 이들은 선배 세대를 견제하기도 하고 학습하기도 했다. 앞으로 정년 연장의 혜택(?)을 누릴 가능성이 높은 세대도 이들이다. 베이비붐 1세대는 퇴직 후에도 어떻게든 다시 일하면서 스스로 은퇴를 없애는 방향으로 미래를 준비하는 반면, 베이비붐 2세대는 제도권 안에 더 오래 머물 확률이 높다. 이들이 키워내야 할 자녀는 Z세대로 아직 어리기 때문이다. 그런 면에서 대선에서 정년 연장에 대한 논의가 재점화되면 이들이 또 한 번 정치의 큰손이 될 가능성도 크다.

'82년생 김지영'의 등장

그다음은 X세대다. 1975~84년생으로 대중문화를 선도한 세대다.

사실 나는 그전까지 1972년생인 내가 X세대의 중심이라고 생각했다. 나도 '서태지와 아이들'을 들으며 지냈고, 군대를 다녀오고 취업할 때쯤 IMF 외환위기가 터졌다. 그런데 연구실에서 이야기를 나누다 보니 나는 대학에 가서 시위하는 장면을 굉장히 자주 목격했고, 군대 갈 때쯤에야 서태지와 아이들의 음악을 제대로 접했다. 감성 충만할 청소년기에 내가 즐겨 듣던 음악은 이문세와 변진섭이고 서태지 노래의 가사는 후렴구만 생각나는 것을 보면 진정한(?) X세대는 아닌 것 같다. 그리고 결정적으로 나는 학력고사를 보았다.

미국식으로 따지면 X세대는 1965년생부터이지만 우리나라의 1965년생은 X세대라기보다는 베이비붐 세대의 특성이 더 강하다. 당시에는 국가 간 문화 전파의 속도가 매우 느렸기 때문에 기성 가치관에 반대하는 미국 X세대의 문화가 우리나라에 들어오는 데 시간이 걸렸다. 미국과 우리나라의 X세대 시작점이 다른 또 하나의 이유다.

우리나라 X세대의 시작인 1975년부터 80만 명대의 출생아 수를 보였다. 이전 베이비붐 세대보다 갑자기 줄어든 규모다. 이에 못지않게 중요한 특성은 1975년생부터 학력고사가 아닌 대학수학능력시험, 즉 수능을 보았다는 것이다. 문화 측면에서도 X세대는 청소년기에 '서태지와 아이들'부터 시작해 만개한 신세대 대중문화를 체득하며 성장했다. X세대의 대학 진학률은 45~74%까지 급격히 증가했고 특히 여성의 대학 진학도 보편화되었다. 높아진 대학 진학률, 그중 절반 가까이가 여성이라는 변화는 '82년생 김지영'이 태어날 수 있었던 배경이기도 하다. 상당수가 대학을 나왔지만, 이들에게는 대학만 나오면 인생이 성공한다는 이전 세대의 공식이 더 이상 적용되지 않았기 때문이다.

1975년생이 대학을 졸업할 즈음 IMF 외환위기가 터지고, 1982년생이 졸업할 즈음에는 미국발 세계금융위기가 터졌다. 그래서 취업이 어려워진 와중에 그나마 취업에 성공하는 이들은 대부분 남성이었다. 이전 세대가 만들어놓은 한국사회가 남성 위주였기 때문이다. 취업에 성공한 여성들도 결혼하면 가정에서 주부의 역할을 해야 한다는 갈등에 맞닥뜨렸다.

현재 한국사회의 모든 세대를 통틀어 진보적 가치가 가장 강한 집단이 X세대인데, 따지고 보면 그럴 수밖에 없다. 그전 세대는 어릴 때 경제적으로 궁핍했지만 나이 들수록 사회적 기회가 커졌다. X세대도 자랄 때에는 사회적 기회가 점점 커질 것으로 기대해 아들이든 딸이든 공부를 시켰는데, 막상 졸업할 시점에 경제가 어려워졌다. 게다가 바로 위에 있는 베이비붐 세대들이 엄청난 숫자로 노동시장에서 버티고 있는 바람에 대학을 졸업해도 취업이 쉽지 않고 위로 올라가기도 어려웠다. 승진한다 해도 부하직원은 없고 상사만 많아서 내가 하는 일은 똑같다. 직급은 과장인데 과원이 나 혼자다. 덕분에(?) 직장 내에서 멀티플레이어가 되었다.

이런 식이니 X세대는 '사회가 좀 이상한 것 아닌가?'라는 문제의식을 가질 수밖에 없었을 것이다. 베이비붐 세대가 만들어놓은 사회질서에 겉으로는 순응하는 것 같지만 마음속에서는 저항한다. 그 결과일까, 이들은 반드시 결혼해야 한다는 관념에서 벗어나 '1코노미'의 문을 연 세대이기도 하다.

이런 X세대 이야기를 수업시간에도 몇 차례 소개했는데, 1970년대 말 80년대 초반생 학생들이 공감되면서도 '웃프다'(웃기지만, 슬프다)는 표현을 했다. 후임이 별로 없어서 사회에선 완전한 어른 대접을 못 받는 것 같은데, 온라인 공간에선 완전 '노땅'이라는 것이다. 밀레니얼들은 알바비를 모아서라도 플렉스(flex)한다는데, 이 또한 자신들과는 거리가 먼 것 같다고 했다. 어릴 때부터 나름대로 트렌디하게 대중문화를 소비하고 있지만, 취업이 다소 늦어지는 바람에 취업한 순간부터 집을 사기 위해 월급을 모으느라 플렉스는 꿈도 못 꾼다면서 말이다.

부모와의 관계로 바라보는 밀레니얼 세대

그다음은 우리 사회가 주목하는 밀레니얼 세대다. 앞서 제시한 기준으로 X세대와 밀레니얼을 구분하기가 가장 어려웠다. 그도 그럴 것이 '1코노미'의 시대를 연 X세대의 1인 가구는 막상 설문조사를 해보면 밀레니얼의 특성도 함께 나타나기 때문이다. 그럼에도 우리나라의 밀레니얼을 결국 1986년생부터로 묶어본 데에는 이유가 있다. 바로 '교육'이라는 변수의 중요성이 커진 세대이기 때문이다.

연구실에도 1984년생과 80년대 말 90년 초중반생이 서로 이야기를 나누다 보면 가장 큰 차이점이 '교육과정'이다. 1985년생까지는 6차 교육과정이 본인 학령기의 주 교육이었고, 그 이후부터는 7차 교육과정 세대다. 이들은 국민학교가 아닌 초등학교라는 이름으로 학교를 더 오래 다녔고, 교육과정의 변화로 우리나라 색채가 더 강한 교육을 받았다. 또한 초등학교 영어 의무교육의 대상자로 우리나라의 '세계화' 교육을 받은 첫 세대다.

한편 밀레니얼이 태어난 시기는 우리나라의 남아선호사상이 정점을 찍은 때이기도 하다. 여자아이가 100명 태어날 때 남자아이는 116.5명 태어났다. 그런데 흥미롭게도 밀레니얼의 대학 진학률을 보면 2009년 처음으로 여학생의 진학률(82.4%)이 남학생(81.6%)을 역전했다. 밀레니얼 세대의 부모들은 딸 낳기는 기피했지만, 일단 낳은 딸은 최선을 다해 키웠다는 맥락이 읽힌다. 이들이 대학에 진학할 무렵 아이폰이 등장했고 인터넷이 보편화되면서 SNS 생활이 시작되었다. 이런 배경하에 전 세계의 밀레니얼 세대가 '공유'하는 가치라는 것이 등장하게 된다.

노동시장에서는 이전 세대의 큰 인구규모가 누르고 있고, 직장을 다니면서도 높은 스펙을 쌓아야만 한다. 경쟁이 극심했던 만큼 이들은 '게임의 규칙'을 매우 중요시하며, 규칙이 훼손될 때에는 적극적으로 의견을 표출한다. X세대가 정의로움에 가치를 두었다면, 밀레니얼은 공정성에 큰 가치를 둔다.

종종 간과되는 이들의 또 다른 중요한 특성은 부모가 주로 베이비붐 1세대라는 것인데, 베이비붐 1세대는 앞에서 말한 것처럼 어려운 시기에 태어났다. 그 이야기를 조금 돌려보면, 그야말로 무(無)에서 유(有)를 만들었기 때문에 부를 축적하기에는 오히려 유리한 점도 있었다. 예컨대 베이비붐 1세대가 노동시장에 갓 들어왔을 때 도시에는 아파트라는 새로운 형태의 거주지가 등장했다. 하지만 당시만 해도 생소했고 별로 선호되는 주거 형태가 아니었기에 사회초년생이었던 베이비붐 1세대가 주로 아파트를 점유했다. 그렇게 시작해 조금씩 더 넓은 아파트로 옮겨가면서 오늘날의 부를 축적했다.

그렇게 쌓인 부가 밀레니얼 자녀에게 전해지고 있다. 이것은 반드시 증여나 상속의 의미로만 국한된 것은 아니다. 안정적인 환경에서 밀레니얼 자녀에게 많든 적든 아낌없이 투자할 여유가 있음을 뜻한다.

1부에서 청년들이 부모보다 더 나은 삶 혹은 부모님 정도만큼의 삶이라도 누리기가 쉽지 않아 보이면 결혼을 미루거나 출산을 선택하지 않는다는 가설을 소개했다. 그런데 드물지만 중형차나 외제차를 타고 사회에 첫발을 내딛는 밀레니얼 세대도 있다. 이 부분만큼은 부모의 경제력 덕분이고, 이런 현상이 사회적으로 이슈가 되기도 했다. 요즈음 자녀 출산에 조부모의 경제력과 도움이 중요하다는 우스갯소리도 있는데, 이 또한 다분히 현실을 반영한 말이다. 최근 갓 조부모가 된 사람들은 주로 베이비붐 1세대이고 자녀는 밀레니얼 세대, 손자손녀는 알파세대다.

이 현상은 일부 부유한 가정뿐 아니라 밀레니얼 세대 전반의 지향점으로 확장되기도 한다. 단적인 예로 우리나라의 '완벽한 부모' 신드롬을 묘사할 때도 그 중심이 되는 세대가 밀레니얼 세대다.

경제적 준비가 되지 않으면 결혼을 하지 않거나, 혹은 부모의 지원을 받을 수 있다는 세대의 특성은 밀레니얼의 퇴사율에도 영향을 미치는 듯하다. 베이비붐 2세대가 사회초년생이던 시절, 상사인 베이비붐 1세대에게 숱하게 지적을 받았다. 서럽고 억울해도 '맞장뜨는' 건 꿈도 못 꾸고 속으로 삭였다. 서랍에는 언제나 사직서가 있었지만 던지고 나올 엄두가 나지 않았다. 집에 있는 가족을 생각하며 꾹 참았다. 그 아래 X세대도 사정은 크게 다르지 않았다. 그러나 밀레니얼 세대 이하부터는 상사가 싫은 소리를 하며 못살게 굴면 퇴사한다. 가장 큰 이유는 물론 가치관의 차이겠지만, 경제적 지원을 해줄 부모의 존재 혹은 부양가족이 없다는 사실도 영향을 미쳤을 것이다.

이처럼 현재 밀레니얼은 이전 세대와 확연히 구별되는 성장배경과 가치관, 특유의 재치와 트렌디한 소비력으로 우리나라 변화의 중심이 되어가고 있다.

태생적으로 글로벌할 수밖에 없는 Z세대와 알파세대

Z세대 이야기에 빠질 수 없는 키워드가 3가지다. '스마트폰', '다양성', '글로벌'이 그것이다. 우선 Z세대는 생활의 대부분을 스마트폰으로 처리하는 진정한 포노사피엔스[17]들이다. 1997년 이후에 태어난 세대로 이제부터는 미국 혹은 글로벌 기준과 세대 구분이 비슷해진다. 다만 1997년부터 몇 년생까지를 Z세대로 볼 것인지, 그리고 알파세대는 언제부터로 규정할지에 대해서는 아직 논의를 열어두고 있다. 전 세계를 강타한 코로나19의 영향 때문이다.

Z세대는 부모의 연령대가 다양하다는 것이 특징이다. 내가 학교에 다닐 때에는 우리 부모님이나 짝꿍의 부모님 연령대가 비슷했다. 그러나 지금은 그렇지 않다. 앞서 설명했듯이 부모의 연령대가 다양해지면 삶에 다양성이 생긴다. 학교에서 받는 사회화는 같지만 부모에게서 습득하는 사회화는 저마다 다르기 때문이다.

이전 세대들은 각기 다른 나라에서 다른 시기에 다른 사회문화적 경험을 하며 자랐다. 밀레니얼 세대가 베이비붐 세대와 X세대보다는 다른 나라의 문화를 접할 기회가 많았지만, 스마트폰으로 수렴하는 세상을 살기 시작한 것은 대학생 이후부터다. 그동안은 정치, 경제, 사회, 문화 등 많은 면에서 국가들 간에 차이가 굉장히 컸다. 그런데 Z세대에 들어서면서부터 국가별 차이가 줄어들었다.

이것을 직관적으로 보여줄 수 있는 지표가 합계출산율이다. 합계출산율은 한 나라의 출산 수준을 보여주지만, 영유아 사망률과도 관련이 있기에 그 나라의 전반적인 사회발전 수준을 나타내기도 한다. 또한 자녀의 수는 자녀의 교육 기회와 큰 관련이 있다. 자녀의 수가 적으면 그만큼 자녀교육에 투자를 많이 할 가능성이 크고, 그 교육 투자는 훗날 사회 전체의 인구배당으로 돌아온다.

〈도표 2-9〉는 현재 고소득 국가들(HIC)과 발전중에 있는 국가들(UMC)의 평균적인 합계출산율이 어떻게 변해왔는지 추이를 보여준다. 놀랍게도 Z세대가 태어나기 시작한 1997년 즈음부터 양쪽의 차이가 크게 줄어, UMC 국가들도 합계출산율 2.0 아래로 내려갔다. 지구적 차원에서 Z세대는 태어날 때부터 최소한 인구 측면에서는 공통점이 있었던 것이다.

한스 로슬링 교수는 생전 마지막으로 저술한 《팩트풀니스》에서 우리가 아프리카나 동남아시아 저개발국가들의 발전 상황을 얼마나 모르고 있는지 지적한 바 있다. 기성세대는 물론이고 밀레니얼 세대도 학교에서 교육받을 때 아프리카와 동남아시아를 헐벗고 굶주린 절대 빈곤의 상태로, 동정과 원조의 대상으로만 바라보았다. 그런데 Z세대가 청소년으로 자라나는 동안 세상은

〈도표 2-9〉 선진국과 중진국의 세대별 합계출산율 추이

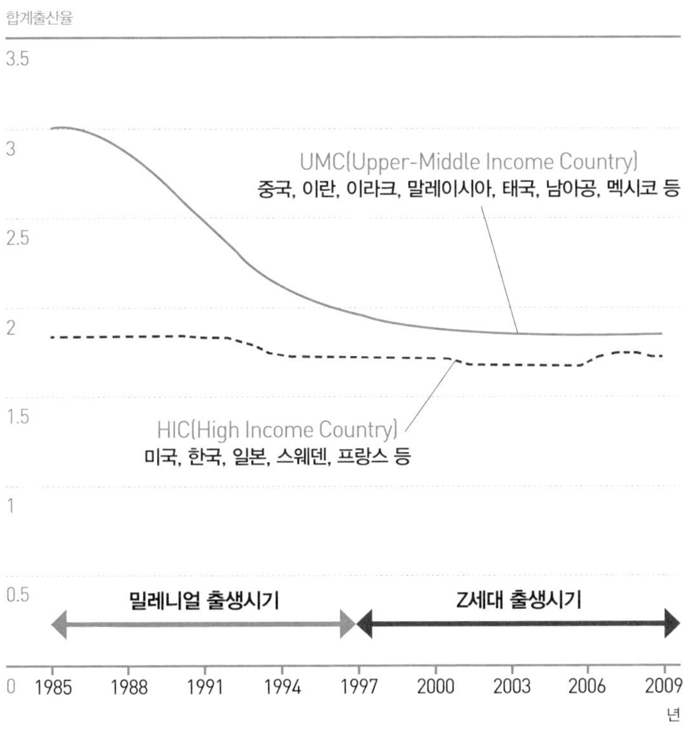

크게 바뀌었다. 2000년만 해도 초등교육을 받지 못한 청소년의 숫자가 전 세계 1억 명에 달했지만 2015년에는 5700만 명으로 줄었다. 경제적으로 세계에서 가장 열악한 사하라 사막 이남 국가들의 평균적인 초등학교 등록률도 1990년 52%, 2000년 60%, 그리고 2015년에는 80%로 상승했다.(물론 학자들은 등록률만으로는 판단하기 부족하다는 것을 잘 알고, 동의하는 바다.)

여기에 더해 2006년 스마트폰이 등장했다. Z세대는 아주 어릴 때부터 영상통화가 무엇인지 알고 자라났다. 스마트폰과 함께 SNS가 일상화되면서 의사소통이 국경을 넘나들기 시작했다. 넷플릭스 등 OTT와 유튜브를 통해 다양한 영상물이 전 세계에서 동시에 공유되기 시작했다. 이전 세대에서는 미국 등 선진국에서 만든 영화와 드라마가 몇 년에 걸쳐 개도국에 전파되었고, 그러고도 한참 후에 저개발국가에 도달했다. 지금은 영상물의 전파가 순식간일 뿐 아니라 영상물 제작도 전 지구적으로 이루어진다. 못사는 나라의 Z세대는 스마트폰이 없고 인터넷 접속이 어려울 것이라고? 천만의 말씀이다. 글로벌 웹인덱스(Global Web Index)에 따르면 이미 2017년, 전 세계 16~20세의 98%가 스마트폰을 쥐고 살고 있었다. 물론 국가의 정치적 환경 때문에 접속을 제한한다는 등의 이야기도 있지만, 접속을 제한한다는 것조차 어찌된 일인지 24시간 내로 전해진다.

이처럼 인구 특성뿐 아니라 전 세계의 문화적 동질감이 더 커지고 있으며, 그 중심에 Z세대가 있다. 한마디로 Z세대는 이전 세대에서는 찾아볼 수 없었던 글로벌 동질성이 뼛속부터 체득된 첫 번째 세대다.

이 점을 여실히 보여주는 예가 있다. 코로나19로 전 세계가 문을 닫고 록다운(lock down) 상태에 들어갔을 때 미국에서 대규모 시위가 열렸다. 조지 플로이드라는 흑인이 백인 경찰에 의해

목이 눌려 사망하는 사건이 발생하자 미국 각지에서 흑인인권 운동인 BLM(Black Lives Matter) 시위가 이어진 것이다. 사실 과거에도 흑인이 공권력을 집행하는 백인에게 구타당하거나 살해되는 안타까운 사건은 결코 드물지 않았고, 그때마다 시위는 있었다. 그런데 과거와 비교할 때 이번 시위는 몇 가지 다른 점이 있다.

먼저 BLM 시위를 흑인들만 주도한 것이 아니라 흑인은 물론이고 백인, 히스패닉, 아시안 등 다양한 인종이 참여했다는 점이다. 과거에도 흑인의 인권이 중요하다고 말하는 백인은 많았지만, 마음에서 우러났다기보다는 그것이 정치적으로 올바르기(politically correct) 때문이었다. 그래서 BLM을 지지한다고 말은 하면서도 실제 시위에 적극적으로 함께하는 백인은 많지 않았다. 하지만 이번에는 백인은 물론이고 다양한 인종의 인구집단이 동참했다.

더 흥미로운 차이는, 이번 BLM 시위가 미국을 넘어 전 세계로 번져나갔다는 사실이다. 흑인 인구가 거의 없는 우리나라에서 그들의 인권을 이야기하는 것이 어른들 눈엔 조금은 아리송하게 비쳤을 것이다. 우리나라를 비롯해 전 지구적으로 시위가 열린 원동력은 무엇이었을까? 인종과 국적을 막론하고 세계 곳곳에서 BLM이 공감을 얻게 된 데에는, 이번 시위가 바로 Z세대에 의해 주도되었다는 배경이 있다.[18]

게다가 미국의 Z세대는 이전 세대와 달리 아시안계, 히스패닉, 백인, 흑인 등 다양한 인종과 종교집단이 한 동네에서 혹은 한 학급에서 함께 자라난 경험을 했다. 덕분에 Z세대 내에 인종에 따른 이질감이 크게 줄었다. 그리고 포노사피엔스인 Z세대는 그들이 옳다고 생각한 가치를 틱톡(TikTok)이나 페이스북, 인스타그램 등 다양한 SNS를 통해 공유하는 데 익숙하다. 이렇게 공유된 메시지는 미국을 넘어 전 세계의 Z세대에게 전파되었고, 어려서부터 동질감이 클 수밖에 없는 여건에서 자라난 Z세대가 기성세대는 쉽사리 이해하기 어려운 BLM 시위를 세계 각국에서 주도한 것이다. 전 세계의 Z세대는 이미 글로벌 시민으로 성장하고 있다.

Z세대에 바라는 작은 소망

나는 우리나라 미래의 상당 부분이 Z세대 혹은 그다음 알파세대가 진정한 글로벌 시민으로 성장하도록 돕는 것에 달려 있다고 생각한다. 인구학적으로 볼 때 우리나라 Z세대의 가장 큰 특징은 초저출산 현상이 시작되어 한 해에 태어난 아이의 수가 베이비붐 세대의 절반에도 미치지 못하는 40만 명대에 머물렀다는 것이다. 그렇다면 이상하지 않은가? 숫자가 적어 규모의

〈도표 2-10〉 전 세계 생산가능인구 중 Z세대의 비중 추계(2020~2040)

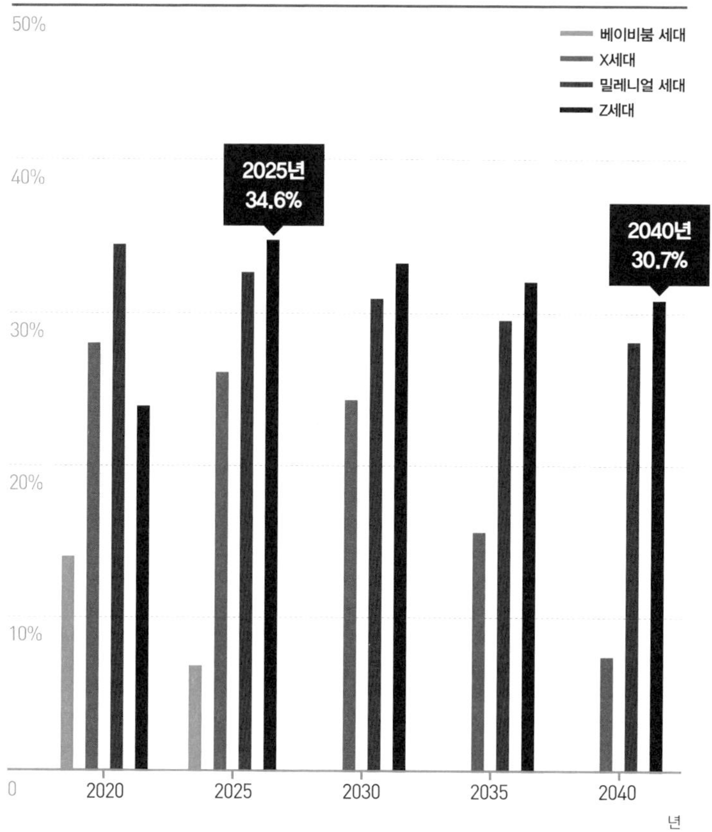

경제도 만들지 못할 것으로 보이는 Z세대에 우리나라의 미래가 달려 있다니? 그냥 '후속세대에 미래가 달려 있다'는 흔한 수사를 늘어놓는 것 아닌가 하고 의심의 눈초리를 보내는 독자들이 있을 것도 같다.

결코 그렇지 않다. 우리나라의 Z세대는 인구의 크기로만 보면 매우 작다. 하지만 글로벌 시민으로 성장하는 Z세대를 우리나라의 맥락에서만 보면 안 된다. 〈도표 2-10〉에서 보듯 2025년부터 Z세대는 세계 노동시장에서 가장 큰 인구집단이 된다.[19]

이전 세대와 달리 지구적으로 공유하는 문화와 가치관에 교육수준도 높고 규모도 크다는 것은, 미래에 우리나라뿐 아니라 전 세계가 Z세대가 만들어놓을 새로운 노동과 부가가치의 영향을 받게 될 것임을 시사한다.

우리가 Z세대의 교육과 앞으로의 활약에 주목해야 하는 이유가 바로 이것이다. Z세대는 진정한 글로벌 시민으로 자라나야 하고, 그들이 세상의 중심이 될 2040년에는 우리나라를 넘어 전 세계에서 활약할 수 있는 인재로 키워내야 한다. 그래야만 축소될 것이 거의 분명한 우리나라 시장에 그들이 갇히지 않고, 세계에서 활동하며 더 큰 가치를 만들어낼 수 있다. 그리고 그 결실은 Z세대만이 아니라 우리 모두가 향유하게 될 것이다.

전 세계의 동년배들과 함께 교육받고 토론하고 문제해결을 위해 노력할 수 있는 교육 플랫폼을 마련하고, 그곳에서 마음껏 뛰어놀게 해주어야 한다. 이것이 공교육이 글로벌 세대에게 해주어야 할 의무이고, 동시에 우리나라의 미래를 지속 가능하게 하는 길이다. 물론 우리가 강요하지 않더라도, 세계적인 흐름 속에서 Z세대나 알파세대는 이렇게 클 것이다.

만약 본인이 Z세대이거나 자녀가 Z세대 또는 알파세대라면, 한번 스스로에게 물어보자. 본인 혹은 자녀가 기성세대의 성공 가치관에 갇혀 있는지 아니면 글로벌 사회에서 활약할 인재로 꿈을 키우고 있는지. 그리고 혹시라도 교육부 관계자가 있으시다면 한번 점검해주시길 간곡히 부탁드리고 싶다. 우리의 공교육은 글로벌 세대를 글로벌하게 육성할 준비를 하고 있는지. 이것이 인구는 줄어도 더 큰 가치를 만들어내는 가장 확실한 미래 기획이다.

7

2020년대에는 어떤 가구가 대세일까?

Z세대를 마지막으로 열띤 세대 이야기는 마무리되었으니, 다시 가구 세그먼트에 대한 이야기로 돌아가자.

인구 수는 줄지만, 가구는 분화되어 그 수가 늘어난다는 것을 이제 알았다. 그리고 가구 세그먼트를 통해 다양한 가구가 존재한다는 것도 알았다. 가구 세그먼트를 이루는 요소 중 가구주의 '세대'에 대해서도 이해했다. 이제는 가구 세그먼트를 활용해 인구학이 어떻게 미래의 시장을 좀 더 정밀하게 바라보고 기획하는지 알아보자.

시장에서 세대에 따라 얼마나 다른 방식의 소비행태를 보이는지는 따로 설명할 필요가 없을 것이다. 그런데 여기서 하고 싶은 이야기는 세대 구분으로만 그쳐서는 안 된다는 것이다. 나는 앞에서 같은 세대 내에서도 자녀가 있는지, 혼인했는지에 따라 라이프스타일이 달라지는 것을 예를 들어 강조했다.

실제로 최근 들어 많은 기업이 세대만 보아서는 오류가 많다는 한계를 인지하고 가구 특성을 적극적으로 받아들이고 있다. 이것은 인구통계 데이터만 있으면 분석 가능한 데다, 국내뿐 아니라 세계 어느 시장도 이러한 방식으로 분석할 수 있다는 장점이 있다.

그렇다면 인구는 어떻게 미래를 예측할까? 전작《정해진 미래 시장의 기회》에서 이미 언급했던 좌표평면 도구가 하나 있다. 바로 '렉시스 다이어그램'이다. 〈도표 2-11〉과 같은 좌표평면 그래프를 인구학에서는 연도와 연령을 대입하여 '렉시스 다이어그램'이라 부른다. 어떻게 해석하는지 잠깐 살펴보자. 먼저 가로축은 '연도'다. 예컨대 가구주 연령이 30대인 가구가 해가 바뀜에 따라 늘어나는지 줄어드는지 볼 때에는 이 축을 따라 분석한다.

세로축은 같은 시점의 '연령'이다. 여기에선 가구를 대입했으니 가구주의 연령이 되겠다. 이 세로축은 같은 연도에 서로 다른

〈도표 2-11〉 렉시스 다이어그램으로 본 가구 세그먼트 변화

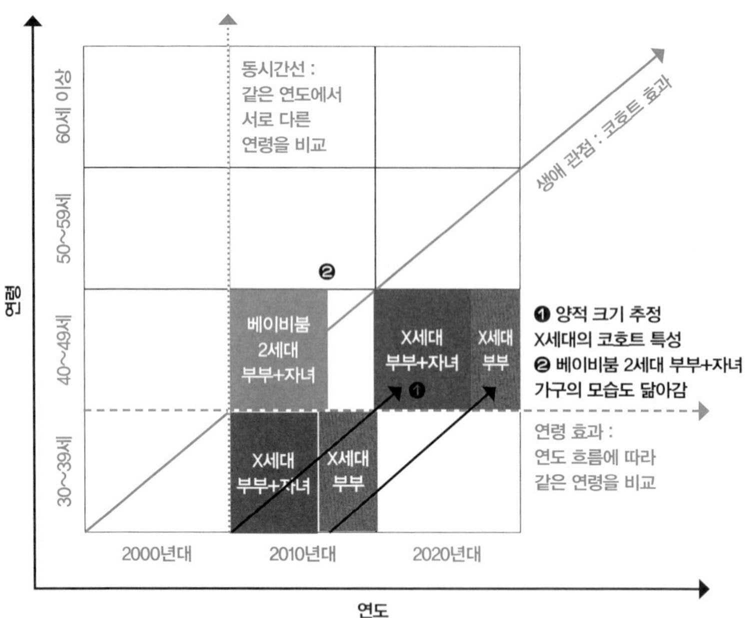

가구주의 연령을 비교할 때 사용한다. 예를 들어 2020년 가구주 연령이 20대, 30대, 40대, 50세 이상 중 어느 가구에서 자동차 구매가 가장 많이 이루어졌는지를 관찰하는 것은 이 축을 따라 분석하는 것이다.

마지막으로 대각선을 보자. 2010년 30대였던 X세대의 가장(남 혹은 여)은 2020년 40대 가장이 되었을 것이다. 참고로 2010년의 40대 가장은 베이비붐 2세대였다. 그렇다면 2010년의 40대 가장과 2020년의 40대 가장의 모습은 같을까? 나이는 같아

도 세대가 다른데? 이런 질문을 하는 관점이 바로 대각선을 따라서 생각하는 코호트(cohort) 관점이다.

바로 앞의 질문에 대한 답은 '그럴 수도 있고, 아닐 수도 있다'이다. 2020년 40대가 된 X세대의 모습은 대한민국 40대라면 갖게 되는 연령 특성, 본인의 세대가 가지고 있는 고유한 세대 특성과 2020년이라는 시대적 특성이 결합해 나타날 것이다. 이 중에서 아이를 둔 부모로서의 모습은 베이비붐 2세대가 40대에 보였던 삶의 궤적과 어느 정도 닮아 있을 것이다.

물론 이런 생각이 드는 분도 있을지 모르겠다. 2020년이나 2030년 당시 연령을 기준으로 세그먼트를 하면 더 간단히 시장을 볼 수 있는 것 아니냐는 생각 말이다. 실제로 이런 방식으로 시장분석을 해왔다. 그런데 어느 시대에 누가 주인공인지를 미리 안다면 더 나은 기획을 할 수 있지 않을까? 연령 특성에 세대 특성이 더해진 만큼 더 정확한 미래 소비시장 예측이 가능한 것은 물론이고 말이다.

렉시스 다이어그램으로 하는 분석의 장점은 세대별 코호트의 대각선을 따라가다 보면 소비의 관성이 어디까지 지속될지 예측할 수 있으며, 나아가 그 규모도 알 수 있다는 것이다. 렉시스 다이어그램 위에 올려진 가구 세그먼트의 미래 모습 또한 마찬가지 방법으로 예측할 수 있다.

주인공 가구가 바뀐다, 그리고 다양해진다

〈도표 2-12〉는 이러한 과정을 통해 도출한 14개의 가구 세그먼트 추계 결과를 2020년과 2030년만 나타낸 것이다. 가구주 연령이 어느 세대인지 보면 앞으로의 가구별 세그먼트 변동을 추계해낼 수 있다. 예컨대 도표에서 Z세대 1인 가구가 증가한다는 것은 앞으로의 비혼 비중을 감안하여 산출한 것으로, 통계청 자료를 토대로 서울대 인구학연구실에서 가공하여 다시 만든 것이다. 자랑이지만 이런 작업은 인구학자들만의 전매특허라 생각한다.

도표를 보면 2020년과 2030년의 주인공 가구가 바뀌는 모습이 보인다. 그러나 2030년에는 2020년의 '베이비붐 2세대 3인 이상 가구'처럼 압도적인 가구 수를 자랑하는 세그먼트는 없다.

이 중 1인 가구부터 한번 살펴보자. 요즘 1인 가구가 시장에서 대세라고들 한다. 각종 소비재는 물론이고 주거 형태, 먹거리 등도 1인 가구를 겨냥하고 있다. 이렇게 1인 가구용 시장이 성장한 것은 단순히 1인 가구가 늘어났기 때문만이 아니라 실제로 1인 가구들이 그런 소비를 해주고 있기 때문이다. 그러면 현재 1인 가구용 시장을 견인하는 이들은 과연 어느 연령대가 가장 많을까?

많은 이들이 알고 있듯이 급속도로 증가하는 1인 가구의 중심

〈도표 2-12〉 2020년과 2030년 가구 세그먼트 변화

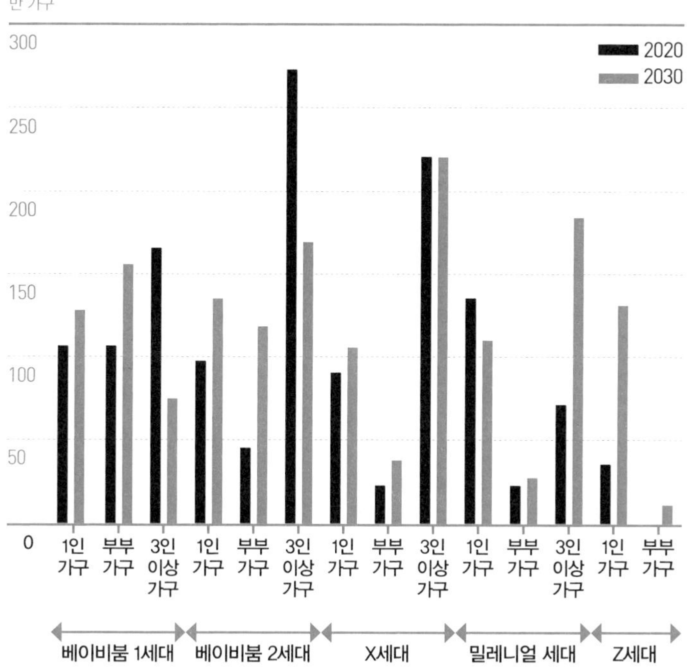

에는 고령인구가 있다. 그러나 과연 고령인구가 1인 가구용 소비시장을 주도할까? 그분들보다는 아무래도 상대적으로 Z세대, 밀레니얼 세대, 젊은 X세대가 1인 가구 시장을 주도하고 있을 것이다.

게다가 누구나 젊게 살고 싶은 욕망이 있는데, 혼자 사는 이들은 이 욕망을 마음속에만 담아두지 않고 (아이를 낳고 키우는 가구에 비해) 실현할 가능성이 크다. 그렇다면 연령과 함께 소득이 올

〈도표 2-13〉 세대별 1인 가구의 변화(2020~2030)

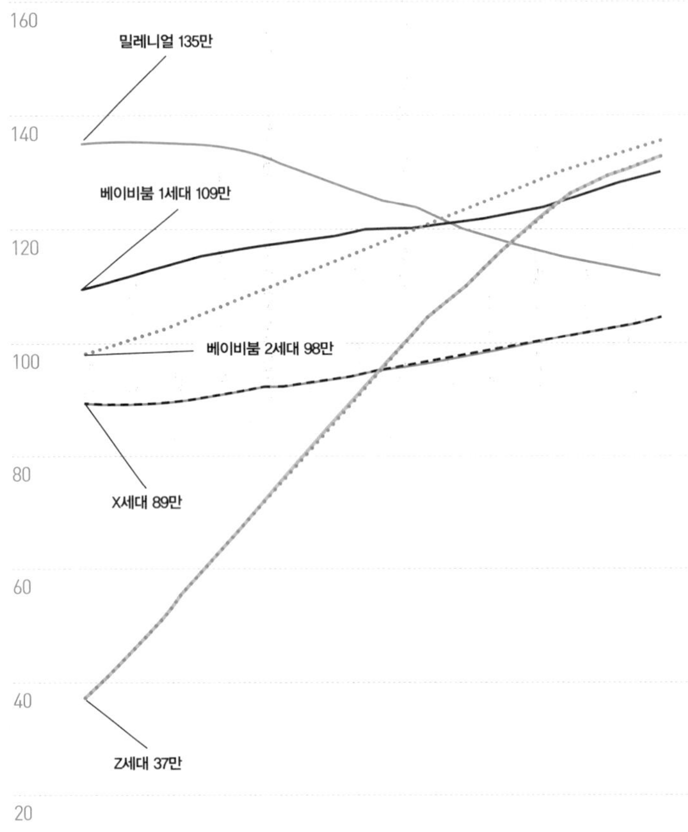

라가는 밀레니얼과 젊은 X세대 1인 가구는 꽤 오랜 기간 소비 시장에서 큰손으로 작용할 것이다. 〈도표 2-13〉에서 보면 2020년 약 135만 가구인 밀레니얼 1인 가구는 2025년 126만여 가구, 2030년 약 112만 가구로 다소 줄어들 것으로 추계된다. 만약 머릿속에 1인 가구를 대상으로 하는 정책을 설계하고 있다면, 혹은 제품을 설계하고 있다면 이 추세에 맞게 상상해보시라.

이번에는 다인 가구의 변화다. 최근까지만 해도 시장에서 가장 주목받던 가구 형태는 3명 이상이 사는 다인 가구였다. 40대 혹은 50대의 전형적인 삶을 머리에 그려보면 바로 떠오르는 이미지가 부모와 한두 명의 자녀로 구성된 가구다. 요즘에는 1인 가구가 워낙 대세이다 보니 시장에서도 또 공공의 영역에서도 1인 가구를 대상으로 한 상품과 정책이 봇물 터지듯 쏟아지고 있다. 그런데 앞서 〈도표 2-12〉에서 보듯이 가장 빈도가 높은 가구 형태는 여전히 3인 이상의 다인 가구다. 세대별 다인 가구의 변화를 보여주는 〈도표 2-14〉에는 요즘 가장 '핫'하다는 밀레니얼 1인 가구가 비교를 위해 포함되어 있는데, 2020년의 위치를 봐도 베이비붐 1세대, X세대 그리고 베이비붐 2세대 다인 가구에 비해 아래에 있다. 특히 〈도표 2-14〉에 표시된 베이비붐 1세대(3인 이상) 가구는 현재 자녀(대부분 밀레니얼 세대)와 함께 사는 가구를 나타낸 것이다. 그 수는 점차 줄어들지만, 그래도 생

〈도표 2-14〉 세대별 3인 이상 가구의 변화(2020~2030)

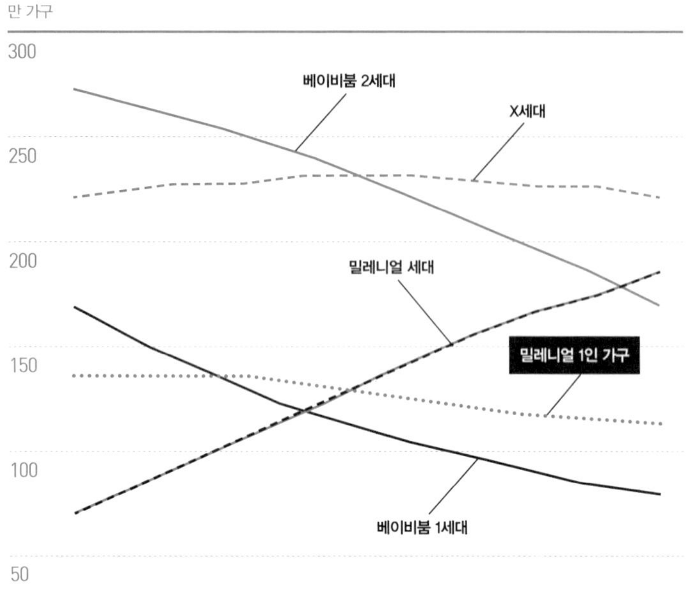

각보다 많은 밀레니얼 세대가 부모와 함께 거주하고 있음을 알 수 있다.

당연히 다인 가구는 1인 가구에 비해 소비 지출이 많다. 그리고 우리에게 익숙한 가구 형태인 만큼 트렌드에 민감하기보다는 꾸준하다.

〈도표 2-15〉 세대별 부부가구의 변화(2020~2030)

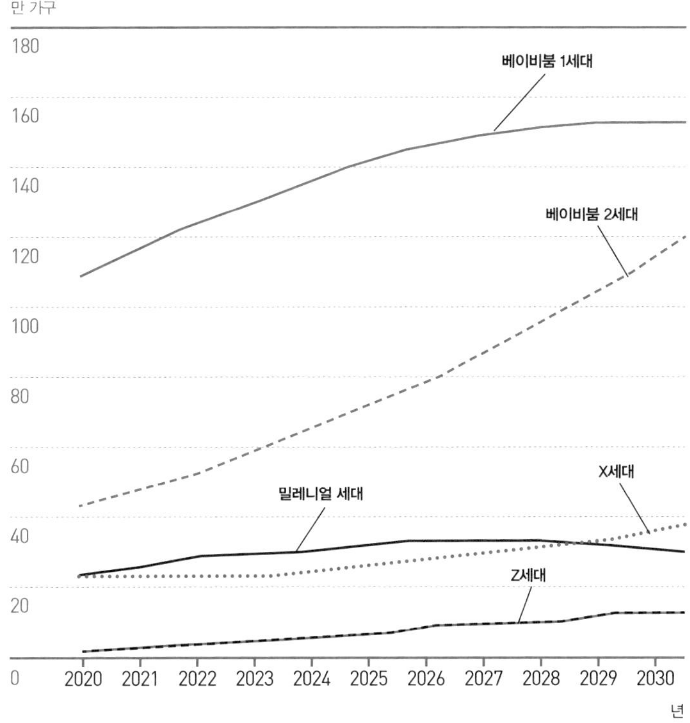

부부 가구도 한번 살펴보자. 〈도표 2-15〉는 세대별 부부 가구의 현재와 미래 빈도가 어떻게 바뀌는지 보여주는데, 현재는 물론이고 앞으로도 압도적으로 많은 부부 가구는 베이비붐 1세대다. 한편 앞으로 10년간 비약적으로 그 수가 증가하는 부부 가구는 베이비붐 2세대다. 2021년 약 48만 가구였던 이들은 2030년까지 기하급수적으로 늘어나 120만 가구가 된다.

베이비붐 1세대와 2세대가 부부 가구로 산다는 것은 자녀가 처음부터 없었다기보다는 분가했을 가능성이 크다. 자녀가 분가한 이후의 라이프스타일은 바뀐다. 주된 소비형태도 바뀐다. 당장은 아니어도 주거지의 변화도 생길 가능성이 크다. 이미 살고 있던 공간에도 변화를 시도할 것이다. 이들의 크기 변화는 시장에서도 중요하지만 공공영역에서도 매우 중요하다. 단순히 연령 때문만이 아니라 자녀가 분가한 뒤 부부만 사는 이들의 삶의 질은 지역사회와 밀접히 연결되기 때문이다.

이처럼 가구 세그먼트는 사람들이 어떤 모습으로 일상을 영위하는지 알려주는 매우 유용한 이정표다. 게다가 현재는 물론이고 앞으로의 변화 방향과 규모를 양화하여 알려줄 수도 있다. 시장에서도 공공영역에서도 가구 세그먼트에 대한 이해가 필요한 이유다. 게다가 이 가구 세그먼트는 지역별로도 추계가 가능하다.

실제로 얼마 전에 선보인 어느 신혼가전 브랜드는 혼인건수가 급락한 2020년에도 승승장구하며 시장에서 확실히 자리매김했다. 앞서 설명한 대로 최근 결혼하는 이들의 사회경제적 특성에 딱 들어맞는 세련된 고급 컨셉이 주효했다. 신혼부부들의 양적 특성에만 연연하지 않고 라이프스타일 특성이 뭔지 파악해 대안을 찾은 덕분이다.

나아가 이들은 앞으로 우리나라의 가구 다양성에 주목하여 신혼부부만 바라보지 않고 1인 가구, 딩크족 등으로 시야를 넓혔다. 또한 대도시 1인 가구, 3인 가구와 같이 다양한 가구 유형을 지역별로도 타깃으로 정하고, 각각의 라이프스타일이 어떠하며 어떤 소비를 하는지 살펴서 그에 맞는 광고를 내보내 성과를 거두었다.

인구와 가구 변동을 함께 보아야 하는 이유

이처럼 시장에서는 전체적인 가구 규모 혹은 각 세그먼트가 언제 얼마나 늘어나는지를 예측하면서 기존의 전략, 재화 혹은 서비스가 언제까지 유효할지 판단할 수 있다. 이는 환경에 적응하며 기획하는 영역에 가깝다. 그렇다면 공공의 영역에서는 가구 세그먼트의 변화에 어떻게 접근해야 할까?

정책 영역은 인구를 환경적 요소로만 보긴 어렵고, 서로가 상호작용하는 영향력이 매우 큰 편이므로 여러 면을 함께 고려해야 한다. 예컨대 고령 1인 가구의 증가가 두드러지는 지역에서는 안전 및 보건의료 서비스 접근에 대해 한층 더 고려해야 할 것이다. 가구 분화가 거의 완료된 연령대를 관찰해, 이를 토대로 후속세대는 언제 고령 1인 가구가 되며 그 규모는 얼마나 될는지 정교하게 예측하면서 정책을 설계하는 것도 가능할 것이다.

이 또한 환경 변화에 따른 적응의 영역이다.

그런데 잘 생각해보면 청년 1인 가구 증가는 맥락이 다르다. 청년 1인 가구는 평생 1인 가구로 살아갈 수도 있고, 결혼을 해 2인 가구가 될 수도, 아이를 낳아 3인 가구가 될 수도 있다. 가구의 확장성이 있고 선택지가 다양하다. 지금의 현상만 놓고 보면 청년 중에서 밀레니얼 1인 가구가 압도적인 것처럼 보이고, 이들은 직장 근처의 작은 주거환경을 원하는 것처럼 보이지만, 이것이 전부가 아니라는 것이다. 그러니 청년들을 위한 주거환경을 고민할 때에는 현재만을 기준으로 삼아서는 안 되며 이들이 미래 도약을 할 수 있도록 기획해야 한다.

지금까지 한국사회는 인구도 가구도 증가해온 규모의 경제 패러다임을 살아왔다. 이제부터는 인구는 줄어드는데 가구는 늘어나고, 가구 내부에서도 소위 '대장주'가 바뀌는 상전벽해가 일어나며 다양성의 경제 시대로 들어서게 될 것이다. 현재 대세인 가구 세그먼트는 연령이 높아지며 삶의 궤적만 바뀌는 것이 아니라 규모도 달라질 것이다. 그런데도 인구변화를 수(數)로만 본다면 미래에 필요한 전략을 마련할 수 없다. 게다가 수로만 보면 2030년까지 우리나라는 그리 큰 변화가 없을 것이라는 결론에 도달할 텐데, 이 결론은 매우 편협하다는 것을 우리는 이미 알고 있다. 그러므로 인구집단마다의 정성적 특성과 가구변동에 대한 이해가 반드시 필요하다.

이렇게 인구를 자세히 살펴보고, 변동을 고려해서 무언가를 해석하는 것이 말하자면 인구학적 관점이다. 현상이든 정책이든 사회구조든, 인구에 중점을 두어 바라보는 것이다. 특히 우리나라처럼 인구가 주요 변수인 경우라면 인구와 가구변동이 우리 사회와 시장을 어떻게 바꿀지 예측하고, 어떻게 대비할지 고민해야 한다. 인구학적 관점을 가짐으로써 우리는 인구변화, 인구현상, 인구 역동성을 융합해 사회구조와 우리 개개인의 삶에 적용할 수 있다.

인구학은 본질적으로 '균형의 학문'이다.

인구든 자원이든 어느 한쪽으로 치우치게 되면

사회적 항상성이 훼손돼 여러 사회문제의 원인이 된다.

한 해에 거의 90만~100만 명씩 태어났던 베이비붐 세대에 비해

2000년대 들어 절반도 되지 않는 40만 명대가 태어났다가

급기야 2020년부터 20만 명대가 태어나는 현재 상황은

사회의 항상성이 위태로운 최악의 불균형 상태라 할 수 있다.

이 불균형 상태에서 균형과 공존이 가능하려면

어떤 인구 기획이 필요한가?

3부에서는 청년과 중장년, 미래세대에

긴급한 처방이 무엇인지 생각해보고자 한다.

PART 3.

Coexistence

[공존]

인구의 균형과 지속가능성을 위하여

우리에겐 아직 기회의 창이 열려 있다

1

인구에 대한 언론의 관심이 지금보다 더 컸던 때가 있었을까? 아마도 과거 산아제한을 강력하게 추진할 때 정도가 아닐까 싶다. 많은 기성세대가 지금도 산아제한 포스터와 캠페인 메시지를 기억할 만큼 그때의 관심은 대단했다. 그래도 매달 통계청이 출생아 수를 집계해서 발표하고, 그때마다 언론에 대서특필되는 지금보다는 못할 것 같다.

오늘의 한국사회가 인구현상에 이처럼 지대한 관심을 보이는 이유는 최소한 두 가지다. 하나는 초저출산 현상으로 태어나는 아이의 수가 자꾸 줄어들기만 하니 어느 순간 한반도에서 한국인이 사라질 것이라는 두려움이고, 다른 하나는 인구 자체보다는 인구가 줄어서 경제가 어려워질 것 같은 불안감이다.

합계출산율이 워낙 낮은 상태로 오래 지속된 데다 반등할 가능성도 별로 없다고 할 때, 우리나라에서 마지막 한국인이 태어나고 그 사람이 사망하는 일은 약 2600~2700년쯤 발생할 것으로 예상된다. 물론 산술적인 예측일 뿐 실제로 그렇게 될지 아닐지는 아무도 모른다. 한국이 사라지는 일이 없도록 지금 당장 인구정책이 필요하다고 말하는 분들을 나는 많이 만나보았다. 나라의 미래를 걱정하는 애국심을 충분히 이해는 하지만 그분들의 말씀에 그리 공감하지는 않는다. 나는 물론이고 내 아이들도 다 사망하고 난 700년 뒤의 일을 지금부터 걱정하는 건 그리 현실적이지도 합리적이지도 않기 때문이다. 인구학자로서 인구현상에 관심 가져주시는 것은 감사하지만, 700년 뒤에 일어날지도 모르는 일 때문에 인구정책을 하자는 주장에 동의하기는 쉽지 않다.

그러므로 오늘날 한국사회가 인구에 관심 갖는 좀 더 타당한 이유는 두 번째, 즉 인구가 줄어 경제가 악화될 거라는 두려움이라 하겠다. 한국전쟁 이후 압축성장을 하는 과정에서 인구도 함께 성장해왔으니, 심각한 초저출산은 필연적으로 인구감소를 촉발하고, 실제로 2020년부터 인구가 줄기 시작했으니 앞으로 우리나라 경제가 점점 나빠질 거라고 걱정하는 것도 어찌 보면 자연스럽다.

그럼 정말로 우리 경제는 인구감소와 함께 나빠질 일만 남았을까?

인구와 경제 간의 관계는 인류 역사와 함께해온 인구학이나 경제학의 오랜 논쟁 주제다. (부록에서 이 논쟁에 대해 자세하게 다루었다.) 인구감소가 경제 상황을 악화시킨다고 믿는 관점은 경제는 기본적으로 사람의 머릿수에 따른다고 보는 인구결정론에 가깝다. 반대로 인구가 줄어든다고 필연적으로 경기침체가 오는 것은 아니라고 보는 관점은 경제를 구성하는 여러 조건 가운데 하나로 인구를 고려한다.

나는 아무래도 인구학을 공부하는 사람이니만큼 경제는 물론이고 사회 전반에 인구가 차지하는 비중이 크다고 여기는 인구결정론자에 가깝다. 하지만 그렇다고 해서 우리나라 인구가 감소세에 접어들었으니 경제도 즉각적으로 나빠질 거라고만 생각하지는 않는다. 그 이유는 우리가 받고 있는 인구배당이 인구가 감소한다고 곧바로 줄지 않고 최소한 2020년대까지는 유지될 것이라 보기 때문이다.

지금도 인구배당은 계속된다

나는 《정해진 미래》에서 인구오너스(demographic onus)와 인구보너스(demographic bonus) 그리고 인구배당(demographic dividend)의 개념을 소개했다. 다시 한 번 간단히 정리하면 이렇다. 인구는 생산도 하지만 자원을 소비한다. 자원의 양은 일정한데 자원을 소비하는 사람이 너무 많으면 인구는 경제에 부담이 된다. 인구오너스 상황이다. 반대로 자원을 만들어낼 수 있는 사람이 많으면 경제는 성장하게 된다. 흔히 말하는 생산가능인구, 즉 일하는 사람이 많으면 경제에 도움이 되는 것이 일반적이다. 인구보너스를 받게 되는 때다.

여기서 일하는 사람이 많기만 한 게 아니라 그들이 잘 교육받고 건강도 좋아 한 명 한 명이 만들어내는 부가가치의 양이 크게 늘어난다면 경제성장에 그야말로 금상첨화다. 교육과 건강 등 인적자원 개발에 잘 투자한 결과라는 측면에서 이때는 인구배당을 받는다고 한다. 이 때문에 인구배당은 인구와 경제성장의 관계를 설명할 때 빼놓을 수 없다.

보너스와 배당은 비슷한 것 같지만 다르다. 보너스는 인구의 양적인 측면을 강조한 것이고 배당은 인구가 건강하고 교육을 잘 받았다는 인적자원으로서의 측면을 강조한다. 사람들이 전반적으로 건강하고 교육수준도 높은 것은 하늘에서 저절로 떨어진 선물이 아니다. 사회가 의료보험 같은 제도도 만들고 금연 프로그램 같은 보건정책도 만들어 사람들이 건강하게 오래 살 수 있는 환경을 조성하고자 노력해야 하고, 더 많은 이들이 양질의 교육을 충분히 받을 수 있는 제도와 정책을 만드는 데 끊임없이 투자해야 간신히 얻을 수 있는 결과다.

일반적으로 때 되면 받는 보너스보다는 성공 투자로 얻게 되는 배당의 액수가 훨씬 크다. 인구도 마찬가지다. 우리나라가 전후 100년도 안 되어 이만큼 잘살게 된 것도 배당률 높은 인구 투자에 성공한 덕분이다. 덕분에 두둑한 배당금을 받을 수 있었다. 그것도 두 번이나.

우리나라는 1980년대만 해도 기대수명이 65세가 되지 않았다. 부양할 노인인구가 적었으니 그때는 국가 예산이 주로 아이들에게 들어갔다. 아이가 많으면 국가 성장의 속도가 둔화된다는 논리의 근거가 바로 이것이다. 하여 저개발국가에선 경제성장을 위해 아이를 적게 낳아야 한다는 근거로 작용하였다. 그러나 이것은 1990년까지의 이야기다. 지금의 상황은 다르다.

최근 나는 연구실 학생들과 함께 아시아 19개국을 대상으로 1985~2015년까지 30년간 1인당 GDP가 인구의 어떤 요소들에 영향 받았는지 분석해보았다.[20] 이때 고려한 인구 요소는 합계출산율, 총인구, 유소년 인구 비율, 고령인구 비율, 주요생산인구

비율, 주요생산인구의 평균 교육기간, 영유아 사망률 등이었다.

분석의 정확성을 높이기 위해 한 가지가 아니라 여러 가지 다른 통계방법을 활용해 분석해보니, 어떤 방법에서는 1인당 GDP와 관련 있는 것처럼 보였지만 또 다른 방법에서는 1인당 GDP와 관련이 없는 것으로 나타난 변수들이 더러 있었다. 특히 총인구 수가 그러한 변수였다. 게다가 그동안 많은 연구에서 합계출산율이 낮을수록 1인당 GDP가 높아지는 것으로 알려졌는데, 통계분석 방법을 바꾸면 반드시 그렇지는 않을 수 있다는 것도 나타났다. 그런데 모든 통계분석에서 변함없이 1인당 GDP를 높인 것으로 나타난 변수가 있었다. 바로 주요생산인구의 비율과 그들의 평균 교육기간이었다. 인구배당 개념에 정확히 부합하는 변수들이었다.

이 연구의 결론은 우리나라의 경제발전을 떠올리면 쉽게 이해될 수 있다. 최빈국이던 우리나라가 선진국 대열에 들어서게 된 원동력으로 항상 꼽히는 것이 바로 엄청난 교육열이다. 1960~70년대에 가정에서도 나라에서도 교육에 모든 것을 쏟아부어 투자했고, 그때 어린 시절을 보낸 베이비부머는 고등교육을 받은 고급인력이 되어 한국의 경제성장을 견인했다. 우리가 익히 알고 있는 사실이다.

그런데 우리가 그 후 한 번의 배당을 더 받았다는 사실은 잘 알려지지 않았다. 심지어 인구배당의 정의에 부합하는 진정한 투

〈도표 3-1〉 한국의 생산인구 대비 부양인구 추이(1970~2030)

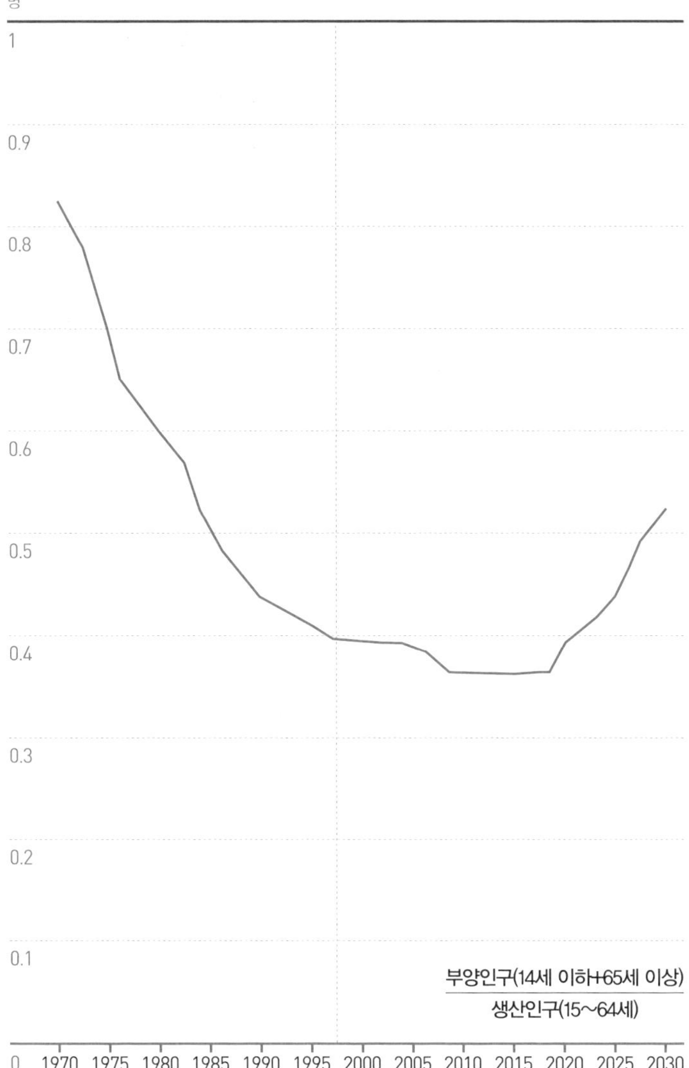

자배당금을 받은 것은 우리가 잘 몰랐던 두 번째 경우다. 우리나라가 과거 성장해온 국면과 인구구조를 떠올려보면 알 수 있다.

〈도표 3-1〉은 생산인구 대비 부양인구의 변화를 보여준다. 보다시피 부양인구는 1970년대부터 급격히 줄어들어 1997년에 0.4까지 떨어졌다. 그리고 알다시피 1997년 IMF 외환위기 이전까지 우리나라 경제는 급격히 성장했다. 경제는 발전하고 부양인구는 줄어드는 인구배당을 받은 것이다. 이것이 우리가 아는 1차 배당인데, 도표에서 알 수 있듯 부양인구 급감이 크게 기여한 구간이니 배당 못지않게 보너스 측면이 강했던 것도 사실이다.

그 뒤로 악몽 같은 외환위기가 닥쳤다. 없었으면 더 좋았겠지만 자본주의 체제에서 경제위기는 피할 수 없다. 우리에게 불행 중 다행이었던 것은 외환위기가 늦지도 이르지도 않게 딱 1997년에 왔다는 사실이다. 생산인구 대비 부양인구가 많을수록 기본적으로 지출되는 돈이 많은데, 그때 우리나라의 부양인구는 매우 낮았다. 베이비붐 세대가 1980년대부터 생산인구로 들어오기 시작해 1997년 즈음 생산가능인구가 굉장히 커졌다. 그것도 30~40대 젊은 인구가 대거 늘었으니 국가적으로는 불행 중 이런 다행이 없었다. 다른 나라의 예상을 깨고 우리가 단기간에 외환위기를 극복했던 이유는 여러 가지가 있겠지만, 인구학적 측면에서는 이것이 무척 중요한 요인이다.

외환위기 후 우리나라 경제는 다시 성장을 이어가고, 동시에 부양의 대상인 고령인구 비중이 빠르게 늘고 있다. 그럼에도 오늘날 한국인의 삶의 질이 과거 1990년대보다 좋아진 이유는 어디에 있을까? 2차 배당을 받고 있기 때문이다.

단순히 인구의 크기를 늘리기보다 양질의 인적자원을 양성함으로써 자본축적이 이루어지고, 여기에 더해 배당까지 받는 게 현재 우리나라의 모습이다. 우리나라의 교육열은 여전히 세계 최고이고, 특히 대학교육을 받은 이들이 많다. 설령 공교육에 불만을 느낄지언정 중학교까지 나라가 배움을 보장하고, 가정에서는 그걸로 성에 안 차 사교육에 돈을 쓴다. 개인적으로는 이렇게 투자해도 별다른 보상이 없다고 생각할지 모르지만, 나라 전체로 보면 지금 이 순간에도 엄청난 인구투자를 하고, 또 인구배당으로 돌아오고 있는 셈이다.

나는 이렇게 시작된 우리나라의 인구배당이 지금까지 이어지고 있으며, 이미 인구감소가 시작되었지만 2020년대 말까지는 그래도 배당의 효과가 지속될 것으로 본다. 일하고 소비하는 사람은 줄어드는 와중에 부양받아야 할 고령인구가 빠르게 늘어나는 것은 사실이지만, 우리가 지금까지 교육을 통해 투자해둔 인구의 질적인 특성이 양적 축소가 경제에 가져올 부정적인 효과를 적어도 2020년대 말까지는 충분히 상쇄할 수 있다는 말이다.

그 근거는 2020년대까지 노동시장에서 활동할 50대들의 높은 교육수준이다. 교육수준이 다는 아니겠지만 그래도 노동생산성은 물론이고 건강 수준, 합리적인 의사결정 등 인구의 질적인 측면과 두루 관련이 깊은 것은 분명하다. 국민 모든 연령대의 교육수준을 확인할 수 있는 가장 최근 통계인 2015년 인구센서스에 따르면 당시 50~54세, 즉 2020년에 55~59세가 되어 노동시장의 끝자락에 있을 한국인은 남녀를 합해 414만 명 정도였다. 이들 가운데 전문대학 졸업(휴학이나 중퇴가 아니라 졸업장을 받은 경우만 쳐서) 이상의 학력을 가진 사람이 59.4%, 4년제 대학 졸업(역시 진짜 졸업이다) 이상의 학력을 가진 사람이 30.0%였다. 이 연령대에 이만큼의 교육수준을 보이는 나라는 흔치 않다.

2025년에는 55~59세 인구가 420만으로 오히려 늘어나는 데다 이들 중 전문대학 졸업 이상 비율은 74%, 4년제 대학 졸업 이상 비율은 36%가 넘을 전망이다. 2030년에 이 연령대에는 약 415만 명이 있게 되는데, 이들 중 전문대학 졸업 이상의 학력을 가진 사람은 89%, 4년제 대학 졸업 이상의 학력을 가진 사람은 42%에 육박할 것이다.

이처럼 퇴직 직전 인구의 수는 거의 변화가 없는데 교육수준은 지금보다 크게 높을 것이 이미 정해진 사실이다. 어떤가? 우리나라의 인구배당이 그래도 2030년까지는 지속되리라는 나의 전망이 타당하지 않은가?

지금부터 3차 배당을 준비하자

그럼 그 뒤는 어떨까? 초저출산 현상이 계속될 것이 확실시되고 인구고령화 속도가 더 빨라질 2030년대 대한민국에서 3차, 4차 인구배당을 기대할 수 있을까?

우리보다 경제성장과 인구변동을 먼저 겪은 일본의 사례가 힌트를 줄 수 있을 것이다. 현재 일본의 고령인구는 전체 인구의 25% 이상이고, 우리나라도 2030년대에 그렇게 될 것이다. 그때 우리나라 경제는 어떻게 될까? 우리나라 인구의 현주소는 일본의 약 10년 전과 비슷하니 현재 일본의 상황 정도로 예상하면 될까? 안타깝지만 지금처럼 가면 우리나라의 2030년대는 오늘의 일본만큼 되지 못할 가능성이 크다.

왜 그런지 먼저 인구변동에서 이유를 찾아보자. 두 나라 모두 베이비붐 시기가 있었고 저출산 고령화 문제를 겪고 있다는 점은 같다. 그러나 세부적으로는 커다란 차이를 보인다. 우선 한국의 베이비붐 시기는 일본보다 훨씬 길었다. 베이비붐 세대 인구와 후속세대 인구 차이 또한 한국이 훨씬 크다. 이는 출생아 수 감소 속도가 일본보다 훨씬 빠르다는 뜻이며, 1부에서도 잠깐 언급했지만 한국의 고령화 속도가 일본보다 더 빠르다는 의미이기도 하다. 인구 구조상 한국이 일본의 지난 15년과 같은 길을 걷지 못할 것임을 알려주는 결정적 단서다.

인구구조 측면에서 이렇다고 하더라도 우리의 베이비부머는 교육수준이 높으니 생산성 측면에서는 문제없지 않을까 싶기도 하다. 나도 동감하는 편이다. 다만 나이를 먹으면서 거스를 수 없는 것이 있다. 바로 건강 문제다.

얼마 전 나와 연구실 학생들 그리고 연구원들과 함께 일본과 우리나라의 기대수명을 비교 분석해보았다.[21] 연구를 하게 된 배경은 의학 분야에서 최고의 권위를 자랑하는 학술지인 〈란셋(Lancet)〉에서 우리나라가 2030년대에는 전 세계에서 가장 오래 사는 국가로 기대된다는 연구가 최근 발표되었기 때문이다.[22]

연구는 1997년 대비 2017년의 기대수명 증가에 기여한 질환들을 각각 분석하고 비교해보는 것이었는데, 전반적인 결과는 일본과 비교했을 때, 60세 이상의 만성질환 관리는 잘되고 있다는 것이었다.

그런데 자꾸 눈에 밟히는 것이 있었다. 바로 알츠하이머, 호흡기 감염 질환, 낙상과 자해였다. 이 질환들만큼은 일본에 비해 관리가 덜 되고 있었다. 만성질환의 경우 젊은 사람에게도 나타나는 사망 원인이지만 알츠하이머, 호흡기 감염에 따른 사망, 낙상, 자해로 인한 사망은 그렇지 않다. 이는 우리가 아직은 고령사회에 덜 대비되었다는 것을 뜻한다. 고령화 속도는 일본보다 빠른데 말이다.

개인의 삶도 한번 보자. 주요 인구집단인 고령인구만 비교해도 일본과 크게 다를 것이 분명하다. 앞서 살펴본 인구변동 외에도 양국의 노동 및 복지 환경이 다르기 때문이다. 우리나라는 정년까지 오래 근무하는 사람의 비중이 일본보다 낮을뿐더러 퇴직금을 미리 받는 경우도 적지 않아, 노년 생활비가 부족할 가능성은 한국이 훨씬 높다. 게다가 한국은 현금자산이 적고 부동산 자산이 절대적이며, 그나마 대출을 잔뜩 끼고 있는 경우가 많다. 부채가 없는 자가주택에 퇴직금으로 2000만 엔을 쥐고 연금까지 받는 일본의 퇴직자들과는 사정이 사뭇 다르다.

물론 일본의 고령층 사정이 좋다고 해서 일본 경제에 문제가 없는 것은 아니다. 일본의 유명 경제전문가인 모타니 고스케(藻谷 浩介)[23]는 노인 부유층이 1400조 엔이라는 엄청난 자산을 노후를 대비해 저축하는 바람에 내수가 침체됐다고 이미 10여 년 전에 지적한 바 있다. 그러면서 고령자 자산을 청년층으로 이전하는 정책을 마련하라는 주장을 펼치기도 했다.

인구배당이 끝나는 2030년 이후에는 한국에서도 이와 비슷한 고민을 하게 될 확률이 높지 않을까? 경제활동인구가 대거 축소하고 고령인구는 많아지니 인구오너스를 막으려면 다양한 고민과 정책과 필요할 것이다.

생산인구의 감소를 늦추기 위해 어떤 정책이 필요할까? 2030년이 오기 전에 정년 연장을 해야 할까? 당장 외국인의 이민을 받아야 할까? 인구보다는 과학기술에 미래를 맡겨야 할까?

인구감소는 정해진 미래이지만, 인구는 숫자가 중요한 것이 아니라는 사실을 기억하자. 어떤 인구가 있느냐가 더욱 중요하다. 인적자원으로서의 인구에 투자한 덕분에 우리가 30년 이상 인구배당을 받을 수 있었음을 기억하자. 후속세대에 대한 투자를 게을리하지 않고, 동시에 고령사회에 대응하는 정책을 잘 만들면 침체를 막을 기회가 생길 수 있다. 인구배당이 끝나기 전에 또 다른 기회를 만들어야 한다. 나라든 기업이든 개인이든 마찬가지다.

여기서 말하는 또 다른 기회는 바로 공존의 전략을 세우자는 것이다. 프롤로그에서도 언급했지만 내가 이 책에서 말하는 공존은 서로 다른 인구집단이 자원을 활용해야 하는 시기를 달리해서 서로의 생존 가능성을 극대화하는 것이다. 서로 양보하며 자원을 동시간에 함께(그런데 나눠서 적게) 쓰는 상생의 개념이 아니다. 어떤 인구가 얼마나 있는지는 물론이고 그 수가 언제 어떻게 바뀌는지 예측이 가능하다는 인구학의 강점을 살려 공존의 전략을 세워보자.

이러한 관점에서 실버산업을 생각해보자. 고령인구는 사회보장제도에 압박을 주어 거시경제에 침체를 가져오리라는 견해가 일반적이지만, 반드시 그런 것은 아니라는 반론에서 나온 대안이 실버산업이다. 국가적으로 실버산업을 이야기하기 시작한 때가 2005년 저출산고령사회기본계획이 만들어졌던 시기였다. 그런데 한번 생각해보자. 지금까지 '뜬' 실버산업은 뭐가 있는지. '어?' 하는 독자들이 적지 않을 것이다. 특별히 생각나는 '뜬' 실버산업이 없다. 요양원이나 요양병원의 수는 늘어난 것 같은데? 맞다. 그런데 그것은 2008년 노인장기요양보호제도가 마련되면서 생기기 시작한 것이지 실버시장이 커지면서 형성된 것은 아니었다. 2005년에 80세 인구가 50만 명도 채 되지 않았고 2010년에도 90만여 명 정도였다. 시장을 형성하기엔 너무 적은 인구였다.

하지만 이제는 상황이 바뀌었다. 2021년부터 80세 이상 인구는 200만 명을 넘어서고 2030년에는 320만 명이 된다. 그때는 90세 이상 인구도 70만 명에 육박하고 2038년경 100만 명을 돌파한다. 이렇게 되면 실버산업은 커지지 않으려야 커지지 않을 수가 없다.

우리나라의 지속가능성을 높이고 모든 세대의 삶의 질도 높일 수 있는 공존의 전략들은 어떤 것들이 있을까? 이제부터 인구학이 꿈꾸는 공존의 전략을 살펴보자.

2

청년 취업을 가로막는 인구 압박도 사라질 수 있다

앞서 말했듯 같은 규모의 인구라도 연령, 인종, 교육수준, 고용상태, 가구구조, 지리적 분포 등의 구성요소가 어떻게 조합되었느냐에 따라 사회가 발전할 수도 있고 쇠퇴할 수도 있다. 즉 인구는 숫자 그 자체보다는 어떤 인구가 있느냐 하는 구성(composition)이 더 중요하다.

미국이나 유럽은 인구구조의 여러 요소 중에서도 '인종'이 특히 중요하다. 그렇다면 우리나라는 무엇이 중요할까? '나이'다. 앞에서 세대구분을 다시 조정한 이유이기도 하다. 더욱이 우리가 직면한 인구문제의 상당 부분이 연령구조의 왜곡에 기인한다는 점을 간과해서는 안 된다. 우리나라는 초저출산과 고령화가 맞물려 진행되는 터라 인구피라미드가 다이아몬드형에서 역삼각형으로 급격히 변하고 있다. 연금고갈이나 정년 연장 등 많은 사회적 난제가 이 연령구조 왜곡에서 나온다. 나아가 많은 이들이 의아해하는 청년실업 문제도 연령구조로 설명 가능하다.

얼핏 생각하면 이상하다. 청년 인구가 줄고 인구피라미드가 역삼각형이 되면 청년 취업은 상대적으로 쉬워져야 할 것 같은데, 외려 그 연령구조 때문에 어려워진다니? 이것을 설명하는 키워드가 '인구 압박'(population pressure)이다.

얼마 전 연구실에 생일을 맞이한 학생이 있어 조촐하게 생일 축하 케이크를 잘랐다. 마침 서른 번째 생일이어서 학생들이 장난스럽게 고(故) 김광석 님의 '서른 즈음에'를 함께 불렀다. 신기했다. 내가 서른 즈음이었을 때에 비해 외모는 물론이고 모든 것이 어려 보이기만 한 1990년대생 학생들이 이 노래의 감성을 과연 이해할까?

이런 '꼰대' 같은 마음이 들었던 이유는, 내가 꼰대여서라기보다는 실제로 요즘 서른 살이 예전보다 '어리기' 때문이다. 궤변이 아니라, 1990년대와 2021년 서른 살이 차지하는 사회적 위치가 그렇다. 통계청이 제공하는 통계지리정보시스템에 따르면 김광석 님이 '서른 즈음에'를 발표한 1995년 우리나라에는 약 4500만 명이 살았고, 평균연령은 31.2세였다. 인구피라미드의 모습은 평균연령 위쪽으로는 명확한 삼각형이고 아래로는 전반적으로 인구가 줄어드는 역삼각형 형태를 띠었다. 김광석 님이 담아냈던 서른 즈음은 당시 우리나라 허리 연령대이자 가장 규모가 컸던 사람들의 삶이었다. 허리인 만큼 서른 살은 가정에서도 사회에서도 돌봐야 할 게 많았고, 그에 상응하는 어른 대접을 받았다. 노래의 가사처럼 또 하루 멀어져가고 저물어가는 감성이 생겨날 수밖에 없는 인구학적 위치였던 것이다.

반면 2021년 현재 우리나라에는 외국인을 포함해 약 5200만 명이 살고 있고, 평균연령은 42.8세다. 서른 살 위로는 계속 인구가 많아지다가 60세를 기점으로 줄어드는 다이아몬드 형태이고, 서른 살 아래로는 인구가 급감하는 명확한 역삼각형의 인구 구조다. 인구피라미드만 보더라도 2020년과 1995년은 전혀 다른 사회임을 알 수 있다. 비록 생물학적 나이는 같더라도 서른 즈음이 차지하는 사회적 위치는 결코 같을 수가 없다.

그렇다면 1995년의 서른은 더 어른이고 2020년의 서른은 어리다는 말인가? 사회적 대우는 그럴지 몰라도, 스스로 느끼는 사회적 부담은 결코 그렇지 않을 것이다. 성인으로서 짊어져야 할 무게는 외려 2020년의 서른 즈음이 더욱 무겁다. 앞서 말한 인구 압박 때문이다.

〈도표 3-2〉 1995 vs. 2020년 한국 30세가 느끼는 인구 압박

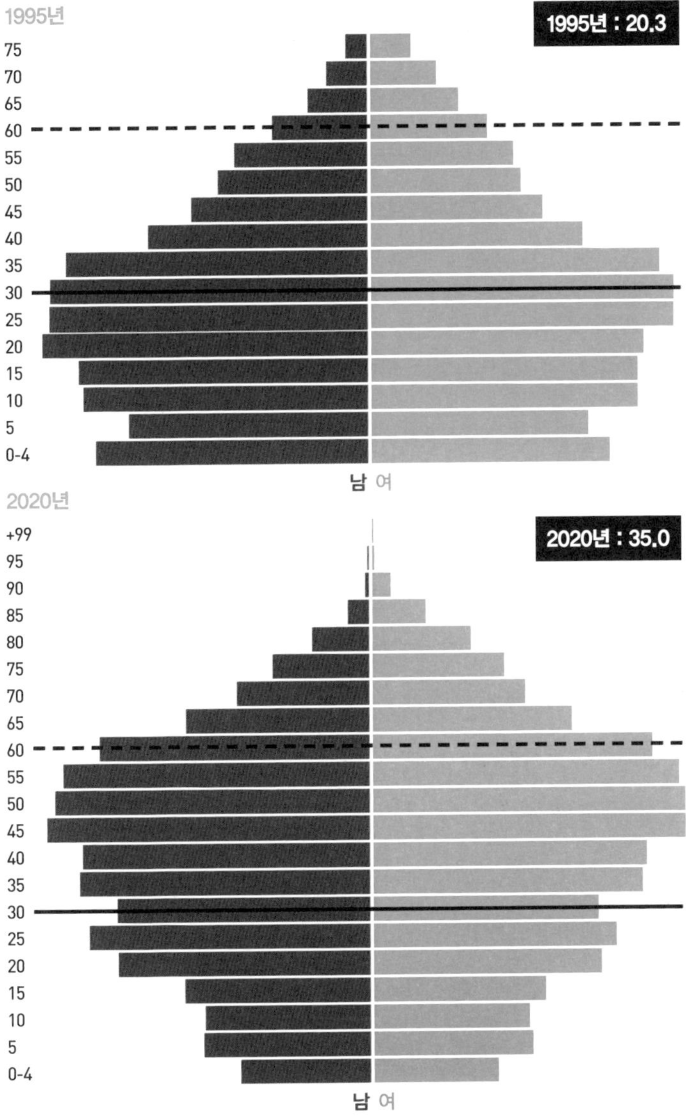

인구 압박은 어떤 연령이 다른 연령 혹은 연령 집단에 비해 얼마나 크거나 작은지를 나타내는 개념으로, 사회생활 초창기에 받는 인구 압박은 생산연령대 인구와의 비율을 따져 가늠할 수 있다. 만일 30세 인구가 100명이고 생산연령대인 31~59세가 1000명이면 30세 인구집단은 10만큼의 인구 압박을 받는다는 뜻이다. 숫자가 클수록 당연히 압력도 커진다. 1995년 서른 살에게 지워졌던 31~59세의 압박은 20.3이었다. 그런데 2020년에는 30세 한 명을 누르고 있는 힘이 35.0이나 된다(〈도표3-2〉 참조).

무게를 지우는 연령대를 30세와 직접적으로 경쟁하는 31~39세로 좁혀보면 1995년 압박의 강도는 9.5, 2020년 압박의 강도는 10.3이다. 인구만으로도 과거에 비해 지금의 압박 수준이 높다. 여기에 교육수준까지 고려하면 압박의 강도는 더 세진다. 대학 진학률을 고려해 인구 압박 강도를 산출해보자. 1995년의 서른 살은 100명 중 34명만 대학을 나왔다. 당시 이들은 30세에 대학을 나온 31~39세로부터 7.4의 인구 압박을 받았다. 아직 2020년의 30세 교육수준을 알 수 있는 통계가 없으니 2015년 통계를 적용하면, 2015년 대졸 30세는 대졸 31~39세로부터 9.9만큼의 압박을 받았다. 2020년은 이보다 더 높을 것임을 미루어 짐작 가능하다.

커져버린 인구 압박의 무게는 자연스레 사회적 진도를 늦춰놓는다. 과거와 달리 오늘날의 서른 살이 집에서나 사회에서나

'어른 대접'을 받지 못하는 이유가 여기에 있지 않을까? 오늘날의 서른 살이 과거에 비해 어리거나 편하게 살아서가 아니라, 1995년의 서른 즈음으로서는 상상도 못했을 인구 압박을 겪고 있기 때문이다.

인구 압박이 있는 한 경제가 살아나더라도 청년 취업 문제가 호전되기를 기대하기는 어렵다. 물론 취업난은 또래집단끼리의 경쟁을 배제할 수 없지만, 노동시장에 먼저 진입해 버티고 있는 앞세대의 규모를 무시할 수 없다. 이들의 무게가 노동시장의 진입 자체를 막기 때문이다. 모든 연령대가 비슷하게 분포된 형태라면 청년들이 느끼는 인구 압박은 문제되지 않았을 것이다. 인구 크기만이 아니라 대졸자와 같은 질적 측면에서도 연령별로 고르게 분포되면 인구가 주는 압박이 사라진다. 만약 대졸 인구가 예나 지금이나 매년 30만 명 정도로 일정했다면 최소한 대졸자 노동시장에 가해지는 압박은 없었을 것이다. 그렇다고 이미 50만~60만 명씩 배출되는 대졸 인구를 물릴 수도 없다. 인구 압박에 시달리는 우리나라 청년들의 취업난은 희망이 없는 걸까?

2018년 초반, 청와대가 대통령 집무실에 일자리 상황판을 내걸며 청년 일자리 만들기에 힘을 쏟을 때였다. 서울대학교 인구학연구실로 적지 않은 언론사와 일자리 관련 정부부처가 연락을 해왔다. 그들의 질문은 이랬다. 100만 명씩 태어난 58년 개띠들이 퇴직연령에 접어드니 일자리 상황에 서서히 여유가 생길 테고, 25~29세 인구 또한 2021년까지만 증가하고 2022년부터 줄어들 테니 그때부터 청년 일자리 상황은 나아지지 않겠느냐는 것이었다.

나의 대답은 '노'(No)였다. 판단의 이유는 두 가지였다. 하나는 베이비부머가 퇴직해서 노동시장에서 나가더라도 그것이 청년이 원하는 일자리로 곧바로 연결되기 어렵다는 것이고, 다른 하나는 청년의 일자리 부족은 이미 10여 년 전부터 시작되었고 여전히 원하는 일자리를 찾지 못한 사람들이 누적되어 있어 이들의 구직난이 모두 해소될 때까지 시간이 더 필요하다는 것이었다.

첫 번째 이유부터 설명해보자. 일자리는 인구의 크기에 의해서만 결정되지 않는다. 어떤 인구가 어떤 일자리를 원하는지에 따라서도 영향을 받는다. '미스매치'라는 말을 들어본 적 있을 것이다. 일자리의 총량은 많지만 실제로 젊은이들이 원하는 일자리는 적어서 한쪽에서는 일할 사람을 못 구해서 난리고, 한쪽에서는 일자리가 없어서 난리인 상황이다. 이제 막 퇴직연령에 들어선 베이비부머가 20대였을 1980년대에는 연령당 인구가 약 90만 명이었고, 대학 진학률은 30%대로 매년 30만여 명이 대학에 갔다. 이러한 상황은 1990년대 중반까지 이어졌다. 그러다 2000년대 초반부터 상황이 180도 바뀐다. 1980년대 초반에 태어난 사람들은 80만 명대였는데, 이들의 70~80%가 대학에 진학했다. 윗세대를 보면서 사람들의 머릿속에 대학이 성공의 공식이라 각인되었기 때문이다.

그 결과 갑자기 60만 명의 대졸자가 생겨났다. 베이비부머들이 퇴직하면서 일자리 공백이 생기더라도 대졸자를 위한 일자리는 많이 잡아야 매년 30만~40만 개인데, 새롭게 일자리를 찾으려는 청년 대졸자는 매년 50만~60만 명이다. 그러니 베이비부머의 퇴직이 청년 일자리 상황을 좋게 할 것이라는 말은 성립되기 어렵다.

두 번째 이유는 이렇다. 2000년대 중후반, 앞서 설명한 대로 1980년대 초중반생들 60만여 명이 매년 대학 졸업과 동시에 노동시장에 들어왔다. 하지만 윗세대가 만들어놓은 대졸자 노동시장의 규모는 많아야 연 40만 명 정도였다. 경제가 계속 성장하고 노동시장도 계속 커지면 60만 명도 수용할 수 있겠지만, 1997년부터 2000년대 초반까지 지속된 IMF 외환위기는 기업으로 하여금 양적 성장보다는 내실을 다지는 쪽을 선택하도록 만들었다. 대졸자 규모는 커졌는데 노동시장은 그대로이니 졸업해도 취업 못하는 사람들의 수가 누적되기 시작했다.

경쟁이 심해지니 사람들은 소위 스펙을 더 쌓으려 했고 자연스레 졸업도 늦춰졌다. 하지만 졸업을 늦췄다고 누적된 일자리 부족이 해소되는 건 아니다. 여기에 스펙이 더 화려한 1980년대 후반생들과 1990년대 초반생까지 노동시장으로 유입되면서 청년 노동시장은 그야말로 초(超) 경쟁의 장이 되고 말았다.

25~29세 인구는 2009년까지 400만 명대를 유지하다 2010년부터 300만 명대로 줄었다. 2015년 약 327만까지 줄던 이 연령대 인구는 2021년 다시 약 368만으로 늘어난다. 1997년생이 25~29세 연령대로 들어오는 2022년부터 다시 줄어들 것은 예정된 바이지만, 그렇다고 1980년대 초반생에서부터 누적되기 시작한 대졸 노동시장의 공급초과가 2022년에 곧바로 해소될 리는 만무하다.

이제 앞에서 했던 질문으로 다시 돌아가 보자. 인구 압박에 시달리는 우리나라 청년들의 취업난은 희망이 없는 걸까? 그렇지는 않다. 프리타[24] 외의 대안은 없어 보였던 일본도 2015년 이후 상황이 달라졌다. 구직난을 겪던 상황이 이제는 구인난으로 바뀌면서 청년 일자리 상황이 호전되었다. 물론 프리타가 사라진 것은 아니지만, 최소한 비자발적 프리타는 찾아보기 힘들다.

일본 청년 일자리 상황의 변화는 3가지 이유에 기인하다.

첫째, 인구학적 원인이다. 1991년 일본에서 고등학교를 졸업한 19세 인구는 202만 명에 달했다. 그러다 2009년 122만 명, 2019년 119만 명으로 줄었다. 그에 따라 대졸자 수도 2010년 이후 줄기 시작했다.

둘째, 모든 청년이 대기업, 공기업, 공무원을 선호하는 우리와 달리 일본 청년들은 중소기업 취업을 꺼리지 않는다. 중소기업의 처우도 그리 나쁘지 않아서 우리는 대기업과 중소기업의 임금 차가 2배가량 나는 반면, 일본은 80% 정도다.

셋째, 일본의 경제력은 다른 나라가 따라올 수 없는 원천기술과 경쟁력 있는 제조업 덕분에 여전히 튼튼한 편이다. 인구의 4분의 1이 고령자임에도 경제력이 유지되는 것만 봐도 알 수 있다. 실제로 2013년 이후에도 일본은 매년 평균 1.0% 정도의 성장을 이어가고 있다. 경제규모가 큰 국가들은 기준점이 이미 높기 때문에 경제성장률이 0~2%대인 것이 보통이다.

우리나라도 현재 일본처럼 노동시장에 청년이 너무 적어서 원하는 사람 모두가 일할 수 있는 때는 언제쯤 올까? 통계상으로만 본다면 1980년대 초중반생부터 누적되기 시작한 대졸자 취업난이 모두 해소되는 시점은 2030년 정도가 될 가능성이 높다. 2030년에 25~29세가 되는 사람들은 2001~05년에 태어난 이들이다. 이때 매년 47만 명 정도 태어났으니, 대학 진학률이 아무리 높아도 대졸자로 노동시장에 들어올 수는 연간 약 35만 명 정도 될 것이다. 우리나라의 초저출산 현상이 2002년부터 시작되었으니 초저출산 코호트가 노동시장에 들어올 즈음이면 우리나라도 뽑고 싶어도 사람이 없어서 뽑지 못하는 상황이 벌어지는 것이다.

물론 여기에는 우리나라의 전반적인 경제규모가 급격히 수

축되지 않는다는 전제조건이 있다. 그럼에도 아이러니하지 않을 수 없다. 초저출산 때문에 영유아 시장부터 대학에 이르기까지 어려움을 겪게 될 산업군이 속출하는데, 청년 노동시장은 오히려 저출산 현상으로 지금보다 상황이 훨씬 나아질 가능성이 있다니.

3

중장년 인구의 노후는 무엇으로 보장되는가?

일반적으로 65세 이상 인구가 7% 이상이면 고령화 사회, 14%를 넘어서면 고령사회, 20%를 넘어서면 초고령사회라 한다. 고령화는 우리나라뿐 아니라 방글라데시 같은 저개발국가도 겪고 있는 이슈다. 우리나라가 고령화 사회로 들어선 것이 2000년인데, 굉장히 젊은 나라라 알고 있는 베트남의 고령자 비율이 2014년 이미 7%를 넘었고 2021년에는 9%에 가까워질 전망이다. 2019년 UN이 발표한 고령인구 보고서를 보면 전 세계 인구가 70억을 넘어 80억을 향해 가고 있는데, 그중 65세 이상

고령인구가 7억이 넘는다. 2050년에는 15억이 될 거라고 예상한다. 동아시아는 그중에서도 고령화가 가장 빠르게 진행되는 지역이다. 출산율이 낮아지는 것도 있지만 기대수명이 늘어나기 때문이다.

이처럼 전 세계 거의 모든 사회가 연령변화를 경험하고 있다. 그리고 이 변화는 고령자뿐 아니라 교육 시스템, 노동시장, 헬스케어 시스템, 부동산 시장, 금융시장 등 사회의 모든 영역에 영향을 주게 된다. 보건 분야만 해도 고령화에 따라 장기요양보험이라는 것이 생겼다. 나아가 고령인구가 많아짐에 따라 사회구조도 바뀔 수밖에 없다. 일하는 연령대 내에서 발생하는 인구 압박과는 또 다른 연령 간 갈등이 나타나기도 한다.

그중 짚고 넘어가지 않을 수 없는 것이 바로 연령계층화(age stratification)다. 사회적 자원이 모든 연령대에 균등하게 배분되지 못하고 인구 크기가 큰 고령층에 더 많이 분배되는 현상이다. 저출산과 고령화를 우리보다 먼저 겪은 일본은 이를 '실버민주주의'라 표현하기도 하는데, 표현을 아름답게 포장해서 그렇지 실은 자산도 혜택도, 나아가 정치적 영향력도 고령인구에 편중된 현상을 가리킨다.

일본의 고령층은 30대부터 내집 마련을 시작해 꾸준히 대출금을 갚아나가 퇴직할 무렵이 되면 부채가 없는 상태에서 2000만 엔가량의 퇴직금을 현금으로 쥐고, 여기에 지역별로 차이가 있지만 그래도 23만 엔 정도의 연금을 받는다. 그래서 정년퇴직 후에도 자산 보유액은 감소하기보다 오히려 증가 추세를 보인다. (참고로 2020년 우리나라 국민연금 수령액은 20년 이상 가입자의 경우 93만 원 수준이다. 30년을 넘게 가입한 경우도 월 127만 원에 불과하다.) 동시에 혜택도 고령인구에 편중돼, 사회복지 지출에서 아동수당은 5.5%밖에 안 되는 반면 노인복지에는 80% 이상을 지출해 국가 재정을 압박하는 지경에 이르렀다. 실제로 일본의 채무 상황은 주요 선진국 중 최악이며, GDP 대비 채무 잔액이 태평양 전쟁 말기와 비슷한 수준이라는 말이 나올 정도다. 이미 세입만으로는 국가 지출을 감당할 수 없어 매년 국채를 발행하고 있으며, 발행액도 해마다 늘어 '국민 1인당 빚 800만 엔'이라는 경고가 나오고 있다. GDP 대비 부채가 증가하지 않도록 대책을 세워야 한다는 지적은 이미 오래된 이야기다.

이런 문제가 우리나라에는 나타나지 않으리란 보장이 있을까? 당연히 없다. 사실은 일본보다 더 나쁜 상황을 걱정해야 할 판이다. 국민건강보험은 고령인구가 증가함에 따라 재정건전성이 빠르게 악화될 수밖에 없다. 아직은 상황이 그다지 나쁘지 않다 보니 계속 보장성을 강화하고 있지만 머지않아 한계에 다다르게 된다. 하지만 재정 상황이 어렵다고 보장성을 줄이기는 쉽지 않다. 결국 강화된 보장성은 유지하면서 재정건전성을 담보하려면 연령마다 받을 혜택에 점점 많은 제약조건을 두는 수밖에 없게 된다. 즉 연령에 따라 보장받을 수 있는 의료 서비스 항목과 비용이 다르다는 말이다. 그럴수록 건강 보장에 대한 국민들의 불안감은 커질 것이다. 그렇다고 고령인구가 늘어나는데도 현행 수준의 건강 보장성을 담보하려면 일본처럼 국가채무를 늘려야 한다. 국가채무는 후속세대에 큰 부담이 된다. 하지만 당장 혜택을 받을 고령인구 규모가 빚을 떠안을 후속세대보다 훨씬 더 크면 정부는 이 대안을 고려하지 않을 수 없다.

이런 상황은 사회적 자원뿐 아니라 임금의 총량에도 나타난다. 연차와 임금이 무관한 미국 같은 나라에서는 50대 임직원이 많다고 이들의 임금부담이 커지지 않는다. 반면 우리나라는 대부분의 직군에 연공서열이 있어 장년인구가 가져가는 임금의 총액은 이들의 수가 증가하는 추세 이상으로 커지게 된다. 우리나라 고령화의 사회적 여파가 서양보다 한층 복잡하게 나타난다는 것이다.

연금 지속가능성, 제도의 문제인가 인구구조의 문제인가?

이처럼 고령화는 사회의 많은 영역에 영향을 미치고 세대 간 갈등의 원인이 되기도 한다. 이 영향이 사회 차원이 아니라 개인에게는 어떤 모습으로 나타날까? 아무래도 제도 이야기를 하면 이야기가 객관화되고 당위적으로 흐르는 경향이 있다. 역시 개인의 사례를 직접 생각해보는 게 실감도 나고, 현실적인 이야기를 도출하는 데 더 유용하다. 그러니 이번에는 인간 조영태의 노후를 그려보자.

내가 교수로 있는 서울대학교는 국립대학이지만 2011년 법인화되면서 교수와 직원 대부분이 공무원 신분을 벗어났다. 더이상 공무원이 아닌 만큼 연금도 공무원연금 시스템에서 사학연금 시스템으로 갈아탔다. 법인화 전환 당시 적지 않은 교수와 직원들이 연금에 대한 우려를 말했는데, 아무래도 공무원연금이 가장 안전할 거라는 기대 때문이었다.

그때 법인화를 추진하던 학교당국이 우리에게 보여준 자료가 있다. 공무원연금제도와 사학연금제도를 비교한 자료였다. 지금도 기억나는 내용은 사학연금이 공무원연금보다 매달 10만 원을 더 내야 하지만 퇴직한 뒤에는 연금을 매달 20만 원씩 더 받게 된다는 것과, 사학연금이 기금의 고갈 시점도 늦고 가장 안전한 시스템이라는 것이었다. 당시만 해도 연금제도의 장기적인 지속가능성을 염려하기보다는 아무래도 10만 원 더 내고 20만 원 더 받는다는 게 솔깃했다. 그런데 10년이 지난 지금, 상황은 정반대로 바뀌었다.

현재 우리나라의 공적 연금제도는 국민연금과 특수직역연금으로 구분되며 공무원연금, 사학연금, 군인연금, 별정우체국연금이 특수직역연금에 포함된다. 특수직역연금은 국민연금보다 매달 기여분이 더 많고, 그만큼 퇴직 후에 받는 연금액도 높다.

그런데 이 연금 시스템 가운데 인구구조에 가장 취약한 것이 사학연금이다. 사학연금은 유치원부터 대학까지 각급 사립학교에 종사하는 직원과 교원들이 가입하므로 현재 사립학교에 근무하는 직원과 교원들의 수가 매달 연금 기여분을 결정한다. 직원과 교원이 많으면 기여분도 많고, 퇴직한 사람이 적으면 많이 들어온 기여분으로 기금을 조성해 운용할 수 있어 더 좋다. 실제로 2015년까지 사학연금은 계속 성장해왔다. 사학연금 적자전환 시점도 국민연금보다 뒤에 오고, 기금고갈 시점 역시 2040년대 말이 되어야 온다고 했다. 하지만 이러한 예측은 모두 인구변동을 전혀 고려하지 않은 장밋빛 전망에 불과했다.

2019년 말 사학연금에 기여하는 32만 명의 교직원 중 전문대학과 대학에 종사하는 인원은 20만 명이 넘는다. 그런데 저출산으로 학생 수가 줄고, 대학 재정이 어려워 교수와 직원의 충원이 지체되면 궁극적으로 사학연금의 재정 전망에 먹구름이 낄 수밖에 없다. 사학연금의 재정적자가 발생할 시점은 사학연금공단이 예상한 2029년이 아니라 더 일찍 도래할 것이다. (사학연금을 내거나 받는 독자가 있으면 아마도 깜짝 놀랄 것이다. 2029년은 정말 몇 년 남지 않은 미래인데, 아마도 2029년에 사학연금이 적자로 전환된다는 말을 처음 들었을 것이다. 안타깝게도 사학연금공단이 공식 발표한 정보다.

더욱이 지방 사학이 무너지면 2029년보다 훨씬 더 빨리 적자전환 시점이 올 수 있다.)

재정적자가 발생하면 불안함 때문에 수많은 연금 수령자들이 일시금으로 연금을 받으려고 할 개연성이 높다. 이렇게 되면 기금고갈 시점은 현재 2049년으로 예측되고 있으나, 2030년대가 될 가능성이 크다. 상황이 이러하면 정부는 기금이 갑자기 줄어드는 것을 막기 위해 무슨 방법을 써서라도 일시금 수령이 어렵도록 만들 것이다. 하지만 그것은 임시방편이지 근본적인 해결책이 아니다. 그런 방법은 현재 연금을 내고 있는 사람들의 희생으로 이미 연금을 받고 있는 사람들만 살리겠다는 것이지, 결코 공존의 대안이 될 수 없다.

그런데 생각해보니, 재정적자가 2029년에 발생하든 그전에 발생하든 나는 현직에 있다. 그렇게 되면 나에겐 그냥 밑 빠진 독에 물 붓기 아닌가? 곧 적자가 될 것을 뻔히 알면서 매달 연금을 내는 것도 억울한데, 이제부터 내는 연금 기여분은 모두 한 해 한 해 소진된다면 과연 누가 사학연금을 내고 싶을까? 또 적자가 되어도 사학연금이 유지된다고 하면 서울대학교가 법인화하면서 나에게 했던 '10만 원 더 내고 퇴직한 뒤 20만 원으로 돌려준다'던 약속을 지킬 수 있을까? 아무래도 어려울 것 같다. 결국 사학연금은 어떻게든 퇴직한 사람들이 받아야 할 연금액을 약정된 금액보다 줄이려는 방향으로 연금개혁을 실시할 것이고, 그것으로 끝이 아니라 매달 내는 연금 기여분을 올리려 할 것이다. 혹시 사학연금을 내는 독자가 있다면 어떤 기분일까? 모르긴 몰라도 나와 크게 다르지 않을 것이다.

몇몇 독자들은 사학연금의 사정이 참 딱하다고 여길 것 같다. 그렇다면 가장 많은 국민이 가입한 국민연금의 미래는 더 나을까? 정부가 2015년 실시한 국민연금의 장기 전망에서는 매달 들어오는 돈보다 나가는 돈이 많아지는 적자전환 시점이 2044년이고, 모아둔 기금마저 다 없어지는 고갈 시점이 2060년이었다. 그러다 더 심화된 초저출산 현상과 노인 사망률 감소로 국민연금기금 적자전환 시점은 2041년, 기금고갈 시점은 2056년으로 다시 조정되었다.[25]

앞에서 사학연금의 적자전환과 기금고갈 시점은 각각 2029년과 2049년이었으니 그래도 국민연금이 사정은 조금 나은 듯 보인다. 하지만 국민연금 월 수령액은 2019년 기준으로 평균 47만 원이고 30년 이상 가입했을 때 127만 원에 불과해 실제로 노후를 보장하기에는 턱없이 부족하다. 얼마 전 사회보장 분야 최고 전문가인 윤석명 한국연금학회 회장은 본인의 연구결과를 토대로 쓴 한 언론의 시론에서 기금이 고갈된 2057년부터 2088년까지 국민연금 누적적자가 1경 7000조 원에 달할 것이라 예측했다.[26] 1경은 9999조 다음에 나오는 숫자다. 상황이 이렇게 되면 국가가 세금을 걷어서라도 반드시 연금을 지급할 거라는 약속을 지킬 수 있을까? 결국 사학연금이나 국민연금을 조마조마하게 지켜보아야 하고, 그사이 우리는 나이 들어간다. 내 노후를 자녀에게 떠넘기고 싶지 않아 사회보장제도를 믿고 있는데, 뭔가 내 노후를 맡기기엔 불안하다.

한편 이런 생각이 드는 독자들도 있을 거다. 소위 말하는 북유럽 복지국가들은 연금제도도 잘 갖추어져 있고 운용도 잘되는데 왜 우리나라는 그렇게 되지 않는가? 우리나라의 복지 시스템을 잘못 만들어서 그런 것 아닌가? 그렇지 않다. 우리나라의 사회보장제도는 2000년대 중반 보편적 복지제도가 마련되기 시작할 때부터 여러모로 북유럽의 사회보장 시스템을 준용했다. 문제는 시스템 자체가 아니라 시스템이 제대로 작동되기 위한 인구구조의 차이를 간과했다는 데 있다.

〈도표 3-3〉을 보자. 2020년과 2050년 한국과 스웨덴의 인구피라미드 모습이다. 한국의 2050년 인구피라미드는 사실 그림에 표현된 것보다 더 고령자 쪽으로 치우칠 것으로 예상되지만 비교의 객관성을 위해 UN 데이터를 기반으로 만든 인구피라미드로 비교해보았다.[27] 두 나라의 절대적 인구 크기는 서로 다르니 연령별 비율로 인구피라미드 스케일을 통일하여 그려보았다. 우리나라와 스웨덴의 인구피라미드가 2020년에서 2050년까지 어떻게 변화하는지 차이가 뚜렷하다. 한국은 고령자 쪽으

로 인구 비중이 크게 치우친 반면 스웨덴은 오늘이나 미래나 비슷하다.

현재 우리나라의 국민연금은 부과식과 적립식을 혼용하고 있다. 연금의 역사가 길지는 않아서 아직은 내는 가입자가 많고 받는 사람이 적어 보험료 적립이 가능했으니, 완전한 부과식은 아니다. 그런데 사적 연금처럼 내가 낸 돈을 모두 적립했다가 받는 것은 아니니 적립식도 아니다. 지금의 형태는 내가 낸 기여분의 약 절반 정도는 지금 윗세대가 받고, 내가 고령자가 되면 후속세대가 나에게 또다시 약 절반 정도를 기여해줘 연금을 받는 구조다. 스웨덴을 비롯한 북유럽 국가들의 연금제도는 후속세대가 고령세대를 담보하는 부과식을 선택하고 있다. 세대 간의 연대를 전제로 할 수 있다면 이 방법이 좋다. 하지만 이것은 인구구조가 스웨덴처럼 30년이 지나도 크게 바뀌지 않는 국가에서나 가능한 일이다. 내가 낸 보험료는 고령자가 받고, 내 후속세대도 내가 냈던 비율로 내더라도 크게 무리 없이 나를 부양해줄 수 있기 때문이다.

그런데 우리나라는 그렇지 못하니, 거기서 연금제도의 지속가능성에 문제가 발생한다. 제도, 특히 장기간 지속되어야 하는 사회복지제도를 만들 때, 왜 현재만이 아니라 미래의 인구구조를 염두에 두어야 하는지 보여주는 명확한 이유다.

〈도표 3-3〉 한국과 스웨덴의 2020 vs. 2050년 인구피라미드

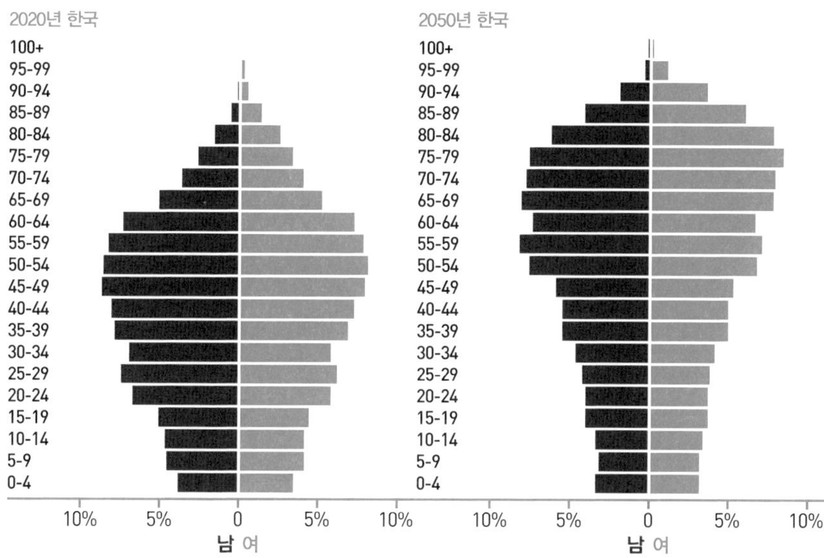

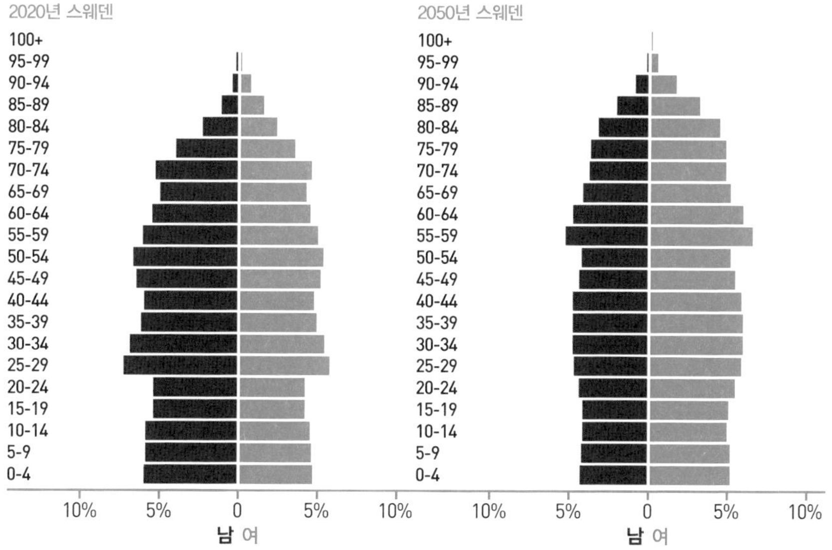

나 스스로에게 달려 있는 나의 노후

자, 그럼 내 노후는 어떻게 해야 할까? 여전히 '국가가 운영하니 연금이 망하거나 내 연금이 없어지는 일은 생기지 않을 거야'라는 믿음으로 퇴직 이후 족히 20~25년은 이어질 우아한 노후를 상상하면 될까? 아니면 지금 내는 사학연금은 그냥 세금이려니 생각하고 노후보장을 이제라도 별도로 준비해야 할까? 또 아니면 나에게는 두 딸이 있으니 괜히 멋진 척하지 말고 딸들에게 부모를 부양하는 것은 자식 된 도리라고 지금부터 뇌리에 각인을 시켜놔야 할까?

나의 개인적인 생각부터 말씀드리겠다. 당연한 말이겠지만 연금을 믿으며 우아한 노후를 상상하지는 않는다. 세 번째는 어떨까? 나로서는 나쁘지 않은 선택이다. 하지만 아이들 입장에서 보면 말도 안 된다고 펄쩍 뛸 거다. 30여 년 뒤에 국민연금이 고갈되기 시작하면 정부는 세금으로 연금을 지급한다고 할 것이다. 내 예측이 아니라 국민연금관리공단이 하는 말이다. 기금이 고갈되어도 세금으로 연금을 준다고. 그 세금은 누가 내는가? 지금 우리도 세금 부담이 적지 않다고 느끼는데, 세금으로 윗세대의 연금까지 메꿔주어야 하는 상황이 된다면 우리 아이들은 도대체 세금을 얼마나 내야 할까? 또 본인들은 본인의 연금과 국민건강보험에도 기여해야 하니 아마도 직장인이라면 매달 총

급여의 절반 이상은 원천징수로 떼어가지 않을까? 이런 마당에 내가 노후 생활비까지 달라고 하면, 우리 아이들은 내 국가, 내 부모 상관하지 않고 그냥 다른 나라로 떠나버리는 것이 훨씬 낫겠다고 생각할지 모른다. 국가는 국가대로 연금제도를 포기할 수 없을 테고 말이다.

내가 생각하는 현실적인 선택지는 두 번째다. 지금 내는 연금 기여분은 그냥 세금이라 여기고 퇴직 후에 받아야 할 연금은 기대하지 말고, 지금부터 내 노후를 스스로 준비하기 시작하는 것이다. 요즘 금융사들이 밀레니얼 세대의 노후 준비와 관련되어 조사를 상당히 하고 있는데, 미래에셋의 조사가 꽤 규모가 있어 눈에 들어왔다.[28] 25~39세 700명을 상대로 조사한 결과 10명 중 9명이 노후는 국가나 가족의 도움 없이 스스로 준비하는 것이라 응답했다고 한다. 젊은 세대가 느끼는 압박은 확실히 더한 것 같다. 그런데 '내가 스스로 준비하는 노후'라는 것도 말이 쉽지, 원래 자산이 충분하지 않고서야 현재 생활도 빠듯한데 노후를 위해 수입을 따로 떼어놓는 것은 나도 그렇고 많은 이들에게 쉽지 않은 선택지다.

그것보다 더 현실적인 노후 준비는 직장을 그만두더라도 어떻게든 단절 없이 경제활동을 계속 이어갈 수 있도록 만드는 것이다. 다른 직장에 재취업하든 창업하든 퇴직 후에도 계속 노동시장에 남아서 경제활동을 하기 위해서는 여러 가지 준비가 필요할 텐데, 무엇보다 본인의 생산성이 연령과 함께 쇠퇴하지 않도록 유지할 뿐 아니라 오히려 쌓아온 경험과 함께 늘어날 수 있도록 끊임없이 자기계발하는 것이 가장 중요하다. 자영업처럼 은퇴가 없는 직업이라면 자기계발은 더욱더 필수다.

이 책에서 나는 인구를 기반으로 앞으로 한국사회가 질적으로 얼마나 다른 사회가 될지 논의하고 있다. 그런데 한국사회의 질적인 변화를 이끄는 것은 비단 인구만이 아니다. 일단 변화의 중심에 4차 산업혁명이라 불리는 과학기술의 발전이 있고, 전 세계에 예상치 못한 변화를 가져온 코로나 팬데믹이 있다. 이러한 변화 속에 우리가 당연하게 여겨왔던 지식과 가치관은 앞으로 10년, 아니 5년 뒤만 해도 더는 유효하지 않게 될 것이다.

자동차를 예로 들어보자. 아직까지는 휘발유로 가는 자동차가 대세이지만, 전기와 수소 등 대체 에너지를 활용하는 자동차 개발이 전 세계에서 속도전을 벌이고 있다. 최근 글로벌 컨설팅 회사인 딜로이트는 세계 승용차 시장에서 전기차의 점유율이 2019년 약 2.5%에서 2030년에는 30%를 넘어설 것으로 전망했다. 미국에서는 50%를 넘을 것이라고까지 했다.[29]

건전지와 전기모터를 사용하는 전기차는 휘발유를 사용해 엔진으로부터 동력을 만들어내는 지금의 자동차와는 모든 것이 다르다. 구동장치만이 아니라 타이어, 휠, 브레이크, 센서 등 자동차의 주요 장치와 부품들이 모두 다르다.[30] 그런데 내가 지금 자동차 정비와 관련된 일을 하고 있다면? 2030년이 넘어가면 휘발유로 움직이는 자동차에 대한 나의 해박한 지식과 경험의 가치는 급격히 낮아질 것이다. 즉 아무리 내가 지금 자동차 정비의 명인이라 해도, 앞으로 닥칠 변화에 대비해 시간과 돈을 들여 전기차 정비 지식과 기술을 새로 습득하지 않으면 2030년 이후 내가 설 자리는 급격하게 축소되고 내 노후도 불안해질 수밖에 없다.

누군가는 이런 생각을 하지도 모르겠다. 내 나이 쉰이 다 되거나 넘었는데 이제 와서 뭘 또 새로 배우냐, 하루하루 넘기기도 버거운데 어떻게 미래를 생각하냐, 배워봐야 젊은이들에게 치일 텐데 뭐하러 배우냐 등. 당연한 생각이다. 하지만 그런 생각을 하면서 하루하루 지내봐야 나의 노후는 보장되지 않는다. 몇 년 전 일본에서 베스트셀러가 된 책의 제목이 《2020 하류노인이 온다》였다.[31] 젊을 때 대기업 임원으로 화려하게 살았던 사람, 샐러리맨으로 성실하게 직장생활하다 퇴직한 사람, 내 집이 있고 연금이 있으면 노후가 안정적일 거라 생각했던 사람들이 75세가 넘어가면서 어떻게 제목 그대로 하루하루 연명을 걱정해야 하는 '하류노인'이 되었는지 소개한 책이다.

그 책을 읽다 보면 우울해진다. 게다가 앞에서 분석한 것처럼 우리나라의 연금제도는 일본보다 보장성은 물론이고 지속가능성도 떨어진다. 그 점을 감안하면 우리 사회에도 2040년 즈음 하류노인이 대규모로 생길 가능성이 결코 작지 않다. 물론 정부도 그때까지 뭔가 하겠지만, 그것만 믿고 손 놓고 있다가 하류노인이 되어버린 우리 자신을 발견하겠는가, 아니면 지금부터 적극적으로 내 노후를 지켜가겠는가? 나의 선택은 당연히 후자다. 이 책을 읽고 있는 여러분도 다르지 않을 거라 믿는다.

70대까지 나를 지켜줄 경쟁력을 기획하자

개인 수준에서의 미래 기획은 방금 언급했던 중년인구의 자기계발 혹은 재교육이 좋은 예가 될 것이다. 오늘날의 노동인구가 부양받아야 하는 인구로 빠르게 이전되며 앞으로 사회적 부양부담이 급격히 증가하리라는 것은 이제 누구나 다 안다. 사회에서 부담해야 하는 인구가 커지면 정부는 충격을 완화하기 위해 노력할 것이다. 그 노력 중 하나가 정년 연장이 될 가능성이 농후하다. 작은 기업이든 큰 기업이든 일부 부담을 떠안게 되는 형태겠지만 사회의 흐름을 거부하기란 쉽지 않다. 이렇게 되면 기업은 임원과 직원들의 생산성 저하가 일어나지 않게끔 다양한 방법을 모색하게 된다. 노동시장에서는 호봉승진이라는 연공서열이 점차 사라지고 연령이나 경력과 관계없이 개인의 생산성이 그 어느 때보다 중요해질 것이다.

이것은 충분히 예측 가능한 미래이며, 현재 40대에 있는 중년 인구가 이 변화의 중심에 서게 될 것이다. 40대의 임금근로를 하는 분이라면 직장에서 이러한 조짐을 이미 직간접적으로 느끼고 있지 않을까? 선배들보다 더 오래 일할 가능성이 크지만, 임금은 오히려 줄어들 가능성도 크다. 또 경륜은 짧아도 새로운 지식과 민첩함이 무기인 후배 세대와 무한경쟁에 놓일 위험도 커지고 있다. 이러한 변화를 인지하고도 가만히 있다가는 몇 년 되지 않아 노동시장에서 뒤로 밀리는 자신의 모습을 보게 될지도 모른다.

비슷한 처지에 있는 이들을 규합하거나 노동조합 등 기존 단체 등을 통해 본인에게 닥칠 미래의 피해를 줄이고자 안전장치를 만들 수도 있다. 변화하는 노동시장에서 나의 위치를 보존하려는 적응 전략의 일환이다. 그러나 이 전략은 생존시간을 조금 연장하는 것으로 끝날 뿐이다. 노동시장의 변화를 촉발할 인구변동은 이미 정해진 수순이고, 그 변화를 되돌릴 길이 없기 때문이다.

그렇다면 40대는 개인 수준에서 어떻게 미래를 기획할 수 있을까? 후배 세대가 가진 새로운 지식과 민첩함을 장착해 내 경륜에 날개를 다는 것? 새로운 지식을 함양하라니, 대학을 다시

다니라는 건가(이 나이에)? 다니는 직장은 어떻게 하고? 또 민첩함을 키운다? 나이가 어려질 수는 없으니 밀레니얼 세대인 양 '코스프레'라도 하란 말인가? 말이 쉽지 현실적으로 가능한 전략이라는 생각이 들지 않는다.

이런 푸념이 나오는 것도 당연하다. 하지만 그 당연함을 당연하지 않은 것으로 바꾸는 것이 바로 개인 수준에서 미래를 기획하는 전략이다. 새로운 지식은 대학이나 대학원을 통해서도 얻을 수 있지만, 오직 그 길만 있는 것은 아니다. 지금 사회는 새로운 지식을 습득할 수 있는 길이 다양하다. 이 다양함에는 교육 프로그램, 콘텐츠, 매체만이 아니라 국가(우리나라만이 아닌 다른 나라들)도 포함된다.

스스로 시간이나 비용을 투자하지 않고서 자신을 바꿀 수는 없다. 어릴 때는 학문이나 학위를 위한 공부 혹은 스펙을 쌓기 위한 공부를 하겠지만, 나의 미래를 기획하기 위한 공부는 학위가 필요하지 않다. 오히려 내가 이미 갖고 있는 실무 경험과 지식을 확장하고 확대하는 것이 목표가 되어야 한다.

하 참, 안 그래도 경쟁에 치여 죽겠는데 자꾸 뭐를 하란다. 여기서 오해 없었으면 하는 것은 '완벽히 준비된 사람이 되세요'라는 것이 아니라 '온전히 나를 준비하세요'라는 것이다. 나의 분야를 중심으로 본인이 확장할 수 있는 분야를 새로 만들어가라는 것이다. 여러분이 시도할 확장과 확대는 현재 하는 일과 밀접히 관련된 것일 수도 있고, 아예 다른 것일 수도 있다. 관건은 노동시장에서 나의 가치를 최소한 70대까지 지속시켜줄 만큼은 되어야 한다는 것이다. 70세가 아니라 70대다.

단, 재교육이든 자기계발이든 개인 차원의 기획에서 반드시 잊지 말아야 할 것이 있다. 무엇을 다시 교육하고 계발할 것인지 내용과 방법, 범위 등을 결정할 때 그 기준을 과거나 현재가 아니라 변화될 미래에 두는 것이다. 그러려면 미래의 모습을 흐릿하게나마 그려볼 수 있어야 하는데, 미래 스케치에 활용할 도구가 확실히 있다면 당연히 그것을 기준으로 해야겠지만, 만일 그런 게 없다면 이 책에서 계속 이야기하는 '인구변동'을 기준으로 삼아볼 수 있을 것이다. 오늘의 인구변동이 만들어놓을 미래 사회가 이미 어느 정도 정해져 있다는 점에서 기준으로 삼기에 좋다. 개인은 물론 기업과 국가도 마찬가지다. 이것이 인구학적 관점이다.

나아가 청년세대가 아니라고 해서 해외를 선택지에서 제외하지는 말자고 하고 싶다. 오늘날의 40대는, 아직 너무 젊지 않은가? 우리나라에서 다른 대안을 찾을 수도 있겠지만 다른 나라에서 기회를 열어갈 수도 있지 않겠는가? 앞서 2부에서 국내 가구 세그먼트 변화와 적용 방안에 대해 언급한 내용을 해외에 적용하면 다른 나라의 미래도 어느 정도 예측할 수 있다. 만약 내 활동무대가 우리나라에서는 5년 이내에 빠르게 축소될 것으로 정해져 있다면, 해외라는 대안도 검토해볼 필요가 있다. 이때 염두에 둔 나라의 인구변동을 본다면 현재는 물론 미래의 변화를 앞서 예상해볼 수 있다.

예를 들면 우리나라에서 가까우면서 성장 모습도 비슷하고, 앞으로 잠재 가능성이 큰 베트남 같은 곳을 생각해볼 수 있다. 베트남을 비롯해 많은 동남아 국가가 머잖아 큰 발전을 할 것이다. 몇 가지 중요한 인구통계를 살펴보면 그 나라를 이해하고 미래를 그리는 데 도움이 된다. 우리가 지나온 길을 더 빠르게 지나가는 국가도 있고, 느리게 지나가는 국가도 있는데, 이것을 인구통계로 쉽게 파악할 수 있다.[32]

현재 베트남의 인구는 대략 9700만 명인데, 도시인구가 약 35%다. 한 가구에는 2009년 3.8명이 살고 있었는데 2019년 3.6명으로 줄었다. 참고로 우리나라는 1990년과 1995년 평균 한 가구에 각각 3.7명과 3.3명이 살고 있었다. 결혼이 선택사항이 된 우리나라와 달리 베트남의 청년들에게는 아직 결혼적령기가 있어서 평균적으로 남성은 28세, 여성은 24세 즈음에 결혼한다. 대부분의 청년들이 결혼했던 우리나라의 1990년 평균 혼인연령이 남성 28세, 여성 25세였다.

어떤가? 단지 몇 개의 인구통계만 한국과 비교해봤는데도 베트남 사회가 앞으로 어떤 발전을 하게 될지 어렴풋하게나마 짐작되지 않는가? 그렇다면 나의 대안 중에 베트남이라는 곳이 추가될 수 있다. 더 깊이 있게 알아보는 계기가 된다. 다른 국가와의 비교도 마찬가지다. 물론 우리나라에서 무언가 하는 것도 쉽지 않은데 다른 나라에서 새롭게 시작하는 것이 얼마나 어려울지는 항상 유념해야 한다.

이처럼 기획의 관점에서 생각하면 없는 것 같았던 기회도 만들어낼 수 있다. 이 책을 통해 변화될 미래를 알고 인구학적 관점을 익혔다면, 이를 토대로 자신의 미래를 새로 기획하는 위치에 서보자.

4

생산인구 부족의 해법 : 정년 연장에서 이민까지 그리고 과학기술의 개입

생산인력 급감에 대해서는 어떤 생존전략을 짜야 하는가?

아니, 다시 물어보겠다. 과학기술 발전으로 키오스크 등으로 자동화되는 마당에 우리가 생산인력 감소를 걱정해야 하나? 괜한 기우가 아닌가?

나는 현대의 인구학은 맬서스가 간과한 과학기술을 반드시 고려하며 생각을 확장해야 한다고 믿기에 종종 과학철학 및 공학 전공자분들과 이에 관한 논의를 해왔다. 사실 생산인력 급감은 노동시장만의 문제는 아니다. 세금 등의 사회 시스템 유지에 기여하는 인구 수도 줄어든다는 뜻이다. 이것조차 과학기술이 대체해줄 수 있을까? 그렇다면 너무나도 좋을 것이다. 하지만 인적자원으로 국가 시스템을 운영한 역사가 꽤 길다 보니, 이 부분만큼은 과학기술의 개입이 쉽지 않을 것이다.

또 과학기술의 발전이 오히려 일자리를 줄여왔고 앞으로도 그럴 것이기에 '인구의 필요성이 줄어들었다, 인류는 그에 적응하는 중이다'라는 시각도 있다. 2부에서 인구의 파동을 소개하였듯이, 거시적으로 보면 맞는 이야기로 본다. 하지만 그 과도기를 살아가는 우리는 어떻게 해야 할까? 생산인력이 급감하는 시점과 발전한 과학기술 적용 타이밍이 기가 막히게 들어맞고, 노동력이 급히 필요한 분야부터 우선 적용된다면 이런 고민은 하지 않아도 된다. 하지만 현실은 그렇지 않다. 타이밍도 딱 들어맞지 않고 인력이 부족한 곳부터 순서대로 적용될 거라는 보장도 없다.

그런데 과학기술도 인간이 만들어낸 것이고, 우리 인간에겐 자유의지가 있지 않은가? 그러니 우리가 타이밍을 고민하면 된다. 이 타이밍 고민이라는 것이 바로 예측인데, 여기까지 함께 글을 읽어온 독자라면 내가 무슨 이야기를 하려는지 '예측'할 수 있을 것 같다.

당장의 인건비 상승도 있겠지만 장기적인 생산인력 급감도 나타날 테니 이 모두를 대비해 자동화 시스템이 곳곳에 도입된다고 해보자. 이렇게 되면 어쩔 수 없이 남아도는 인력이 생긴다. 사회 시스템 안에서 부양해 주어야 하는 사람들이 생기는 것이다. 그러면 그 수가 몇 명 정도가 되고, 언제까지 사회가 감당할 수 있는지를 생각해봐야 한다. 이는 사회제도로 충격을 완화하는 정책이다. 혹은 특정 산업 분야의 생산인력 급감이 2023년으로 예측되었다면, 그에 적응할 수 있도록 설비를 지원해주는 방안도 있겠다. 이것은 적응 정책의 일환이다.

결국 나의 답은 한쪽으로 치우쳐서 생각하지 말아달라는 것이다. 인구학은 본질적으로 '균형의 학문'이라고 했다. 그런데 아시다시피 균형점을 찾는 일이란 결코 쉽지 않고, 게다가 균형점은 항상 같은 지점에서 생기는 것이 아니라 끊임없이 변해간다. 그럼 어찌 예측하란 말인가? 반복해서 이야기하듯 관심 있는 인구집단의 수가 어떻게 변해가는지를 살펴보고 어떠한 방향성이 더 이득인지를 판단하자는 것이다.

이민을 당장 받아야 하는가?

그런데 현재 우리는 글로벌 시대에서 살고 있다. 우리나라 생산인구 급감을 걱정한다면, 이주민 정책부터 쓰면 되는 것 아닐까? 우리 국민만 고려하는 생존전략이라니, 너무 폐쇄적인 접근 아닐까? 갑자기 줄어든 노동력 문제를 해결하기 위해 생각해볼 수 있는 또 다른 대안이 바로 외국인 인력을 활용하는 것이다. 오히려 많은 사람들이 과학기술보다 즉각적인 대안이라 생각하시는지, 대중강연을 가면 실제로 꼭 나오는 질문이다.

기술적으로 생각해보면 불가능한 일은 아니다. 앞으로 우리나라의 인구피라미드는 일하는 연령대가 갑자기 적어질 텐데 아무리 출산율이 높아진다 해도 그 빈 부분을 채우기는 역부족이고, 설령 출산율을 갑자기 높일 길이 있다 해도 태어난 아이들이 노동시장에 들어오려면 20년 이상 기다려야 한다. 그런데 외국인을 받아서 공백을 메우면 단기간에 인구피라미드에 균형을 가져올 수 있다.

기술적인 고려라고 해서 단편적인 해법인 것도 아니다. 실제로 인구학에서는 이에 대한 개념적 접근도 있고 그 개념이 나오게 된 사례도 존재한다. 이를 설명하는 인구학적 가설 하나가 인구변동단계설이다. 출산율, 사망률, 인구이동 등의 인구요소가 어떻게 변하는지를 기반으로 사회가 어떤 변화를 경험하게 되는지 설명하는 가설이다.

인구변동의 단계는 사회의 발전 수준과 인구의 구조적 특성을 조합해 구분된다. 출산율과 사망률이 모두 높던 전통사회에서 출산율과 사망률이 모두 낮아져 인구대체수준에 근접하고,

개인과 사회적 웰빙 수준이 과거와는 비교할 수 없을 정도로 올라가게 될 때를 1단계 변동이라고 한다. 2단계는 기대수명이 크게 높아지고 가족 형태가 바뀌어 반드시 결혼하지 않고도 자녀를 출산할 수 있게 될 때 나타난다. 결혼하지 않고 동거하는 커플이 아이를 낳아 기를 수도 있고, 여성이 혼자서 아이를 낳아 기르는 것도 제도적으로 그리고 문화적으로 아무 어려움이 없는 사회가 2단계에 와 있는 사회다.

여기에 영국의 인구학자 데이비드 콜먼(David Coleman)은 3차 인구변천(Third Demographic Transition)이라는 개념을 더했다.[33] 이것은 경제적인 이유로 한 나라에 외국인의 유입이 늘어나면서 궁극적으로 인구의 연령구조가 바뀌고 인종구성이 다양해지는 현상을 말한다.

1, 2단계 변동이 거의 완료된 나라에는 대개 다른 나라의 젊은 인구가 들어오는 3차 변천이 일어난다. 미국이나 많은 유럽 국가가 그랬다. 선진국들 가운데 고령화와 초저출산 문제를 이미 겪은 이탈리아, 독일, 스페인, 일본 중에서 인구문제로 우리나라처럼 심각한 타격을 입은 국가는 일본뿐인데, 다른 나라가 무사할(?) 수 있었던 이유가 바로 이민 덕분이다. 출산율이 낮아도 서유럽국가들은 EU로 하나가 되고 동유럽이 몰락하면서 외국에서 젊은이들이 유입되었다. 또 지리적으로 가까운 북아프리카와 중동 국가들에서도 젊은이들이 일자리를 찾아 들어왔

다. 미국도 백인의 출산율은 초저출산에 가까워져 2016년부터 절대 수가 줄어들기 시작했지만 전체 인구는 오히려 증가하고 있다. 백인의 공백을 중남미에서 올라오는 히스패닉과 동양인 이주민이 메우고 있기 때문이다.

이와 같이 급작스럽게 줄어든 생산가능인구를 외국인을 통해 메꾸자는 의견은 개념적으로 보나 실제 사례로 보나 현실성 있는 대안임에 틀림없다. 우리나라에서도 저출산고령사회기본법이 처음 등장한 2006년경 '이민청'을 도입하자는 의견이 제시되기도 했다. 정부조직 내에 이민을 준비하고 관리하는 주무부처를 만들자는 것이다. 이민청에 대한 이야기는 2021년 현재도 언론에 심심찮게 등장한다. 외국인뿐 아니라 전 세계에 흩어져 사는 750만 재외동포도 생산인구 부족분을 메꾸어줄 대안으로 제시되곤 한다. 우리나라 내국인 인구가 5000만 명 정도이니 10%가 넘는 규모다. 이들이 대한민국 인구절벽의 해법이 될 거라는 얘기다.

우리나라에 들어와 있는 외국인들을 생각하면 쉽게 알 수 있듯이 이주민들은 대부분 젊다. 젊은 인구의 이주는 주로 경제활동이나 학업 때문인 경우가 많아서, 이들을 기반으로 하는 산업에는 이주민이 차지하는 영향력이 만만치 않다. 전 세계적으로 보면 이주민들의 노동력 의존도가 높은 산업은 섬유·의류, 농수산업, 식품산업, 제조업, 건설업, 서비스업, 대학산업 등으로 대부분 국가들의 주요 산업군을 포괄한다. 전 세계의 시장과 경제는 이제 이주 근로자나 유학생 없이는 제대로 작동할 수 없을 정도다.

자, 이제 원래의 질문으로 돌아가 보자. 그래서 우리나라도 미국이나 서유럽 국가들처럼 부족한 생산인구를 이주민으로 채우는 것이 가능하다는 것인가? 나의 답부터 말하자면 '지금 당장은 아니다'이다. 아니, 더 정확히 말하자면 나는 '부족한 생산인구'라는 말에 동의하지도 않는다. 또한 설사 부족하더라도 당장 우리가 원하는 이주민만을 받는다는 것이 지금의 국제사회 흐름상 거의 불가능하다고 생각한다.

생산인구 급감이라는 표현을 본인이 하고선, 게다가 지금까지 이주가 인구변동에서 무척 중요하다며 인구변동단계설까지 소개해놓고선 왜 '아니다'라고 한 것일까?

먼저 '부족한 내국인 생산인구'라는 얘기가 정말 맞는지부터 함께 생각해보자. 이 책에서 여러 번 언급하지만 인구학적 관점의 장점은 사회나 시장에 영향을 주는 인구변동이 언제 얼마만큼이나 발생하는지 거의 정확한 예측이 가능하다는 것이다. 우리나라의 내국인 생산인구 부족도 그 관점에서 접근되어야 한다.

우리가 '인구절벽'이란 단어를 처음 들었을 때는 2015년으로, 미국의 경제예측 전문가인 해리 덴트(Harry Dent)의 책 《2018

인구절벽이 온다》가 번역 출판되면서부터다. 이 책은 인구변화로 세계경제가 앞으로 어떻게 변할 것인지 예견했다. 영문 제목이 'The Demographic Cliff'인데 번역서의 제목에 '2018년'이 추가되면서 당시 책을 읽은 많은 이들에게 '2018년'과 '인구절벽'이라는 단어가 함께 각인되었다. 그러다 2021년 1월 초 언론에서 2020년 내국인 인구가 처음으로 태어나는 사람보다 사망하는 사람이 더 많은 데드크로스 현상이 나타났다고 보도하면서 다시 인구절벽이라는 단어가 소환되었다. 즉 인구가 줄어든다는 말을 인구절벽으로 이해했다는 말이다.

인구가 줄어든다는 것은 명백한 사실이다. 그런데 절벽이라는 표현에 걸맞으려면 정말로 급감해야 하지 않을까? 정말 인구가 급감했을까? 특히 해리 덴트의 책 제목처럼 2018년부터 생산인구가 급감해 절벽으로 치닫고 있는가? 외국인과 해외동포 이주민을 당장 받아야 할 정도로? 한번 스스로에게 물어보자. 2018년 이후 지금까지 우리나라의 인구가 절벽으로 떨어지고 있다는 느낌을 받아본 적이 있는가?

일반적으로 생산가능인구는 15~64세 사이의 인구를 말한다. 우리나라의 생산가능인구는 해리 덴트의 책 제목처럼 2018년에 3765만 명으로 정점을 찍었다. 그런 다음 이듬해인 2019년 3759만 명, 2020년 3736만 명으로 감소세로 돌아섰다. 각각 6만 명과 23만 명이 줄어든 것이다. 3700만 명이 넘는 데에서 이 정도 인구가 줄었는데, 절벽이라는 표현은 좀 과하지 않나?

혹시 실제 노동시장에서 생산과 소비를 주로 담당하는 연령만 고려하면 절벽이 생기는 것 아닐까? 이번에는 생산도 하고 소비도 하고 투자도 활발히 하는 25~59세의 연령대만 고려해보자. 이 연령대의 인구는 2015년 2691만여 명으로 이미 정점을 찍고 줄어들기 시작했다. 하지만 2021년 여전히 2608만 명이나 된다.

어떤가? 앞에서 독자들께 과연 2018년 이후 인구절벽을 느껴왔는지 질문했는데, 아마도 거의 모두는 '전혀 못 느꼈다'고 답했을 것이다. 오른쪽 〈도표 3-4〉에 그 이유가 있었다. 2015년을 기점으로 일하고 소비하고 투자하는 사람들의 수가 줄었지만, 아직 절벽이라 부를 만큼 시장에서 일, 소비 그리고 투자가 급격하게 줄어드는 일은 발생하지 않았다. 이것이 내가 아직은 외국인, 해외동포, 이주민을 많이 오게 하여 줄어든 노동시장을 메꿔야 할 필요가 없다고 한 첫 번째 이유다.

그러면 우리나라에 인구절벽은 아예 오지 않는 것일까? 그것은 또 아니다. 확정할 수는 없지만 실제로 일하고 소비하고 투자하는 인구가 국민 전체의 절반 아래로 내려가게 되면 경제는 어려워질 것이다.

〈도표 3-4〉에서 내국인 기준으로 25~59세 인구가 2500만 아

〈도표 3-4〉 25~59세 인구 추계(2010~2040)

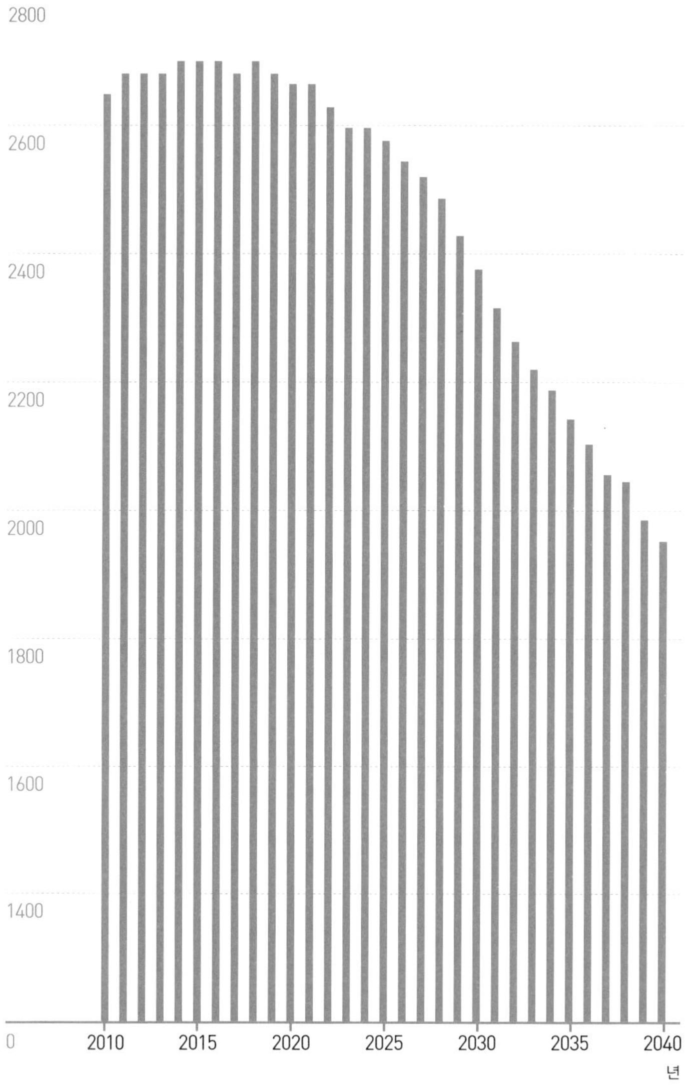

래로 내려가게 되는 때가 2027년이고, 2028년이 되면 일하는 인구가 전체 인구에서 차지하는 비중이 50% 아래로 내려간다. 2031년이 되면 2021년 대비 25~59세의 일하는 인구가 315만 명 정도 줄어든다. 2021년 현재 부산시에 적을 둔 사람이 337만여 명이니, 앞으로 10년 동안 일하는 인구로만 부산시 하나가 사라지는 셈이다. 이때가 되면 인구절벽을 체감하지 못하는 시장과 사회 분야는 없을 것이다.

정년 연장으로 인구절벽을 늦출 수 있다

이처럼 2030년 이후 생산인구절벽이 시작된다면 당장은 아니더라도 10년 뒤부터는 이주민 받을 생각을 해야 하는 것 아닐까? 그러니 준비하는 차원에서 논의는 계속되어야 하는 것 아닌가? 맞다. 그런데 여기에도 한 가지 전제조건이 있다. 바로 '현재의 노동시장 구조가 그대로 유지된다면'이 그 조건이다. 다른 조건이 붙으면 이 시점은 미뤄질 수도 있다. 구체적으로 말해, 현재는 60세가 노동참여의 공식적인 연령 한계인데 만일 정년이 연장된다면 인구절벽의 시점은 충분히 연기될 수 있다.

어떤 분들은 코웃음 치실 수도 있겠다. '퇴직 없는 삶을 만들고자 열심히 책 읽고 있는데 정년 연장이라니? 안 그래도 노후는 각자 대비해야 하니 70대까지 일하라면서?' 맞다. 게다가 현실에는 60세 이전에 퇴직해서 노동시장에서 물러난 사람들도 있고, 자영업 등 정년 없이 직업 생활을 영위하는 분들도 많다. 그런데 왜 나는 과학기술도, 외국인도 아닌 정년 연장이라는 카드를 꺼내는 것일까?

정년이 연장되어야 한다고 말한 이유는 연금 혹은 건강보험과 같이 고령자들이 먼저 쓸 수밖에 없는 기금에 부담을 덜 주기 위해서다. 동시에 미래 청년들이 가파른 세금 인상 없이 우리가 내던 정도만 내고도 사회보장제도를 유지하기 위해서다.

또 한 번 의구심이 들지도 모르겠다. 앞에서 윗세대가 노동시장에 버티고 있는 바람에 극심해진 청년들의 인구 압박을 이야기하던 사람이 갑자기 전혀 다른 주장을 하고 있으니 말이다. 안 그래도 이 내용으로 연구실 학생 및 연구원들과 팽팽한 논쟁을 했다. 우스갯소리로 교수님의 퇴직이 늦어지면 본인들은 어떻게 하냐는 것이다.(교수는 이미 정년이 65세라 여기서 더 연장되는 일은 없을 거라고 달랬다.) 이렇게 논쟁거리인 정년 연장을 인구절벽을 막을 수 있는 대안, 특히 공존을 위한 대안으로 내가 제안하는 데에는 이유가 있다.

정년 연장은 매우 어려운 일이다. 게다가 정년이 연장되면 안 그래도 취업이 어려워 난리인 청년들의 일자리 상황을 더욱 악화시킬 것만 같다. 또 기업 입장에서는 정년이 연장되면 임금이나 직급체계의 변경을 피할 수 없는데 말이 쉽지, 정말로 어려운 작업을 해야만 한다. 또 임금근로 중인 개인도 60세 넘어서까지 일하려면 꾸준히 생산성을 유지하기 위해 준비해야 한다.

노후가 불안한 것은 현재의 50대 중후반에 있는 1960년대 초중반에 태어난 사람들도 마찬가지인데, 왜 그들은 60세에 퇴직해야 하느냐는 불만도 무시 못한다. 또 앞서 잠시 언급했듯 AI와 빅데이터로 인해 사람의 노동력이 더 필요 없는 세상이 온다는데, 그 반대로 정년을 연장한다는 것이 정말 합리적인 판단인지도 확신이 서지 않는다. 결정적으로 정년을 연장한다면 과연 몇 살로 해야 하는지 정해야 하는데 노동계와 기업 그리고 정부 사이에서 합의가 도출될 수 있을까? 나는 65세라고 했지만, 정말로 65세가 합당한 연령인지 사회적 고민도 필요하다. 65세가 적절치 않다면 단계적으로 연장하는 방법도 검토하는 등 논의 거리가 끝이 없다.

정년 연장과 관련해서 발생할 여러 가지 일들 가운데 정년 연장이 청년들의 일자리를 뺏을 것이라는 우려의 목소리가 아마도 가장 클 것 같다. 노동시장은 파이프와 같아서 한쪽에서 빠져나가지 않으면 다른 쪽에서 들어갈 공간이 생기지 않는다. 그러니 위에서 퇴직하지 않고 자리를 버티면 그만큼 청년들이 들어갈 입지가 좁아지지 않을까?

그것을 알면서도 내가 정년 연장을 이야기하는 이유는, 지금부터 정년 연장을 준비한다 해도 앞서 언급한 수많은 난제를 해결하느라 실제로 제도가 시행되는 것은 정말 빨라야 2027년 혹은 2028년이나 가능할 것이기 때문이다. (잠시만, 나만 이렇게 정년 연장 준비가 오래 걸린다고 생각하는 것은 아니리라 믿는다.) 그때가 되면 지금 노동시장에 갓 들어갔거나 들어갈 준비를 하는 밀레니얼 세대는 이미 30대 후반에서 40대 초반이 되어 있을 테니 사회초년생은 아니다. (그때가 되면 오히려 이들이 정년 연장을 더 외치고 있을지도 모르겠다.) 2020년대 후반에 정년이 연장되었을 때 노동시장에 들어오는 인구집단은 Z세대이며, 그중에서도 2002년 이후 태어난 초저출산 세대가 주축이 될 것이다. 그리고 이들이 노동시장에 들어올 때의 상황은 이미 앞에서 이야기했다.

이 모든 것이 잘 준비되어 2027년부터 정년이 65세로 연장된다고 해보자. 2027년 61세가 되는 사람들은 1966년생들이다. 이들이 65세가 되는 때는 2031년이다. 그렇게 되면 2031년에 1966년생부터 1970년생까지가 정년 연장으로 노동시장에 남아 있을 수 있고, 이들의 인구 크기는 어림잡아 414만 명이다. 앞에서 2021년부터 2031년까지 주요생산인구(25~59세)가 315만 명가량 줄어들 것이라 했고, 그때부터 인구절벽을 사회 모든 곳에서 느낄 것이라 했다. 그런데 정년 연장을 통해 2031년 414만 명이 노동시장에서 더 활동할 수 있다면? 인구절벽이 시작되는 시간은 당연히 뒤로 미뤄진다. 414만 명은 2020년 부산광역시 전체 인구 339만보다 75만 명이나 많은 숫자다.

초저출산 세대가 주를 이루는 Z세대가 노동시장에 본격적으로 들어올 때까지, 앞으로 약 10년이라는 시간 동안 우리는 정년 연장과 관련된 실타래를 풀어나가야 한다. 제도 하나 마련하는 데 10년이라는 시간은 결코 여유로운 기간이 아니다. 괜히 폭탄 돌리듯 미루다가 준비기간이 짧아지면 부작용만 더 커진다. 지금 우리는 대응이 아닌 대비를 해야 한다.

국가가 만들어놓은 '정년 60세'는 정년과 연결된 연금이나 건강보험과 같은 사회보장제도 등 여러 가지 사회구조에 영향을 주며, 임금구조나 직급체계 등 노동시장 전반에도 직접적인 영향을 미친다. 그렇기에 개개인의 차이와 별개로 나라에서 정한 정년제도가 있는지, 있다면 몇 살이 법으로 규정한 정년인지가 무척 중요하다. 특히 우리나라처럼 인구구조의 변화가 이미 어떻게 해볼 수 없게 정해졌다면, 노동인구와 관련해 우리가 손댈 수 있는 가장 중요한 변수는 다름 아닌 정년제도다. 정년제도를 어떻게 바꾸느냐에 따라 일하는 사람의 수가 크게 바뀌고 사회의 다양한 제도에 변화가 일어날 것이다.

정년 연장은 쉽지 않은 일이고 매우 복잡하고 지난한 사회적 합의 과정을 통해서만 실현될 수 있다. 그럼에도 생산가능인구

축소에 대응하는 방안으로 내가 외국인 이주보다 정년 연장을 먼저 이야기하는 가장 중요한 이유는 정년 연장을 준비하는 동안 우리는 잠재된 갈등의 축을 하나 무뎌지게 할 수 있기 때문이다.

마침 앞에서 2031년을 예로 들었으니 이 시점을 기준으로 생각해보자. 2031년 약 400만 명의 외국인 이주를 받았다고 상상해보자. 그것도 사회가 전반적으로 원하는 젊은 연령대로. 정년 연장을 하면 60대가 일자리에 더 남아 있게 되는데, 그것보다는 젊은 외국인 근로자들이 대신 들어와 높은 생산성을 발휘해주는 것이 사회적으로 더 이득이 아닐까? 이 사람들이 번 돈을 본국으로 얼마간 보낼 테니 그 이득이 그리 크지는 않을 것이다, 혹은 그들이 우리나라에서 소비하는 부가가치가 매우 클 것이다 등의 논의가 있겠지만, 그냥 우리 사회에 가져다주는 부가 매우 크다고 가정하고 생각해보자.

다 좋다. 그런데 매우 중요한 한 가지 고려가 빠졌다. 400만 명의 외국인 근로자들이 만들어주는 부와 경제적 가치가 사회적으로는 매우 좋은 일이지만, 개인은 어떠할까? 외국인 근로자들에 의해 사회는 좋아지는데, 노후가 불안한 사람들이 동시에 존재한다. 그때쯤이면 외국인 근로자들도 연금에 크게 기여할 테니 내 노후는 문제가 없을까? 아니면, 외국인을 대상으로 할 새로운 사업 기회가 많아지니 퇴직한 내가 더 유리할까? 사회가 좋아지면 국가가 만들어놓은 부의 재분배 시스템을 통해 퇴직한 나의 삶의 질도 좋아질까? 확신이 서지 않는다. 노동시장을 떠나는 베이비붐 세대는 그 인구가 상당한데, 그들 모두가 이주민이 노동시장을 채운 사회에 잘 적응하리라는 보장이 없다. 자칫 사회에서 갈등의 골이 깊어질 가능성이 있다. 게다가 고령인구 부양부담으로 세금이 늘어난다면 세대갈등도 첨예해질 가능성이 크다. 10년 내의 이주민 수용 확대는 갈등의 축을 적어도 두 개 이상 가지고 가는 것이다.

정년 연장 논의는 다르다. 우리는 이런 말을 많이 한다. 노후엔 자식에게 짐 지우지 말고, 내가 어떻게든 스스로 감당해야 한다고. 우리 사회의 세대갈등이 심각하다 하지만 그래도 세대 간의 연대와 합의가 외국인들과의 연대보다는 쉽다. 아직까지는, 적어도 글로벌화의 첫 세대라고 소개한 Z세대가 사회의 중심으로 들어오기 전까지는 그렇다.

사실 내가 진심으로 걱정하는 것은 X세대다. X세대는 윗세대들보다 맞벌이를 많이 하고는 있으나, 자녀를 늦게 낳았다. 아이가 대학교에 다니는 시기에 퇴직해야 하는 부모도 많을 것이다. 그나마 윗세대는 X세대보다는 취업을 일찍 해서 돈을 번 기간이 긴데, X세대는 그것도 아니다. 밀레니얼 세대는 아이를 낳지 않는 경향이 현재로선 강하니, 두고 볼 일이지만 윗세대의 삶도 지켜보다가 아니다 싶으면 본인 생존에 올인하는 삶을 살 것이다. 그러나 X세대는 그 선택지도 사실상 없다.

나는 외국인과의 공존이 나쁘다고 말하는 것이 아니다. 우리나라 내의 세대 간 공존이 먼저라는 것이다. 우리 안에 있는 갈등의 싹을 먼저 잠재우고, 그 뒤에 외국인을 받는 논의가 구체적으로 이루어져야 할 것이다.

생산인구 급감은 Z세대와 그 이후 세대의 매우 적은 인구에서 비롯되었지만, 우리는 이것을 세대 공존의 기회로 바꿀 수 있다. 솔직히 베이비붐 세대가 노동시장을 그냥 떠나기엔 그들의 축적된 노하우도 아깝다. 밀레니얼 세대도 베이비붐을 무조건 '꼰대'로만 보는 것이 아니라, 그들의 연륜에서 묻어나오는 바이브(vibe)에는 감탄하지 않는가.

한국은 이민자에게 매력 있는 나라일까?

이렇게 말하는 나도 2050년부터는 걷잡을 수 없이 내국인 인구가 감소하기에, 당장의 대안으로 외국인을 염두에 둔 적이 있었다. 어떻게 하면 외국인들이 자연스럽게 한국에 융화될 수 있을까? 연구실에도 다양한 국적의 학생들이 와서 공부했고, 졸업 후 어느 정도 정착하여 아이를 낳아 기르는 친구도 있다. 그리고 점점 더 이민에 대한 논의가 회자되는 것을 보니 '외국인에 대한 수용도는 점점 높아질 텐데 미리 준비해서 받아야 하는구나'

라는 생각이 짙었다. 그런데 이러한 생각이 코로나19로 사라지게 되었다.

코로나19가 전 세계로 확산되는 과정에서 일상의 많은 부분이 바뀌었다. 그중 누구나 느끼는 큰 변화 하나가 바로 이주가 거의 불가능해졌다는 것이다.

인류 역사에서 이주는 지극히 자연스러운 현상이었다. 태어난 곳의 밀도가 높고 경쟁이 치열해져 필요한 자원을 획득하지 못하면 이동해서 살아남을 수밖에 없다. 동물이 무리에서 떨어져 나와 이동하듯, 사람에게도 이동은 생존방식 중 하나다. 2차 세계대전 이후 지금과 같은 국경이 정해지면서 이전보다 제한되긴 했지만 여전히 이주는 자연스러운 현상이고, 특히 개인에게도 국가에도 경제적으로 중요한 요소가 되어왔다. 국제이주기구(International Organization for Migration)의 최근 통계에 따르면 태어난 나라가 아닌 다른 나라에 거주하는 이주민의 수가 2017년 약 2억 7200만 명에 이른다.

그런데 코로나19는 이주를 차단했다. 2021년 백신이 전 세계에 보급되겠지만, 그렇더라도 이주가 자유로웠던 코로나 이전의 세상으로 돌아가기는 쉽지 않아 보인다. 이미 전염성 질환의 확산이 어떤 결과를 낳는지 경험했으니 또다시 창궐할 전염병에 대비하기 위해서라도 나라마다 이민자 수용에 신중해질 것이다.

물리적으로 이주가 어려워지면 이주 비용이 올라간다. 현재 외국인 근로자를 활용하는 산업군이 적지 않은데, 우리나라 사람이 아닌 외국인 근로자를 고용하는 이유는 내국인을 구하기 어려워서이기도 하지만 상대적으로 외국인 근로자의 임금이 낮기 때문이다. 이주가 어려워지면 이주 비용이 증가하고, 이주 비용이 증가하면 이주민에게 지급해야 할 임금이 상승한다. 우리나라도 코로나19가 시작된 후 이와 비슷한 일을 겪고 있다. 2021년 봄, 충남의 한 농촌 마을에 갈 일이 있었는데, 코로나19로 외국인 근로자 수급이 어려워지면서 그들의 인건비가 크게 늘었고 곧 농산물 가격이 오를 거라는 말을 들었다. 이미 그전에 유행했던 '파테크'도 바로 이러한 이유로 파 수확이 어려워져 벌어진 일이었다.

게다가 이번 코로나 시기에 이주민을 위험하게 여기는 외국인공포증(Xenophobia)이 거의 모든 나라에서 발생했다. 우리나라도 예외가 아니어서, 코로나 팬데믹이 한창일 때 외국인이 옆에 오면 괜히 마스크를 다시 조이는 이들이 많았다. 궁극적으로 외국인이든 동포든 이주민을 통해 우리나라의 인구절벽 문제를 해결하자는 의견은, 팬데믹이 또 발생할지 모르는 상황에서 미래에 대한 불확실성을 해소할 방안이 있고서야 비로소 유효한 의견이 될 수 있을 것이다.

그리고 이주는 국제 노동시장이라는 거대한 틀 안에서 발생한다. 해외 일자리를 알아보는 이주민 입장에서 보면 국제 노동 시장 안에서 갈 수 있는 여러 나라 중 하나를 택하게 된다. 물론 임금이 가장 높은 곳에 가려는 마음이 크겠지만, 반드시 그런 것만은 아니다. 이주민이 정착해 살기 좋은 제도와 환경을 갖춘 나라가 그렇지 않은 나라보다 선호된다. 언어나 문화의 장벽도 낮을수록 좋다. 특히 앞에서 말한 외국인공포증이 적을수록 더 좋다. 거리가 너무 멀면 가족이 방문하거나 귀국이 쉽지 않아 이주가 어렵다. 기타 등등 이주 대상 국가를 선택하는 조건은 매우 많다.

그렇다면 우리나라는 이주민들의 선택을 받기에 충분한 조건을 갖춘 곳인가? 유럽, 미국 혹은 싱가포르와 달리 우리는 지금까지 이주 혹은 이민국가라고 내세울 만한 것이 없다. 현재 거주하는 외국인이 많지 않고, 영어가 잘 통용되지 않으니 언어도 불편하다. 지리적으로 가까운 동남아시아인들이 많으니 그것 하나 정도가 좋을까? 하지만 우리 스스로 알고 있듯이 코로나19 이후는 말할 것도 없고 그 이전에도 외국인공포증이 컸다. 임금 수준 역시 일본에 비해 낮다.

조건이 이런데 우리가 암묵적으로 원하는 '경쟁력 있는 고급 외국 인력'이 미국, 유럽, 싱가포르, 일본 등을 뒤로하고 우리나라를 선택할 가능성이 얼마나 될까. 설령 역삼각형 인구구조의 속도를 늦출 만큼 많은 외국인을 어떻게든 받는다고 문제가 끝나는 게 아니다. 그들도 시간이 지나면서 나이가 들고 고령화되지 않겠는가? 그러면 안 되니 젊은 외국인만 받고, 나이가 들면 떠나게 하자고? 사실 지금 우리나라의 외국인 근로자 정책이 이와 크게 다를 바 없는데, 그건 우리나라 경제가 지금과 비슷한 수준을 유지한다는 전제로, 현재 수준(연간 5만~6만 명을 받아 5년간 체류)으로 수용할 때나 가능한 일이다.

혹시 외국인은 그렇다 쳐도 세계 곳곳에 거주하는 동포, 특히 2세와 3세들은 한국을 선택하지 않을까? 그럴 가능성 역시 낮다. 앞에 열거한 이주의 조건을 차치하고라도 말이다. 이미 더 많은 기회를 찾아 이주를 단행한 사람들과 그 가족이 다시 우리나라로 돌아오려면 그들이 정착한 나라보다 우리나라에 더 많은 기회가 있다고 확신해야 한다. 현재와 미래의 우리나라가 그런 확신을 우리 동포들에게 주고 있는가?

결론적으로 우리나라 노동시장의 현행 제도와 구조를 그대로 둔 채 외국인이나 동포들의 이주로 2030년의 인구절벽을 막기보다는, 우선은 내국인을 대상으로 노동시장의 구조를 바꾸어 인구절벽 시작 시점을 2040년 뒤로 미루고, 그사이에 외국인의 이주 혹은 또 다른 대안을 준비하는 것이 더욱 현실적인 공존 전략이다.

2040년대를 위한 대안이 반드시 인구가 될 필요는 없다. 과학기술의 힘이 될 수도 있고, 물리적인 영토가 아니라 메타버스(meta-verse)[34]의 세계에서 새로운 성장동력을 찾을 수도 있다. 그렇게 되면 아마도 2040년경 우리나라는 국제 노동시장에서 초고령국가들 가운데 가고 싶은 나라 중 하나가 될지도 모른다.

그럼에도 정부가 외국인과 동포의 이주를 준비하기 위해 지금부터 무엇인가 하려 한다면, 우리나라에서 태어나고 있는 외국인 아이들에게 신경을 더 써달라고 하고 싶다. 부모의 국적 혹은 인종과 관계없이 우리나라에서 태어났으면 우리말과 역사를 배워 우리나라 사람으로 자라나 미래 성장동력으로 함께 커갈 수 있도록 유도하는 정책이 실효성 있는 정책 아닐까? 그리고 이 정책의 핵심은 교육이 되어야 한다. 그저 세금을 쓰는 인구가 아니라 향후 우리나라의 알파세대 혹은 Z세대와 함께 커가도록 말이다.

다행히도 자라나는 Z세대에겐 외국인이 어색한 존재가 아니다. 잠시 방송에서 유머로도 언급된 적이 있는데, 외국인을 만난 한국인의 반응이 세대마다 다르다고 한다. 길을 헤매고 있는 외국인을 보면 베이비붐 세대는 힐끗 쳐다보는 사람이 다수고, X세대는 옆의 친구를 툭툭 치며 '네가 가서 말 걸어봐'라고 한다고. 반면 밀레니얼 세대는 먼저 다가가서 영어로 말을 건다고 한다. 가장 재미있는 것은 Z세대였다. 그들은 일단 한국말로 말을 걸고, 상대방이 한국어를 못하면 영어로 대화한다고 한다.

싱거운 유머이지만, 연구실과 수업시간의 Z세대 학생들도 고개를 끄덕였다. 본인들이 초중고등학교를 다닐 때 한 번쯤은 반에 외국인 친구가 있었다는 것이다. 그리고 본인들이 좋아하는 아이돌 그룹도 대부분 국적이 다양하다고 했다. 이런 Z세대가 2030년부터 본격적으로 노동시장에 들어오고 2040년대에는 우리의 핵심 인구가 된다. 이 세대가 핵심 인구가 되면 외국인에 대한 수용도는 분명 달라져 있을 것이다. 그러니 외국인 수용, 무슨 이야기인지 잘 알겠다만 지금은 우리가 당장 해주어야 할 것들부터 해주자.

5

인구학적 상상력으로 미래를 기획하자

'인구변동과 사회변화.'

이 두 가지는 무엇이 원인이고 무엇이 결과라고 설명하기 어렵다. 다만 인구변동의 파도가 잔잔하다면 인구로 인해 바뀌어갈 사회변화는 크지 않지만, 인구변동의 폭이 크면 사회는 그 영향을 반드시 받는다. 지금 우리나라 인구의 파도는 그 어느 때보다 높고 거대하다. 우리가 반드시 인구를 고려해야만 하는 이유다. 높고 거대하다는 것에는 인구의 숫자도 있지만, 인구의 특성들도 포함된다. 아마 다들 느끼셨겠지만 '전형적인 대한민국

인구' 하면 자연스럽게 떠오르던 것들이 이제는 거의 사라졌다. 아, 어쩌면 20~30대 청년들에겐 이미 '전형적인'이라는 말도 사라졌을지 모른다.

이제 글을 마무리해야 할 시점이 왔다. 지금까지 이 책을 통해서 나는 어떤 인구변동이 생기고 있고 그에 따라 미래 사회가 어떤 방향으로 흘러갈 것인지, 그리고 어떻게 인구변동을 해석할 수 있는지 등을 가능하면 자세히 기술하려 노력했다. 인구를 거시적으로 보는 방법과 조금은 작게 잘라서 세분화하는 방법 그리고 그에 알맞은 사례를 기술했다.

하지만 이 책이 여러분이 살아가시는 삶의 모든 영역을 포괄할 리 만무하고, 책을 읽으면서 생겨났을 수많은 질문에 답을 드리기에는 모자람이 아주 많았을 것이다. 그래서 나는 여러분께 한번 시간을 내어 본인과 주변의 현재와 미래를 인구변동과 연결하여 직접 조망해보시길 권하고 싶다. 전형적인 것이 사라지고 있는 지금, 한 번쯤은 '인구학적 상상력'(demographic imagination)을 발휘해보자는 제안이다.

여기서 이야기하는 상상은 그냥 백지 위에 그리는 백일몽이 아니다. 이미 우리는 현실을 살아가고 있기에 지금 그리는 상상은 어릴 적 그리던 상상화와는 다른 느낌일 것이다. 사실 앞에 소개한 내용 중에는 인구학적 상상력에 기반한 것이 많다. 책을 마무리하면서 인구학적 상상력을 단 3가지로만 요약한다면 다음과 같이 설명할 수 있겠다.

인구학적 상상력의 첫 번째 요소 : 인구통계

최근 트렌드 변화에 사람들의 관심이 높다. 해마다 연말연초면 새로운 트렌드를 소개하는 책들이 서점가를 뒤덮고, 또 실제로 트렌드 변화는 우리 일상에 매우 큰 영향을 미친다. 시시각각 변하는 시장을 알아야 하는 사람은 말할 것도 없고, 트렌드에 민감한 젊은 세대와 소통해야 하는 사람들도 트렌드 변화를 알아야 할 필요성을 절감하고 있다. 그런데 이러한 트렌드 못지않게 중요한 것이 바로 인구가 만들고 있는 메가트렌드다. 트렌드가 일상의 소소함부터 최근의 유행까지 포함한다면 메가트렌드는 그것보다 더욱 거시적인 사회와 시장변동의 방향성을 의미한다. 앞에서 세대나 가구 세그먼트를 통해 설명했지만, 어떤 주목할 만한 현상이 발생했을 때 인구가 만든 메가트렌드는 이러한 현상이 '왜 생겨났을까?' 혹은 '언제까지 지속될까?'를 생각해보는 데 하나의 기준이 될 수 있다.

나는 종종 인구는 계절의 변화와 같다는 비유를 한다. 어제와 오늘 그리고 내일을 비교하면 날씨가 쌀쌀해졌다, 더워졌다 등의 차이만 느낄 뿐이다. 그러다 어느 날 문득 계절이 만들어놓은 풍경의 변화를 인지하고 새삼스럽게 감탄한다. 계절이 바뀌면 우리 일상의 모습도 따라서 변한다. 아침에 무엇을 입을지, 오늘은 따뜻한 음료를 마실지, 실내에서 더 많은 시간을 보낼지 등, 계절이 지나도 바뀌지 않는 활동을 찾는 게 더 빠를 정도다. 우리는 계절이 변할 것을 알고 그에 맞게 이 많은 활동에 변화를 주지 않는가? 덥거나 춥다고 투덜대다가도 이내 그 계절만의 멋을 즐기면서 말이다.

인구는 계절과 유사하다. 오늘과 6개월 뒤 그리고 1년 뒤를 비교하면 태어난 아이의 수, 사망한 사람의 수 혹은 수도권으로 이동한 사람의 수는 반드시 달라져 있다. 물론 이 변화가 오늘 내일의 변화를 몰고 오는 것은 아니다. 하지만 인구변동의 힘은 시간이 지날수록 켜켜이 누적되며 커진다. 물론 인구변동에 대한 대비를 계절을 준비하는 채비 정도로만 생각할 수는 없겠지만, 언제 어떤 인구가 얼마나 될지를 안다면 그에 맞게 대비해 2020년대, 2030년대, 그 시대의 멋을 즐길 수 있을 것이다.

이 책을 통해 나는 여러 가지 인구요소를 언급했다. 인구 수, 출생, 사망, 혼인, 인구분포, 세대, 가구 수, 가구 세그먼트 등 다양한 요소가 책에 소개되었는데, 일상에서 이 요소들의 변화와 관련된 뉴스와 정보를 그냥 흘려보내지 말고 상상화의 밑그림으로 활용하자. 또 뉴스에 소개되기만 기다리지 말고 인구통계를 직접 찾아보자. 사용자의 편의를 극대화한 통계청 국가통계포털(KOSIS)은 그야말로 인구통계의 놀이터다.

인구가 트렌드처럼 단기간에 늘었다 줄었다 하는 경우는 거의 없다. 대신 인구변동에는 항상 묵직한 방향성이 존재한다. 출생아 수가 올해는 많았다가 내년에는 줄어들고 다시 많아지고 하는 변화보다는, 큰 흐름으로 보았을 때 감소하거나 증가하는 식으로 변하는 것이 인구통계의 특징이다. 인구통계에 더 많은 관심을 주고 실제 통계를 통해 그 방향성을 찾는 것이 바로 인구학적 상상력의 첫 단계라 할 수 있다.

인구학적 상상력의 두 번째 요소 : 판단의 기준은 미래로, 그리고 미래세대에게 물어라

인구학적 상상력을 발휘하기 위한 두 번째 조건은 판단의 기준을 미래로 놓는 것이다. 상상력은 과학이나 글을 쓰는 등 창의성이 요구되는 영역에만 국한되지 않아야 한다. 우리는 일주일치 시간표를 짜기도 하고, 1년짜리 계획을 세우기도 한다. 그런데 인생은 그보다 더 길다. 학령기를 지나 나이 들수록 현실에 매몰돼 지내는 것은 어쩔 수 없지만(그런데 우리 아이들을 보면 학령기 때도 너무 바쁜 것 같다), 그래도 우리는 미래를 더 멀리 봐야 한다. 그리고 미래 판단의 기준은, 당연히 미래가 되어야 한다. 현재가 아니다. 미래를 그리고 그에 도달해가는 현실을 즐기자.

수업에서 학생들로부터 종종 받는 질문이 있다. 교수님이 보는 미래는 너무 인구결정론이라고, 현재의 제도나 구조가 바뀔 것이 분명한데 왜 그것을 고려하지 않고 미래를 이야기하느냐는 것이다. 그러면 나는 학생들에게 이렇게 반문한다. '맞다. 현재의 제도와 구조는 바뀔 가능성이 그렇지 않을 가능성보다 훨씬 크다. 그런데 그 변화가 언제 어떤 계기로 나올 것 같은가?'

그럼 학생들의 대부분은 현 제도의 문제점이 발생되고, 잘 작동하지 않는 때가 되면 사회가 알아서 바꿀 것이고, 그것이 바뀌면 오늘 교수님이 그려놓은 미래의 모습도 바뀌어 있을 것 아니냐고 다시 질문한다. 틀림없이 맞는 말이다. 그러면 나는 다시 묻는다. 현재의 제도가 잘 작동하지 않는 때가 언제 올지 알 수 있다면 그 시점을 판단의 기준으로 해서 미리 준비하고 바꾸어야 하는 것 아니냐고. 너무나도 당연한 말에 학생들은 고개를 끄덕인다.

바로 이 점이다. 어떤 제도와 구조도 오랜 기간 변함없이 지속되는 경우는 없다. 변화가 필요한 시점은 반드시 온다. 그게 언제인지 알 수 있다면 당연히 그 시점을 판단의 기준으로 놓아야지, 현재가 기준이 될 수는 없다. 이 질문을 한 학생들과 나의 의견은 상충하는 것이 아니라 같은 것이었다. 단지 학생들이 그렇게 질문한 이유는 내가 말하는 '정해진 미래'라는 것이 현재가 지속된다는 가정하에 나왔다고 오해했기 때문일 뿐이다.

내가 이야기하는 '정해진 미래'는 인구변동이 이미 그려놓은 10% 정도의 미래다. 전작 《정해진 미래》에서 명확히 언급했고 이 책에서도 미래를 '기획'해야 한다고 강조한 바와 같이, 나의 당부는 오늘의 조건이 그대로 지속된다는 가정으로 그린 정해진 미래를 숙명론처럼 받아들이기보다는 인구변동이 어느 정도 알려주는 미래를 기준으로 했을 때, 현 제도 혹은 전략에 수정이 필요한지 아닌지를 점검하자는 것이다. 수정이 필요하다면 어떠한 방향으로 바뀌어야 하는지도 생각해보자는 것이다.

그런데 현재 50세인 내가 20년 뒤를 보는 관점과, 현재 30세인 사람이 20년 뒤를 보는 관점은 매우 다르다. 20년 후를 상상하라고 하면 나는 나의 70세를 생각하며 상상하고, 30세인 사람은 50세를 그리며 상상할 것이다. 70세와 50세가 바라보는 세상이 얼마나 다른지는 다들 아실 것이다.

하여 판단의 기준을 미래에 둔다는 것은 미래세대의 관점에서 현재의 제도와 정책들을 평가한다는 말과 궤를 같이한다. 정부의 정책이나 제도는 오늘은 물론이고 미래의 우리 삶에 엄청난 영향을 미친다. 그런데 정책과 제도가 만들어지고 다듬어지는 과정에서 기성세대의 경험과 의견이 판단의 기준이 되는 경우가 많다. 오늘 설정된 정책과 제도의 영향을 더 많이 받게 될 삶은 기성세대보다는 미래세대인데도 말이다.

얼마 전 나는 우리나라의 연금제도를 주제로 논의하는 자리에 참석했다. 아무래도 공부하는 내용이 인구이다 보니 최근 예상보다도 더 줄어든 출생아 수가 연금제도에 미치게 될 영향에 대해 짧은 코멘트를 했는데, 그 자리에 모인 많은 분들의 의견은 우리나라 연금제도에서는 출생보다 사망, 특히 고령자의 사망이 훨씬 중요하다는 것이었다. 아무리 태어난 아이의 수가 적어도 그들이 연금제도에 영향을 주려면 거의 30년이 지나야 하므로, 30년 내로 연금을 수급하는 사람들의 수명이 길어지는 것이 더 깊게 연관된다는 것이었다. 무척 설득력 있는 이야기였다.

회의 후 그 이야기를 연구실의 20대인 학생들과 30대인 연구원들에게 전했다. 사망자 추계를 다시 해야 할 것 같아서 이야기를 꺼낸 것인데, 정작 연구실 성원들은 다른 부분에서 반론을 제기했다. 연금제도는 지금의 고령자와 기성세대만이 아니라 국가가 존재하는 한 지속되도록 설계해야 하는데, 그렇다면 30~35년 뒤에 연금 수혜자가 될 본인들에게는 사망 못지않게 출생도 중요하다는 것이었다.

윗세대가 이미 지금의 20~30대 인구보다 훨씬 많고, 여기에 이들의 수명이 더욱 길어진다는 게 기정사실이면 후속세대를 위해서라도 미리 제도를 바꾸어야 한다는 것이다. 그렇지 않으면, 앞으로 수명이 길어진 고령자가 현재 쌓아둔 기금을 소진하는 것은 물론이고 20~30대가 낸 기여분까지 바로바로 일부 받아가게 될 거라면서 말이다. 설령 윗세대가 20~30대인 본인들의 기여금을 바로바로 받아가는 것을 세대 연대 차원에서 이해한다 하더라도, 막상 본인들이 고령이 되었을 때면 적립해둔 기금이 사라져 후속세대에 의존하는 정도가 높아질 텐데, 그러면 본인들의 자녀 세대는 어떻게 살라는 거냐는 이야기였다.

듣고 나니 연구원들의 비판이 너무나도 옳았다. 실로 연금제도만이 아니라 국가의 거의 모든 제도와 정책은 기성세대의 관점과 이해관계에 의해 만들어지고 설계되고 있다. 판단의 기준이 먼 미래가 아니라 현재 혹은 코앞의 미래라는 말이다.

판단의 기준이 현재가 아니라 미래가 되어야 한다는 말은 기성세대보다는 청년들의 시각과 견해가 더 중용되어야 한다는 것으로 자연스럽게 연결된다. 평균연령 43.4세인 한국사회에서 아직 어른의 역할을 타의로든 자의로든 하기 어려운 청년들에겐 스스로 기획할 기회가 많지 않다. 사회생활 시작도 기성세대보다 늦었고 필연적으로 근속연수도 짧다 보니 기획을 믿고 맡기기 어렵다는 생각이 든다면, 한번 물어보기라도 하자. 이미 여기까지 실천하고 계신다면, 진정한 사회 어른이시다. 존경스럽다고 말씀드리고 싶다.

인구학적 상상력의 세 번째 요소 : 관념의 자유

어느 사회든 관행과 고정관념이란 게 있다. 아, 미리 말해두지만 나는 이를 비판하려는 게 아니다. 흔히 우리는 고정관념을 '무조건 버려야 하는 것'으로 생각하는 고정관념이 있는데, 인구학의 관점에서 보면 반드시 그렇지만은 않다. 관행이 잘 들어맞을 때가 있고 아닐 때가 있는데, 인구에 큰 변화가 없을 때나 계속 한 방향으로 흐를 때는 관행이 비교적 잘 적용된다. 그런 사회에서 관행은 매우 효과적이고 실용적인 힘을 갖는다. 즉 관행이 잘 작동하는 사회는 안정적인 사회라는 뜻이다. 굳이 새로운 방식으로 사고하거나 무언가를 하기 위해 시간을 쓰기보다는 이미 알고 있는 지식과 행동양식을 적용하는 것이 더욱 효율적인 대응방식이 된다. 거시적인 관점에서 보면 숱하게 고정관념을 탈피하고 혁신하며 인류의 명맥을 이어나가는 것으로 보이지만, 인간의 삶이라는 단위로 보면 관행대로 살아도 괜찮은 시기는 분명히 존재한다.

그런데 사회가 빠르게 변하거나 변동의 시작점인 변곡점에 놓이면 상황이 완전히 달라진다. 관행적 사고 혹은 고정관념을 통해서는 원하는 결과를 가져오기 어려워진다. 오히려 상황을 악화시킬 수도 있다. 나는 앞에서 우리 사회는 앞으로 인구는 줄지만 가구는 늘어나고, 다양한 가구가 등장하면서 각자 살아가는 삶의 양태도 점점 다양해질 것이라 주장했다. 그 와중에 인구도 고령화된다. 그것도 그냥 고령화가 아니라 한 해 80만 명이 넘게 있는 베이비부머가 매년 고령인구로 편입된다. 이처럼 인구변동이 기존과 전혀 다른 사회의 기반을 조성할 때에는 관행이 더이상 먹히지 않는다. 당연히 고정관념과 관행적 사고는 힘을 잃는다.

그래서 인구학적 상상력에 필요한 마지막 요소가 관념(觀念)의 자유(自由)다. 왜 구태여 고정관념의 탈피가 아니라 관념의 자유라고 어렵게 말할까? 뜬금없게도 여기서 나는 한국의 인구변동이 세계적으로 전례가 없기 때문이라는 이야기를 하고 싶다. 우리가 초저출산에 적응해가는 모습은 세계에서 최초의 참고사례가 될 것이다. 이 적응의 과정은 과거나 해외 사례를 모방하면서 나올 수 있는 것이 아니다. 인구학적 상상력은 앞서 이야기한 두 가지 요소(인구통계를 보며 판단의 기준을 미래로 놓기)에 더해 자유로운 관념이 실천될 때 비로소 완성된다. 이 관념의 자유에는 '애써 새로워 보이려고 노력하는 것'도 없어야 한다. 애써 새로워 보이는 것을 만들려고 고정관념을 일부러 제쳐두면 안 된다는 것이다. 그런 점에서 고정관념의 탈피와는 다르다.

나는 2015년부터 지금까지 베트남 정부의 인구정책 자문을 해오고 있다. 가족계획 중심이던 베트남의 인구정책을 인구와 경제발전을 연결하는 방향으로 바꾸는 데 기여했다는 자부심도 있다. 그런데 한편으로는 인구문제 하면 응당 우리나라가 베트남보다 더 심각할 터이니 우리나라의 인구정책에 힘을 집중해야지 왜 남의 나라에 에너지를 분산하느냐는 말씀을 참으로 많은 분들로부터 들어왔다. 나는 이상한 사람인가? 내가 이렇게 베트남의 인구정책에 관심을 갖고, 실제 적지 않은 시간과 노력을 투자하여 베트남의 미래를 기획하는 데 기여하는 것은 내 나름대로 관념의 자유를 실천한 결과다.

현재 문제의 크기나 내 삶에 주는 영향력은 당연히 우리나라의 인구현상이 베트남과는 비교할 수 없을 정도다. 그래서 나는 앞서 언급한 두 가지 요소대로 우리나라의 미래를 상상했고 판단의 기준을 미래로 놓아보았다. 그랬더니 2036년이 되면 우리나라 사람 3명 중 한 명은 고령자가 되어 있을 것이란 통계를 얻었고, 그때를 기준으로 주변 국가들을 보니 일본은 물론이고 중국도 홍콩도 대만도 모두 우리나라와 비슷할 것이 확인되었다. 사람도 나이가 들면 주변이 모두 고령자로 가득할 때보다 한두 명이라도 젊은 친구가 있기를 바라는데, 국가라고 다를까?

여기서 관념의 자유를 실천해보았다. 국가도 사람처럼 젊은 친구 국가가 필요한데, 그 나라가 반드시 우리 주변에 있어야 할까? 꼭 그래야 할 필요가 없다면 그래도 지리적으로 너무 멀지 않고, 여러 가지 측면에서 문화적 동질감도 있고, 발전 가능성도 농후한 젊은 국가를 발굴하면 어떨까?

그렇게 나는 미래의 우리나라가 믿을 수 있는 젊은 친구 국가로 베트남을 떠올렸고, 2015년 학교로부터 얻은 연구년 기간을 이용해 베트남에 가서 그 가능성을 직접 탐색했다. 이미 수많은 우리나라 기업이 베트남에서 다양한 비즈니스를 하며 발전 가능성을 증명하는 중이었다. 인구학적으로도 베트남의 발전 가능성은 농후했다.

그런데 어떻게 하면 베트남이 인구의 3분의 1이 고령자가 될 우리나라의 믿을 수 있는 친구 국가가 될 수 있는지는 또 다른 숙제였다. 이때 내가 찾은 결론은 '베트남의 성장에 우리가 가능한 많은 부분에 기여해야겠다'였다. 더 나아가 베트남이 성장을 위한 정책을 마련하는 과정에 우리가 반드시 참여하여, 성장에 기여한 만큼의 배당금을 우리나라 인구의 3분의 1이 고령자가 된 후에 받을 수 있는 시스템을 미리 만들어놓으면 좋지 않겠는가?

현재 시점에서 내가 펼친 인구학적 상상력을 평가한다면 많은 사람들이 낙제점을 줄 수도 있을 것 같다. 하지만 현재가 아니라 2030년대 후반의 시점에서 나의 상상력을 다시 평가한다면 결과가 크게 달라질 것이다. 실제로 나는 베트남 정부에 인구정책 자문을 하면서 인구가 베트남의 발전계획에서 중요한 역할과 기능을 수행할 것임을 설파했고, 가능한 많은 한국기업들이 베트남 정부의 정책사업에 후원자로든 사업파트너로든 참여할 수 있게 기회를 만들고 있다. 나와 우리나라 기업들이 오늘 기울이는 노력은 15~20년 뒤 지금 예상하는 수준보다 훨씬 더 큰 배당으로 우리에게 돌아오게 되리라 기대한다.

오늘날의 초저출산 현상, 인구절벽, 인구의 데드크로스 현상들을 보고 들으며, 줄어들 것만 같아 보이는 인구와 경제를 걱정하는 분들이 많다. 나는 독자들에게 이런 걱정을 과감히 벗어던지고, 오히려 인구학의 눈으로 미래를 기획하고 설계하는 데 에너지를 쓰시라 권하고 싶다. 그리고 이때 인구학적 상상력을 맘껏 발휘하시라고 제안한다. 오늘의 인구변동에 의해 정해진 미래는 절망과 좌절처럼 보일 수 있지만, 인구학적 상상력을 통해 어느새 그것을 공존과 지속 가능한 미래로 바꾸어놓고 있는 여러분을 발견할 수 있을 것이다.

| 부록 |

역사 속의 인구 논쟁

“인구학(demography)은 어떤 학문인가요?”

인구학자라고 나를 소개하면 한 번쯤 받게 되는 질문이다.

여러 가지 정의가 가능하겠지만, 나는 간단하게 이렇게 말하곤 한다.

“인구학은 사람이 태어나고 이동하고 사망하는 것을 연구합니다.”

인구학은 정말 이 3가지를 다룬다. 출생과 사망과 이동의 원인이 무엇이고 결과가 무엇인가를 보는 학문이다. 라틴어 어원을 따라가 보면 ‘Demos’는 인구(population)를 뜻하고, ‘Graphein’은 ‘to write about’이라는 뜻을 담고 있다. 즉 ‘인구에 대해 기술’하는 것이 인구학이라는 의미다. 이 정의에 걸맞게 인구학은 출생하고 이동하고 사망하는 인구요소들의 변동을 측정하는 것뿐 아니라 무엇이 인구요소에 변화를 만들고 그 결과는 무엇인가를 연구한다.

인구학의 한 분야 중 ‘인구와 발전’(Population and Development)이라는 것이 있다. 한 나라가 발전하는 데 인구가 어떤 영향을 미치는지를 연구한다. 발전의 맥락에서 인구가 늘어야 한다고 보는 이들도 있고, 반대 의견도 있다. 경제규모를 생각하면 인구가 많아야 좋지만, 지속 가능한 발전을 위해서는 인구가 오히려 줄어야 한다고도 말한다. 우리나라가 저출산 고령화를 두려워하는 것도 경제성장을 둔화시키리라 예상하기 때문이다. 한국개발연구원(KDI)과 세계은행(World Bank) 모두 우리나라 잠재성장률이 떨어질 것이라 전망하며 저출산을 가장 큰 요인으로 지목했다. 인구가 늘고 생산가능인구가 증가하다가 이제는 줄어들면서 시장규모도 축소돼 경제성장이 둔화될 거라는 것이다.

그러나 어떤 이들은 인구가 줄어드는 편이 환경이나 삶의 질을 높이는 데에는 더 좋지 않느냐고 반문한다. 이에 대해 다른 쪽에서는 환경오염은 인구 때문이 아니라 화석연료를 너무 많이 썼기 때문이라고 반박하는 등, 논쟁은 꼬리를 물고 계속 이어진다.

그런데 이런 논쟁은 고대로부터 지속적으로 있어왔다. 표면적으로는 인구를 늘려야 한다 혹은 줄여야 한다 혹은 유지되어야 한다는 주장으로 나타나지만, 본질적으로는 사회가 유지되고 성장하는 데 사람의 수가 얼마나 중요한지에 대한 것들이었다. 만일 국가나 사회가 발전하는 데 필요한 힘의 원천이 '얼마나 많은 사람들이 살고 있는지'일 때는 어떻게든 인구를 늘려야 한다는 주장에 힘이 실렸다. 반대로 농사짓거나 가축을 키우는 땅 혹은 생산성을 높여주는 기술력이 인구보다 더 중요하다고 인식된다면, 그 사회에서 인구는 부수적인 것으로 고려되었다.

호모사피엔스가 등장한 이래 대부분의 종족과 부족, 근대 이전까지의 사회에서 인류는 출산을 장려하고 더 많은 사람이 살아야 한다고 믿어왔다. 기본적으로 영유아 사망률이 높았기 때문에 사회가 유지되려면 되도록 많은 아이들이 태어나야만 했다. 예를 들어 서양에선 구약 창세기에 "내가 네게 큰 복을 주고 네 씨가 크게 번성해 하늘의 별과 같고 바닷가의 모래와 같게 하리니"라는 구절(22장 18절)이 있다. 또 1장 28절에는 "Be fruitful and multiply"라고 명시되어 있다. 무수히 많은 자손을 남겨 번성하라는 뜻이다. 많은 자녀의 출산을 신의 은총이자 명령으로 권장한 것이다.

역사적으로도 로마시대의 율리우스나 아우구스투스 같은 지도자(Caesar)들은 강력한 출산촉진론을 펼친 것으로 알려져 있다. 시민이 줄어 식민지 경영은 물론이고 적으로부터 로마를 지켜내는 것조차 역부족이 되어 나라 지키는 것을 용병에 의존해야 할 정도였기 때문이다. 오늘날 가장 높은 출산율을 보이는 이슬람 국가들의 출산장려 문화는 14세기 이슬람 지역 최고의 역사학자이자 철학자였던 이븐 할둔(Ibn Khaldun)으로부터 형성되었다 해도 과언이 아니다. 그는 사람이 많아야 사회가 더 전문화, 세분화될 수 있어 더 많은 일자리와 시장을 만들고 경제적으로 융성할 수 있다고 말했다.

인구가 많을수록 좋다는 주장은 동양에서도 예외가 아니었다. 고대 중국 춘추전국시대(기원전 5세기 경)의 공자를 비롯한 사상가들은 '덕을 쌓아라, 그래야 백성이 모인다'고 했다. 백성이 모여야 제후가 기반한 땅이 굳건해지고, 그곳에서 소출이 많이 나와야 나라가 강해진다는 논리였다. 인구가 부국강병의 첫 번째 요건이라고 깊이 인지했던 것이다.

이처럼 역사적으로 대부분의 사회에는 다산을 기원하는 문화나 제도가 있었고 이를 학문과 철학으로 보조한 학자들이 많았다. 하지만 모든 학자가 무조건 인구가 많아야 좋다고 설파한 것은 아니었다. 바로 앞에서 언급한 공자가 대표적이다. 기본적으로 그는 국가에 사람이 많을수록 좋다는 의견을 견지했지만, 사회가 가진 자원의 양과 그 자원을 소비하는 사람의 수가 균형을 이루어야 한다고 보았다. 공자는 제후는 과밀한 지역의 인구를 사람이 적은 곳으로 옮김으로써 전반적으로 인구가 더 늘어날 수 있는 조건을 만들어주어야 한다고 제안했다.[35]

고대 그리스의 대표적인 철학자 플라톤도 '인구의 양보다는 질이 더 중요하다'며 인구는 안정되어야 한다고 했다. 그가 굳이 질(質)을 강조한 것은 당시의 시민인구와 노예인구를 구분하기 위함인지도 모르겠는데, 이러한 주장은 현재 미국 기득권층의 고민과도 통한다. 세계 3위 인구대국인 미국은 지금도 인구가 늘고 있다. 이민도 여전히 많은 데다 출산율도 높은 편이다. 그런데 미국의 몇몇 백인 인구학자들은 큰일 났다고 걱정한다. 백인 인구비중이 작아지고 있기 때문이다.[36] 플라톤의 제자인 아리스토텔레스도 당시 도시국가의 적정인구에 대해 논하면서 부양할 수 있는 정도까지만 자녀를 출산해야 한다고 했다. 놀랍게도 그는 필요하다면 낙태까지도 제안한 것으로 알려져 있다.[37]

오랜 중세의 암흑기가 끝난 16세기 이후 유럽에서는 인구에 관한 다양한 철학적 접근이 나타나기 시작했다. 크게 중상주의(重商主義)와 중농주의(重農主義) 학파 간의 논쟁을 들 수 있다. 중상주의 학파는 인구가 많아야 한다고 주장했다. 지금의 달러와 같은 기축통화가 없던 시대였으므로 중상주의 학파는 국가의 부는 어느 나라에서나 값을 매길 수 있는 금과 같은 귀중품의 총량에 따라 결정된다고 보았다. 금은 당연히 물건을 많이 팔아야 얻을 수 있는데, 사람이 많아야 물건을 많이 만들고 팔 수 있다. 자국의 인구증가만으로 경제발전을 이끌기 어려우면 해외로 나가서라도 생산 및 소비인구를 늘리고 시장을 키우려 했다. 이러한 발상의 종착점이 식민 지배다.

실제로 중상주의 시대에 유럽의 인구는 늘어났다. 국가 부의 총량도 늘어났다. 하지만 개개인의 빈곤은 오히려 더 심해졌다. 사람이 늘어나는데 빈곤도 함께 늘어나자, 중상주의에 반대하는 학자들이 등장했다. 흔히 중농주의 학파라 불리는 학자들인데, 이들은 국가 부의 원천은 사람이 아니라 땅이라고 보았다. 즉 사람들이 실제로 먹고 살 수 있는 자원이 풍부해야 국가가 부강해지는데, 이러한 것들은 곡식이나 가축처럼 기본적으로 땅이 있어야 생산할 수 있다. 땅이 있고 땅에서 얻는 자원이 많으면 사람도 따라서 늘어날 것이고, 반대로 땅이 없으면 생산도 할 수 없으니 먹을 것이 부족해져 사람은 줄어드는 것이 당연하다는 논리다.

이와 같은 인구조절론, 즉 땅으로부터 생산되는 자원의 총량을 넘어서지 않도록 사람의 수가 조절되어야 한다는 주장은 근대 인구학의 아버지라 불리는 맬서스(Thomas R. Malthus 1766~1834)를 통해 집대성되었다. 맬서스는 18세기 말에 《An Essay on the Principle of Population》을 출판하고 19세기 초까지 6번에 걸쳐 개정판을 냈다. 이 책은 글자 그대로 '인구의 근본 원리에 대한 설명'이다. 우리나라에는 《인구론》이라 번역되어 알려졌는데, 짐작건대 일본이 이 책을 번역하면서 '인구론'이라는 제목을 붙였고, 우리나라가 일본어판으로 중역을 하면서 그 제목 그대로 가져온 것 아닌가 싶다. 제목의 영향 때문인지, 사람들은 《인구론》을 굉장히 단순한 이론으로 여겨왔고 《인구론》 하면 우리 머릿속에 자동으로 떠오르는 한 문장, 즉 '인구는 기하급수적으로 증가하고 자원은 산술급수적으로 증가한다'는 말밖에 하지 않는다. 그러나 사실 이 책은 '인구가 어떤 조건에서 증가하고, 어떤 조건에서 감소하는지에 대한 원리'를 담고 있다.

'1부 인구'에서 설명했듯이, 《인구론》이 세상에 나온 18세기는 영국에서 촉발된 산업혁명으로 기계를 통한 대량생산이 도입되던 시기였다. 농사짓던 사람들은 도시로 몰려와 공장에서 일하기 시작했다. 그들의 삶은 끔찍했다. 기반시설 없이 사람들을 끌어모으기만 했기에 도시의 삶은 농촌보다 결코 좋을 수 없었다. 이런 현상을 보면서 왜 빈곤이 생기는지 고찰한 결과 맬서스는 '인구증가'를 빈곤의 중심 원인으로 가져온 것이다.

그런데 동시에 18세기는 유럽의 계몽주의 사상이 꽃을 피울 때였다. 인간 이성에 대한 믿음과 평등주의에 대한 희망이 당시 유럽의 많은 사상가들을 통해 더 정교해지고 증폭되던 시기였다. 18세기 말에 일어난 프랑스 혁명과 미국 독립혁명의 사상적 밑받침도 바로 계몽주의다.

대표적인 프랑스의 계몽주의 사상가인 콩도르세(Marquis de Condorcet)는 인간 이성은 계속 진보해 사회도 점차 좋은 방향으로 나아갈 것으로 생각했다. 그는 진화된 사회와 인간의 완전한 이성이 존재하는 한 자원의 총량 이상으로 인구가 많아져 사회적 혼란이 발생하는 일은 없을 것이라 보았다.

이상적인 사회상, 그리고 그 사회를 구성하는 이타심 많은 사람들에 대한 믿음은 영국의 계몽주의 사상에서도 등장했다. 대표적인 학자는 고드윈(William Godwin)이었다. 콩도르세와 마찬가지로 고드윈은 인구가 계속 증가하는 일은 없다고 보았다. 이타심 많은 인간들은 결코 자원의 한계 이상으로 자녀를 낳지 않을 것이고, 과학이 진보하는 한 식량이 부족해지는 일은 없다는 것이었다. 외려 빈곤과 각종 사회문제는 정부가 만들어낸 인위적인 제도 때문이라고 주장했다. 이 때문에 그는 무정부주의자라는 평가를 받기도 한다.

인간을 아름답고 절제하는 이성의 결정체로 본 콩도르세와 고드윈. 그러나 맬서스는 이들의 의견에 반대했다. 맬서스는 기본적으로 재생산 본능을 넘어설 수 있는 인간의 본능은 생존밖에 없다고 보고, 숭고한 이성이 인구증가를 조절할 것이라는 유토피아적 관점에 반대했다.《인구론》은 인구를 조절하는 사회적 메커니즘에 대한 계몽주의의 유토피아적 관점에 반론을 제기하며 등장한 것이다.

《인구론》의 주요 축이 되는 것은 생존 욕구와 재생산 욕구다. 맬서스는 인간은 생존을 위해 식량을 먹어야만 한다는 것을 자연의 법칙(law of nature)으로 규정하고 논리 전개를 시작한다. 인간은 인구와 식량자원이 서로 균형을 이루려는 힘을 벗어날 수 없다고 주장했다. 그리고 맬서스가 살펴보니 인구가 자원의 한계를 넘어 증가하면 기근, 질병, 전쟁 등으로 인구 수가 조절되는 적극적(positive) 억제는 역사 속에서 주기적으로 나타났다. 맬서스는 이를 18세기 영국 사회에 대입해 당시 사회를 해석했다. 인구증가는 식량가격 상승을 일으켰을 것이고, 이것이 근로자들의 실질임금 하락을 낳게 되었다고 생각했다. 그리고 생활수준 악화는 질병에 따른 사망률 증가로 이어질 것으로 보았다.

그러니 이러한 적극적 억제가 나타나기 전에 예방(preventive)적 차원에서 미리 조율해야 한다고 주장하였다. 맬서스는 예방적 억제를 당시 부르주아들의 모습을 관찰하며 기술했다. 이들은 결혼도 늦게 하고 자녀를 둘 정도 낳으면 각방을 쓰는 반면, 하층민들은 생기는 대로 낳고 있었다. 부르주아들은 자녀를 낳고 기르는 시간을 줄여 교육을 받고 다른 생산활동을 했지만, 하층민들은 그렇지 않았다. 이러한 추론을 바탕으로 맬서스는 중산층의 금욕적 삶을 하층민들도 따라야 한다고 보았다. 앞서 언급한 것처럼 맬서스는 인구억제가 사람들의 완전한 이성에 의해 가능하다는 계몽주의 사상에 반대했기에 인구억제의 메커니즘은 본능에서 출발해야 한다고 본 것이었다.

물론 반론도 없지 않았다. 자원은 증가하는 데 한계가 있다고 단언한 것도 지적되었다. 바야흐로 과학기술로 자원의 효율성이 극대화되던 산업혁명 시대 아닌가. 무엇보다 스스로 사람들이 완전한 이성을 갖는 게 불가능하다고 했으면서 이성의 힘으로 금욕을 실천하라고 설파한 것이 비판의 대상이 되었다. 참고로 맬서스의 직업은 성직자이고, 39세에 결혼했다. 본인은 금욕적으로 살았을지 모르지만 다른 사람들에게도 자신의 방식을 강요한 것이 문제였다.

가장 날선 비판을 한 이들은 마르크스주의자들이었다. 그들이 보기에 빈곤의 문제는 아이가 많고 적어서가 결코 아니었다. 그들은 어느 사회에나 계급갈등이 있고, 빈곤은 자본계급의 착취 때문에 발생했다고 주장했다. 그러나 이들의 인구관 역시 비판으로부터 자유로울 수 없었다. 계급갈등이 없는 사회주의 국가에는 빈곤문제가 없었나? 인구문제가 해결됐는가? 결코 아니다. 오히려 사회주의 국가에서 두 자녀 갖기 등의 산아제한 정책을 가장 먼저 시행했다. 대표적인 나라가 구소련이고, 중국도 그렇다. 그렇지만 사회주의 국가들 중 다수는 빈곤문제를 해결하지 못해 무너졌다.

신(新)맬서스주의 학자들은 인구과잉이 빈곤의 원인이라는 맬서스의 의견에 동조하되, 금욕을 유용한 해법이라고 생각하지는 않았다. 개인의 욕구를 제한하는 발상은 실효성 있는 사회적 해법이 될 수 없다는 이유에서였다. 그들이 제시한 대안은 '피임'이다. 이것이 전 세계에서 시행된 가족계획 사업의 근간이다.

마르크스가 세계에 미친 영향은 엄청나다. 다만 그중에는 파괴적 영향력도 있어서, 이념적 갈등으로 많은 이들이 목숨을 잃어야 했다. 반면 맬서스의 아이디어 때문에 사람들이 사망하는 비극은 없었다. 대신 피임을 통해 태어날 아이들이 태어나지 않게 되었다. 이 둘 중 누가 전 세계인의 삶에 더 큰 영향을 주었을까? 많은 사회과학자들은 마르크스라 하겠지만 인구학자로서 나는 맬서스라 생각한다. 인구와 자원과 경쟁 그리고 인구조절 메커니즘에 대한 그의 관점은 19세기 유럽의 사상계는 물론이고 20세기를 지나 현재까지도 영향을 미치고 있다. 과거 우리나라도 열심히 추진했고 현재 수많은 개발 진행 국가에서 시행 중인 가족계획 사업들이 바로 이러한 맬서스의 인구론에 이론적 기반을 두고 있다.

이처럼 역사에서 인구는 항상 논쟁의 대상이 되어왔다. 그 이야기는 그만큼 인구가 중요하기도 하지만 조절될 수 있다는 인식이 역사 속에 자리잡고 있다는 말이기도 하다. 우리나라가 초저출산의 덫에 빠져 헤어나지 못하고 있는데, 한켠에서는 왜 정부가 더 강력한 출산장려 정책을 마련하지 못하느냐는 지적이 있는 반면 다른 한켠에서는 자녀 출산이라는 개인의 선택에 왜 정부가 영향력을 행사하느냐는 지적도 있다. 아마도 정부는 이러지도 저러지도 못하는 사면초가에 빠진 느낌일 수 있는데, 인구의 성장과 억제, 조절과 방임은 오늘만의 일이 아니라 인류의 역사에서 계속되어온 일이다.

인구학자이기 때문일까? 그래도 나는 최소한 현재 우리나라의 인구는 방임보다는 조절의 대상이라고 믿고 있다. 단지 여기에서 조절은 개인의 삶에 직접 가이드를 제공하는 투박한 형식보다는 인간 본성을 활용해 개인이 스스로 내리는 삶의 선택지에 다양성을 주는 세련된 형식을 말한다. 후일 우리나라의 인구정책이 초저출산과 급격한 고령화를 경험할 다른 나라에 모범사례가 될 수 있기를 기대해본다.

1) Billari, F. and H-P Kohler. 2004. "Patterns of low and lowest-low fertility in Europe." Population Studies 58:161-176.
2) Lutz, Wolfgang. 2006. "The low-fertility trap hypothesis: Forces that may lead to further postponement and fewer births in Europe." Vienna Yearbook of Population Research pp167-192.
3) World Population Prospects 2019. United Nations Department of Economic and Social Affairs. Population Division.
4) Stein Emil Vollset et. al. 2020. "Fertility, mortality, migration, and population scenarios for 195 countries and territories from 2017 to 2100: a forecasting analysis for the Global Burden of Disease Study." Lancet 396: 1285-1306.
5) McDonald Peter. 2000. "Gender Equity in Theories of Fertility Transition." Population and Development Review 26: 427~439.
6) 허지원. 2019. "좌절에 대처하는 방법: 비출산의 심리학적 기제와 기능." 아이가 사라지는 세상: 출산율 제로 시대를 바라보는 7가지 새로운 시선 (김영사)
7) Lutz, Wolfgang, Maria Rita Testa, and Dustin J. Penn. 2006. "Population Density is a Key Factor Declining Human Fertility." Population and Environment 28: 69-81.
8) Sng et al.,2017_The Crowded Life Is a Slow Life Population Density and Life History Strategy.
9) 고우림, 조영태, 차영재, 장대익. 2020. "한국 합계출산율의 결정 요인으로서의 인구밀도." 사회과학 담론과 정책 13(2): 129~153.

10) [조영태의 뉴스 저격]흩어져야 낳는다… 수도권 인구집중이 부른 초저출산 한국. 조선일보 2020년 10월 30일.

11) 고우림. 출산력에 대한 융합적 탐구: 인구밀도와 편중 분포를 중심으로.(서울대학교 박사 학위 논문, 2021).

12) John Weeks. 2012. Population: An Introduction to Concepts and Issues. Eleventh Edition. Wadsworth Publishing.

13) Lutz, W. (2007) “Adaptation versus Mitigation Policies on Demographic Change in Europe.” Vienna Yearbook of Population Research 5: 19-25. from http://www.jstor.org/stable/23025596

14) 김한나, 고우림, 임예진, 정명구, 조영태. 2020. “지방인구정책의 문제점과 대안.” 한국인구학 43: 115~138.

15) 우리나라 베이비붐은 1955~1974년. 연합뉴스 2010년 5월 9일.

16) Chang, Ji-Young 등. 2011. “Decreasing trends of neonatal and infant mortality rates in Korea: compared with Japan, USA, and OECD nations.” Journal of Korean Medical Science 26: 1115-1123.

17) 영국의 〈이코노미스트〉는 2015년 3월 ‘스마트폰의 행성(planet of the phones)’이라는 테마를 다루며, 스마트폰 없이 살 수 없는 새로운 인류를 ‘포노사피엔스’라고 정의했다. (출처 : 사이언스타임즈)

18) “The Action Generation: How Gen Z really feels about race, equality, and its role in the historic George Floyd protests, based on a survey of 39,000 young Americans.” Business Insider(2020년 06월 10일).

19) World Population Prospects - Population Division, 2019.

20) 고우림, 조영태, 정명구, 원성호. 2020. “국가 발전에 적합한 인구 특성: 아시아 국가를 중심으로.” 사회과학 담론과 정책 13(1): 25-46.

21) Jung, Myunggu, Woorim Ko, William Muhwava, Yeohee Choi, Hanna Kim, Young Su Park, Gizachew Balew Jambere and Youngtae Cho. 2020. “Mind the gaps: age and cause specific mortality and life expectancy in the older population of South Korea and Japan.” BMC Public Health 20:819.

22) Kontis, Vasilis, James E. Bennett, Colin D. Mathers, Guangquan Li, Kyle Foreman, Majid Ezzati. 2017. "Future life expectancy in 35 industrialised

countries: projections with a Bayesian model ensemble." Lancet 389: 1323-1335.

23) 모타니 고스케. 2010. 일본 디플레이션의 진실. (김영주 옮김). 동아시아.

24) '프리랜스' '아르바이트'의 합성어로서, 정규직으로 직장을 갖기보다는 여러 개의 아르바이트로 경제활동을 하는 것을 어쩔 수 없이 선택하게 된 사람들을 일컫는다.

25) 기획재정부. 2020~2060년 장기재정전망. 2020.

26) 윤석명. 복지논쟁, 제대로 해보자. 서울신문 2020년 8월 17일.

27) World Population Prospects 2019.

28) 미래에셋투자와 연금리포트 No.51.

29) Michael Woodward 등. 2020. "Electric Vehicles: Setting a course for 2030." Deloitte Insight.

30) Stephen Williams. "EVs force car makers to reinvent wheels, and breaks, and mirrors." New York Times (2021년 2월 4일).

31) 후지다 다카노리. 2016. 2020 하류노인이 온다. (홍성민 옮김). 청림출판.

32) 조영태, 쩐 밍 뚜언, 응우옌 쑤언 중. 2019. 2020-2040 베트남의 정해진 미래. 북스톤.

33) Coleman, David. 2006. "Immigration and ethnic change in low-fertility countries: A third demographic transition." Population and Development Review 32: 401-446.

34) '가상', '추상'을 의미하는 메타(meta)와 현실 세상을 의미하는 유니버스(universe)의 합성어.

35) Alfred Sauvy. 1969. General Theory of Population. (Christophe Campos 번역). New York: Basic Books.

36) 필립 롱맨. 2009. 텅빈 요람. (백영미 옮김). 민음인.

37) Golding, Martin P.와 Naomi P. Golding. (1975). "Population Policy in Plato and Aristotle: Some Value Issues." ARETUSA 8(2): 345-358.